I0762553

Permacultura
Guía práctica

Permacultura Guía práctica

CULTIVOS RESILIENTES Y REGENERATIVOS PARA COSECHAR TODO EL AÑO

HUW RICHARDS

CONTENIDOS

INTRODUCCIÓN

«La permacultura consiste en aprovechar las oportunidades».

Veía esta frase cada vez que me sentaba a trabajar en el libro. Encabezaba el manuscrito y me ayudaba a encontrar el tono para una buena sesión de escritura. Sintetizaba mi propósito en siete palabras, fomentando la actitud adecuada para escribir las páginas siguientes con el objetivo de ayudarte a encontrar tus propias oportunidades a partir del texto, las fotografías y los gráficos.

Desde que descubrí la permacultura con doce años gracias a la revista *Permaculture Magazine*, esta ha sentado las bases del mundo en el que deseaba vivir: un mundo en armonía con la naturaleza, en el que conozcamos a nuestros vecinos y en el que reine la esperanza.

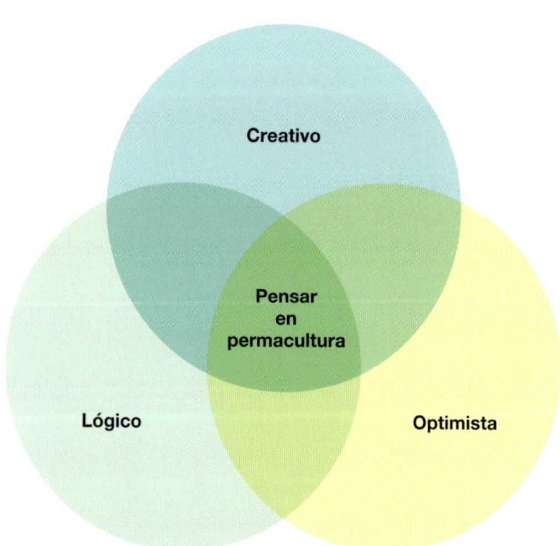

Los tres estilos de pensamiento involucrados en la permacultura y cómo se superponen.

Es bastante fácil desesperarse en el mundo en el que vivimos, especialmente cuando vemos las noticias o sufrimos las consecuencias de la agricultura industrial. La agricultura moderna tiene más de explotación que de agricultura, ya que agota los suelos y la vida acuática, e ignora todo el saber recopilado durante siglos por la gente que ha trabajado el suelo con las manos. Pasarte horas conduciendo un tractor no te convierte necesariamente en agricultor, sino en un especialista en herramientas diseñadas por personas que probablemente nunca han cosechado sus propias patatas ni han escuchado un cuclillo. Las megaempresas proponen soluciones tecnológicas cada vez más complejas para «salvar el mundo» que solo consiguen alejarnos cada vez más de lo que se supone que nos importa: la naturaleza. La tecnología no es la solución, sino una distracción. Nos aleja de la cruda verdad que aún no hemos aceptado socialmente: vivimos en una epidemia de desconexión a consecuencia de habernos divorciado de la naturaleza.

La permacultura tiene que ver con reconectar y trabajar codo con codo con la naturaleza. Es un enfoque inspirado en las estaciones, la diversidad de los ecosistemas y el conocimiento autóctono de las comunidades.

¿Qué es para mí la permacultura? Una combinación armoniosa de pensamiento lógico, creativo y optimista. La permacultura es el arte de la esperanza. Y esta empieza en nuestros huertos, donde podemos crear nuestro propio microecosistema, que nos proporciona abundancia de alimentos y un hogar para la naturaleza. La raíz de dicha abundancia es, literalmente, el suelo. El suelo por el que andamos es la base de nuestra existencia. Fue nuestro pasado, impulsa nuestro presente y determinará nuestro futuro.

Las megaempresas siguen alejándose de lo que realmente importa y agudizando los problemas con los que nos enfrentamos, mientras que los agricultores, horticultores y granjeros regeneradores saben que las esperanzas futuras dependen del trato que demos al suelo.

Si apostamos por un futuro positivo no debemos recurrir a la tecnología, sino que debemos regenerar el suelo. La permacultura ofrece las herramientas para conseguirlo.

«La permacultura puede hacer que el suelo sea la solución. O, como me gusta decir, la “sueloción”».

He escrito este libro para ayudar a crear el mundo en el que quiero vivir y espero que te sirva para obtener inspiración, ideas y trucos. Pero lo que quiero transmitirte, de horticultor a horticultor, es que cultivar tu propia comida es el mayor propósito que puedes tener. Nutrirás tu mente, tu cuerpo, a tu familia, a tus vecinos y la tierra que te rodea.

No dejes de sembrar, porque plantar una semilla es un acto de amor por nuestro planeta.

Este es mi huerto de permacultura situado dentro de una parcela más grande.

¿Qué es la permacultura?

EXPLICAR LA PERMACULTURA

La palabra «permacultura» se compone de los términos «permanente» y «agricultura» y se refiere a un enfoque de diseño inspirado en sistemas naturales para crear huertos, granjas y comunidades regenerativos y resistentes.

La Asociación de la Permacultura define la permacultura como «un modelo de diseño que se basa en la comprensión del funcionamiento de la naturaleza». Analicemos esta definición para ver cómo se plasma en el huerto. La permacultura se basa en tres principios éticos (ver también p. 28), que constituyen la base de su filosofía y determinan todos sus principios, prácticas y diseños:

- **Cuidado de la tierra**
- **Cuidado de las personas**
- **Reparto justo**

Existen además 12 principios. Cada uno satisface un objetivo específico y contribuye al objetivo general de crear sistemas ecológicamente responsables y económicamente viables. Para más información sobre estos principios, ver pp. 14-25.

TRABAJAR EN ARMONÍA CON LA NATURALEZA

Estos principios sirven como guía, como herramientas de diseño, y pueden aplicarse a cualquier situación, ya sea un balcón de comestibles o una ciudad de cero residuos.

No hay reglas. La permacultura es un entorno de innovación y creatividad. Estos principios no imponen prácticas concretas, sino que guían el pensamiento y la acción en armonía con los sistemas naturales. De este modo la permacultura es una herramienta versátil e inclusiva, aplicable a diferentes entornos y culturas, y con capacidad para adaptarse a los desafíos y oportunidades cambiantes de nuestro mundo.

En la permacultura es popular la expresión «pensamiento de sistema», un modelo de diseño holístico que considera la interconexión de todos los elementos dentro de un ecosistema. Para ello hay que comprender que un huerto es algo más que sus plantas. Es un entramado complejo de interrelaciones entre el suelo, el agua, las plantas, los insectos, los animales, la infraestructura e incluso el horticultor. Cada elemento tiene un papel en su salud y su productividad. Cuanto más interactúen los elementos, más resistente y productivo será tu huerto.

La permacultura consiste en trabajar en armonía con la naturaleza; trabajar contra la naturaleza conlleva más esfuerzo, gasto y daños. El camino del éxito pasa por comprender cómo hay que usar la naturaleza para crear sistemas alimentarios eficientes y productivos. La permacultura es el camino.

BREVE HISTORIA DE LA PERMACULTURA

Década de 1970 Dos australianos crean la permacultura: Bill Mollison, catedrático en Psicología ambiental, y David Holmgren, estudiante en la Escuela de Diseño Ambiental de Tasmania. Desarrollan un huerto y publican *Permacultura One* (1978).

Década de 1980 Bill Mollison viaja por todo el mundo dando a conocer esta técnica. Empieza a formarse una red internacional.

Década de 1990 Se integran a la permacultura otras prácticas sostenibles como la agroforestería (sistemas de agricultura basados en los árboles), las construcciones naturales y los métodos de energía renovable.

Década de 2000 Crece la conciencia mundial sobre técnicas relacionadas, como la agricultura natural coreana. Empieza entonces a crearse una amplia comunidad de permacultura en línea.

Década de 2010 La permacultura urbana crece en popularidad y se pone énfasis en la permacultura social, que se centra en construir comunidades fuertes.

Un huerto de permacultura puede ofrecer una gran variedad en un espacio atractivo y productivo. Dicha variedad puede incluir hojas de distintos colores y formas, diferentes usos y alturas, y estructuras interesantes (como estas flores de puerro).

¿POR QUÉ APLICAR LA PERMACULTURA?

La permacultura suele considerarse un enfoque no intervencionista, pero todos los sistemas alimenticios requieren de un cierto grado de intervención. El objetivo de la permacultura es sustituir el trabajo duro por trabajo eficaz. ¡Pero al principio es posible que los necesites ambos!

Por regla general, cuanto más tiempo le dedicas a un huerto, mayor es su rendimiento. Esto es importante porque nuestra percepción con frecuencia subestima el esfuerzo real. En un bosque de alimentos (ver p. 36) el esfuerzo suele subestimarse, mientras que en un huerto suele exagerarse. Por metro cuadrado, el huerto requiere más tiempo, pero también produce más que un bosque de alimentos.

EFICIENCIA

El truco está en aumentar la producción y disminuir el esfuerzo, algo que se consigue mediante la eficiencia. Ahí es donde encaja la permacultura. Aplicar los principios de la permacultura, que explicaremos detalladamente a continuación, te ayudará a evitar trabajos innecesarios y a descubrir nuevas formas de aumentar la producción.

Puntos básicos para la eficiencia en un huerto

1. Ahorra tiempo ¿Cómo puedes reducir el tiempo sin sacrificar la producción?
2. Aumenta el rendimiento ¿Cómo puedes aumentar el rendimiento sin dedicarle más tiempo?

Si combinas estos dos puntos básicos, alcanzarás la máxima eficiencia.

EQUILIBRIO

En un huerto tú decides la eficiencia máxima. Para alcanzarla, cada elemento debe sustentar al resto de los elementos de forma equilibrada. La eficiencia máxima puede verse limitada por el tiempo, las estaciones, la fertilidad del suelo y los conocimientos. El tiempo suele ser el principal elemento limitador del horticultor. Por eso es importante diseñar el huerto teniendo en cuenta tu estilo de vida. Lo más importante para tener un huerto si dispones de tiempo limitado es planificarlo todo bien durante la temporada baja (invierno) y estar preparado para tomar decisiones rápidas durante la temporada de cultivo. Los 12 principios (ver pp. 14-25) te ayudarán a tomar decisiones tanto a corto como a largo plazo.

El diseño en permacultura es una técnica, así que cuanto más tiempo le dediques, mejor se te dará. Para dominar una técnica, hay que practicar y perseverar. Imagina que estás en una pista de tenis peloteando con un amigo, solo que tu amigo es el huerto y la pelota es información. Lo que importa no es ganar puntos, sino jugar de forma continuada. Tú y tu huerto compartís información todo el rato. Cuanto más hagas, mejor será tu técnica. Los principios de la permacultura son versátiles y pueden aplicarse a muchas situaciones distintas, así que te ayudarán a perfeccionar tu técnica.

La permacultura requiere cabeza y manos, teoría y práctica. A continuación descubrirás todos los principios que tienes a tu disposición para diseñar un huerto altamente eficiente que nutra tu suelo y a tu familia.

TEORÍA DEL PUNTO ÓPTIMO

Esta teoría es un concepto que he desarrollado según el cual todo huerto y su horticultor pueden alcanzar un punto óptimo de sinergia. Se consigue a través de un equilibrio armonioso en el que la interacción entre las dos partes (huerto y horticultor) crea el sistema más productivo con el mínimo esfuerzo. Un paso por debajo de este punto óptimo estaría la zona de habitabilidad: la zona en la que la sinergia fluye naturalmente debido al devenir propio de la vida, sin desviarse nunca demasiado del punto óptimo. Dicha desviación suele evitarse fijando objetivos sólidos.

La permacultura permite crear zonas de cultivo que son tanto productivas como atractivas. En el huerto puedes ver brócoli morado (delante), amaranto (derecha), margas de verano con flores amarillas (detrás) y judías trepadoras (centro), además de dalias y flores cosmos.

LOS 12 PRINCIPIOS

Los 12 principios te ayudarán a tomar buenas decisiones para lograr el éxito a largo plazo. No tienes por qué usarlos todos; considéralos elementos de consulta. Cuantos más combines, más resistente y eficiente será el diseño.

Observa e interactúa

«Observar e interactuar» es un principio básico de la permacultura, que subraya la importancia de la observación minuciosa y la implicación activa.

En el diseño, el primer paso es siempre la observación. Debes dedicar tiempo a comprender lo que tienes delante y a ver lo que aporta al conjunto. Por ejemplo, si te has mudado y tu nuevo huerto es un lienzo en blanco, debes observar los detalles: su aspecto, las plantas que tiene, el flujo de agua, etc.

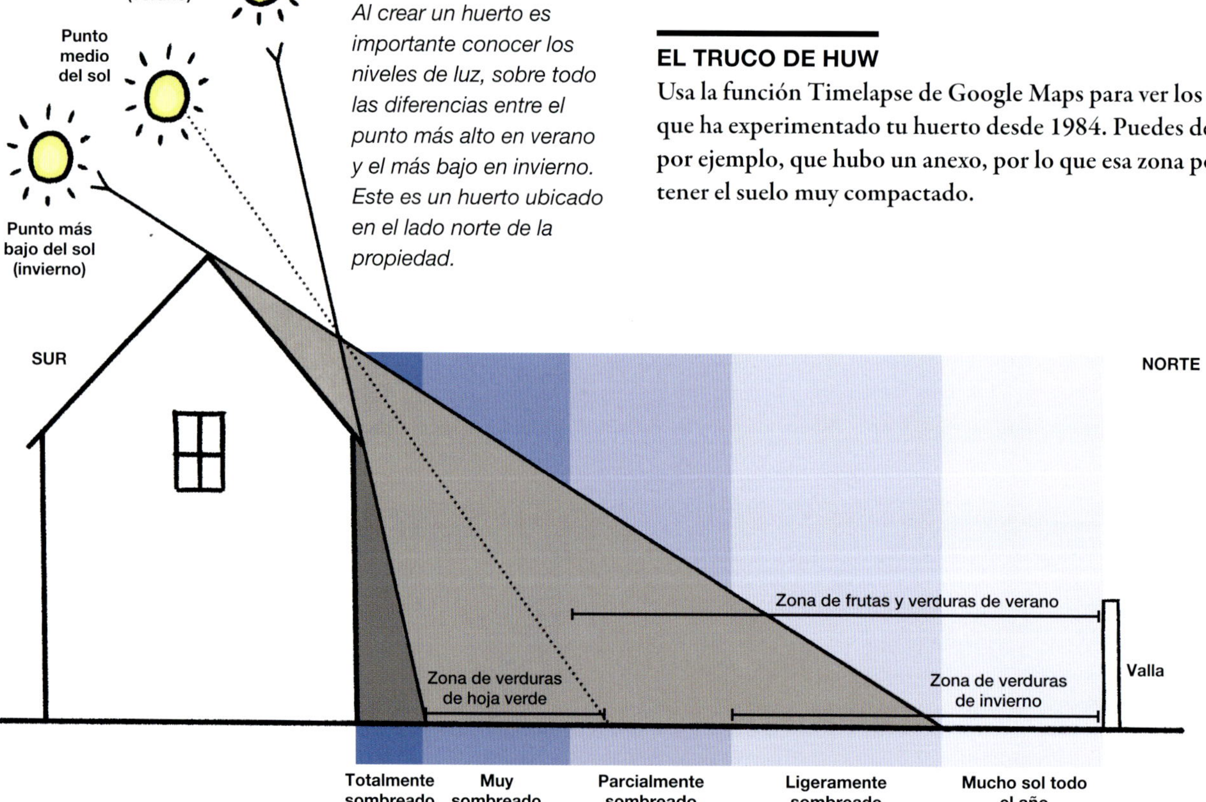

Observa el nivel de luz
Al crear un huerto es importante conocer los niveles de luz, sobre todo las diferencias entre el punto más alto en verano y el más bajo en invierno. Este es un huerto ubicado en el lado norte de la propiedad.

Así podrás trabajar en armonía con la naturaleza y diseñar un huerto más eficaz. Si una parte recibe mucha luz solar, es el lugar indicado para plantas y verduras que precisan mucho sol.

La posición del sol, la temperatura media, el nivel de precipitaciones, la forma del terreno y los mapas de infraestructuras son datos útiles para decidir el diseño. Existen muchas herramientas digitales gratuitas que te darán información muy valiosa, y te ahorrarán tiempo y esfuerzo (ver p. 280).

En la permacultura el diseño se considera «aprendizaje en acción» y muestra un equilibrio entre la observación y la interacción. Tras llevar a cabo una acción se observan los resultados, de manera que se produce el intercambio de información que comentaba en la página 13.

EL TRUCO DE HUW

Usa la función Timelapse de Google Maps para ver los cambios que ha experimentado tu huerto desde 1984. Puedes descubrir, por ejemplo, que hubo un anexo, por lo que esa zona podría tener el suelo muy compactado.

② Obtén energía y almacénala

La energía puede ser interpretada de muchas maneras. Por ejemplo, una planta obtiene y almacena energía de la luz del sol. Un sistema para recoger el agua de la lluvia también sirve para obtener y almacenar energía, que en este caso es el agua; es como tener una batería cargada lista para activar las plantas sedientas. Es parecido a recoger hojas (obtener) en otoño y compostarlas (almacenar) para producir mantillo de hoja, que luego añades a los bancales elevados para retener la humedad. No toda la energía procede de la naturaleza. Un apasionado grupo de voluntarios que se involucra en un proyecto, como un huerto comunitario, también constituye una forma de energía. Si cultivas para atraer insectos beneficiosos podrás aprovechar los beneficios de dichos insectos (como la polinización) y, si dispones de la diversidad suficiente, permanecerán en el ecosistema. Uno de los objetivos clave de la permacultura es maximizar la obtención y almacenaje de energía en el paisaje o, en este caso, en tu huerto. Cuantas más formas de almacenar la energía, más resistente será el sistema. En un huerto, las energías básicas son la luz del sol, la materia orgánica, los nutrientes, el agua, las semillas, el conocimiento y el horticultor.

Ejemplos de almacenaje de energía

Existen muchas formas de almacenar la energía para poderla usar en un futuro. La energía puede almacenarse en una hortaliza o en una batería. Aquí tienes algunos ejemplos de «depósitos» en los que se almacena la valiosa energía en un huerto para usarla más adelante.

HORTALIZA DE RAÍZ

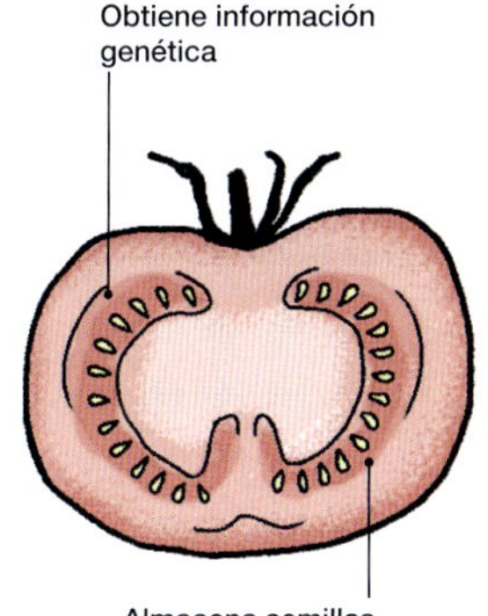

SEMILLAS DEL FRUTO

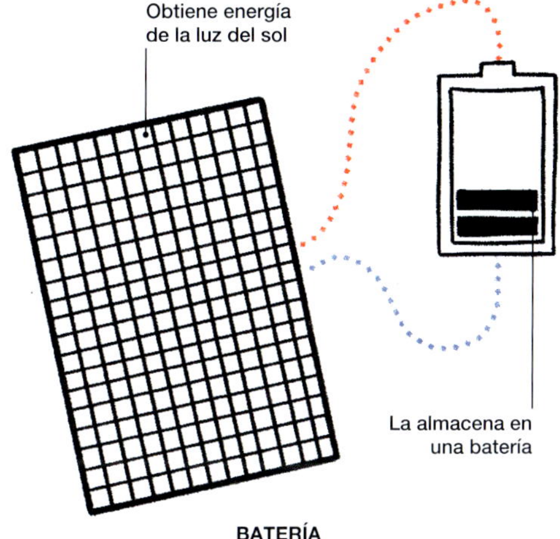

BATERÍA

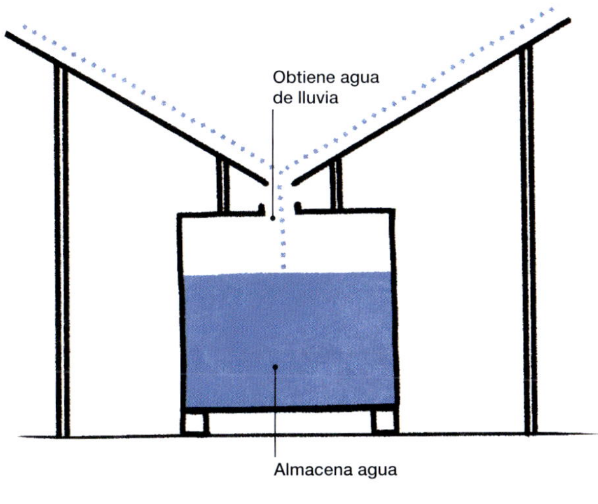

DEPÓSITO DE AGUA

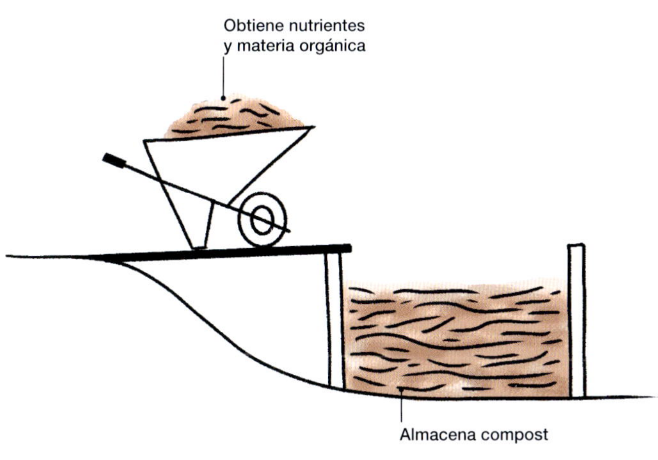

PILA DE COMPOST

3 Obtén un cultivo

Una cosecha es algo que se produce, ya sea como objetivo principal o como excedente. Cultivar tomateras para producir tomates sería un objetivo principal. El excedente es el material orgánico que no se come pero se recoge para echarlo al compost, donde se transforma en nutrientes y materia orgánica para futuros cultivos. El objetivo fundamental de un huerto es obtener una cosecha. En agroforestería, que se centra en la permacultura, los sistemas agrícolas basados en árboles, existen cinco cultivos principales:

1. Comida Para las personas
2. Forraje Comida para el ganado
3. Combustible En forma de leña
4. Fibra Para ropa y tejidos
5. Fármacos Para la medicina natural
(para personas y ganado)

Hay una frase de Bill Mollison que te ayudará a tener, como diseñador, la mentalidad de pura posibilidad. Limítate a cambiar la palabra «sistema» por «huerto»: «El potencial de un sistema es ilimitado; solo puede verse limitado por la información y la imaginación del diseñador». Esta idea es vital, ya que subraya la importancia del conocimiento, que es algo que aumenta con el tiempo. Cuanto mayores sean tus conocimientos, mayor será la producción.

EL TRUCO DE HUW

Los principios suelen solaparse. Así, las semillas se pueden considerar una forma de energía almacenada y una cosecha. A más principios, más resistente y productivo será el huerto.

Forraje
A Morera
B Chopo

Combustible
C Sauce
D Avellano

Comida y fármacos
E Manzano
F Saúco
G Grosella
H Menta

Fibra
J Ortigas y lana de ovejas alimentadas con forraje

Cultivos de un huerto forestal lineal
Esta imagen muestra un plan de cultivo conceptual que elaboré para un huerto forestal lineal ubicado entre dos terrenos. Las plantas seleccionadas reúnen los cinco cultivos básicos que pueden obtenerse de un huerto forestal.

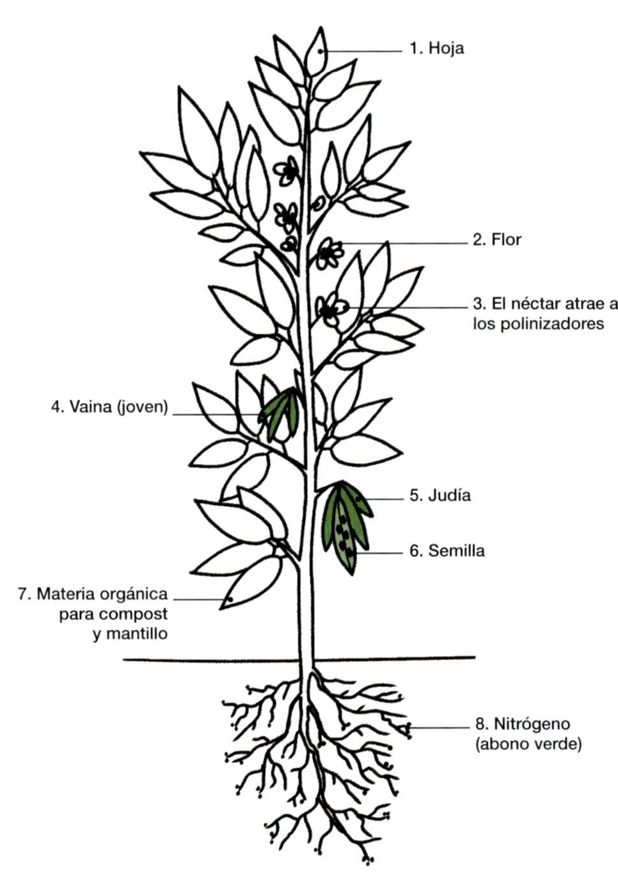

Las ocho cosechas del haba común
La modesta haba común produce ocho cosechas básicas para el huerto y el horticultor. En permacultura una de las técnicas clave consiste en identificar cada cosecha que una planta o componente puede ofrecer. Eso está estrechamente relacionado con el principio de las funciones acumulativas de la p. 27.

Toma decisiones fundadas

Este es el esquema para la toma de decisiones que uso cuando analizo los progresos de mi huerto.

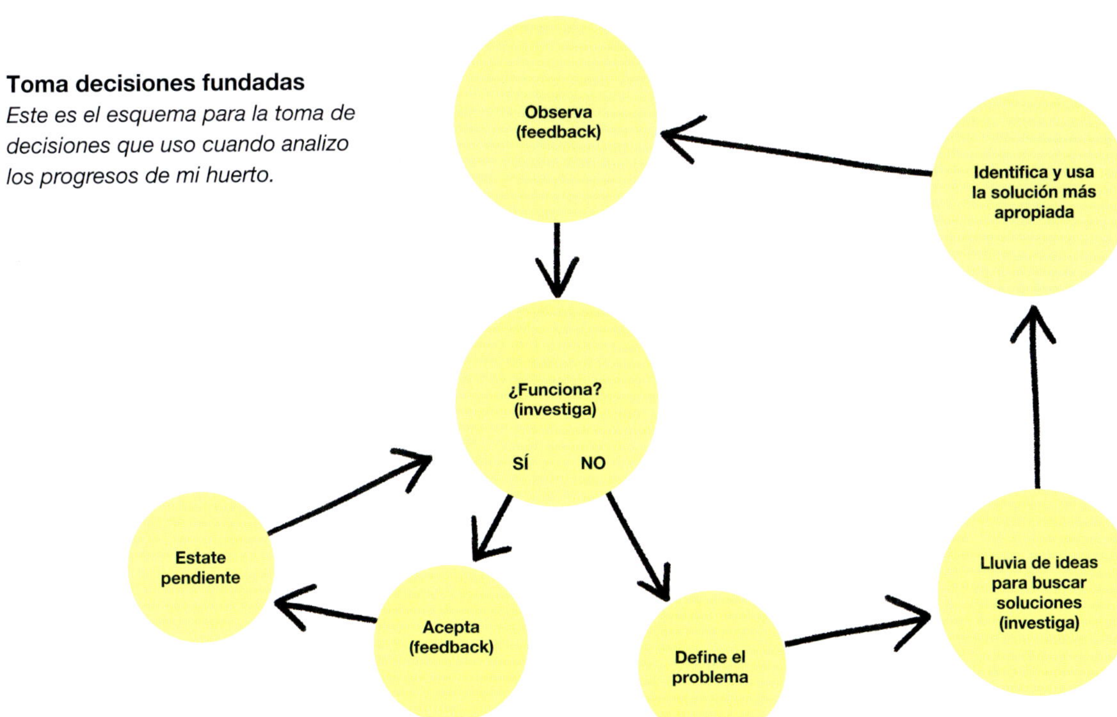

4 Autorregúlate y acepta el feedback

La autorregulación consiste principalmente en controlar nuestro comportamiento, nuestras emociones y nuestros pensamientos con la finalidad de obtener determinados objetivos a largo plazo.

Los horticultores a menudo tenemos ideas emocionantes que desarrollamos sin tener demasiado en cuenta los posibles efectos secundarios. El entusiasmo es fantástico, pero cuando estamos muy emocionados solemos centrarnos en lo inmediato y nos olvidamos de las implicaciones a largo plazo. No todo lo que pruebes en el huerto funcionará a la perfección la primera vez. Eso puede resultar frustrante, pero se aprende más de los errores que de los éxitos. En permacultura, el fracaso es un avance, ya que aumenta tus conocimientos. Si los fracasos se suceden, quizá debas optar por un nuevo enfoque para no sucumbir al efecto de «la princesa y el guisante», lo que podría llevarte a tratar los síntomas y no la causa.

Cada primavera los topillos solían destrozar mis plantones. Los plantones de guisantes eran los más vulnerables. Tras probar muchas cosas decidí que en vez de tratar de acabar con los topillos, era mejor evitarlos colgando canalones del techo del politúnel y sembrando allí las semillas. Ahora la mayoría de mis bandejas modulares están en baldas suspendidas, para protegerlas de los topillos.

Asimismo, si descubres que eres el único de la familia al que le gustan los nabos, el próximo año plantarás una cantidad inferior y dispondrás de esta manera de espacio extra para algún otro cultivo.

Con algo tan simple como un estante de alambre colgado en un politúnel he eliminado todos los problemas de parásitos en los plantones.

Las plantas como recurso
Aquí tienes las cuatro plantas renovables básicas que uso para mejorar la fertilidad de mi huerto.

Sauce

Ortigas

Consuelda

Césped

CORTES POR AÑO: Césped 10-12; Consuelda 3-4; Ortigas 2; Sauce 1

Usa y valora los servicios y recursos renovables

Un huerto debe aprovechar al máximo los servicios y recursos renovables disponibles. Al fin y al cabo la permacultura va de trabajar en armonía con la naturaleza, así que debes sacar el máximo rendimiento a todo aquello de lo que dispongas.

Identifica todos los recursos renovables presentes en tu huerto y tu comunidad. El césped es un recurso renovable. Si lo cortas vuelve a crecer. Los recortes de césped pueden usarse como mantillo, para hacer abono líquido y para compostaje. Si dispones de mucho césped, tiene sentido que lo uses para todo lo que puedas. Otros recursos renovables serían las astillas de los bosquecillos, las hojas perennes de plantas como la consuelda, la lana de las ovejas, la luz solar, las algas y las plantas perennes.

Es importante poder disponer siempre de dichos recursos: tal vez dispones de recortes de césped, pero todas tus hojas proceden de un vecino. No dependas nunca de un único recurso renovable al que no tienes acceso directo.

Puedes usar recursos no renovables para crear un diseño de permacultura siempre que los beneficios a largo plazo compensen los aspectos negativos a corto plazo. Así pues, si necesitas una miniexcavadora para hacer un gran estanque, ¡no te sientas culpable! Los servicios renovables abarcan los sistemas y procesos naturales que pueden usarse en beneficio del huerto. Dichos servicios incluyen a los polinizadores, los depredadores, la fijación del nitrógeno, la filtración natural del agua y los cultivos de autosiembra.

EL TRUCO DE HUW

Al diseñar el huerto, potencia el impacto de este principio incorporándolo a los principios de captar y almacenar energía (ver p. 15) y no produzcas basura (ver página opuesta).

La consuelda es uno de los recursos renovables más importantes para un huerto de permacultura. Aquí estoy preparando un poco de concentrado líquido (ver pp. 272-73).

No produzcas basura

La basura es obra del hombre. En la naturaleza no hay basura, solo un flujo constante de nutrientes que adoptan distintas formas. Como horticultores, somos capaces de valorar distintos tipos de basura.

A veces, si el suministro es constante, la basura puede tratarse como un recurso renovable. Las sobras de verduras del restaurante, los posos de café de la cafetería, los palés del polígono industrial y el cartón de la tienda de bicis son recursos naturales de desecho a los que tengo acceso, al menos mientras los negocios sigan funcionando. Algunas comunidades van un paso más allá y usan la basura en un proyecto de compostaje comunal. Puede que tengan una instalación más formal para recoger la basura orgánica y producir compost para la comunidad, o para cultivar alimentos que luego se reparten.

Compostar alimentos comestibles no es malgastar: los nutrientes que contienen se reciclan y ayudan a que crezcan nuevos cultivos. Existen formas de añadir valor a la basura, como con una instalación para compostar con gallinas (ver pp. 78-79). Todo el material vegetal sobrante se echa en el gallinero para que se lo coman las gallinas, que añaden sus heces (excrementos) y producen huevos nutritivos. El producto final de este material vegetal de desecho sigue siendo compost, pero esa «basura» ha tenido varias funciones.

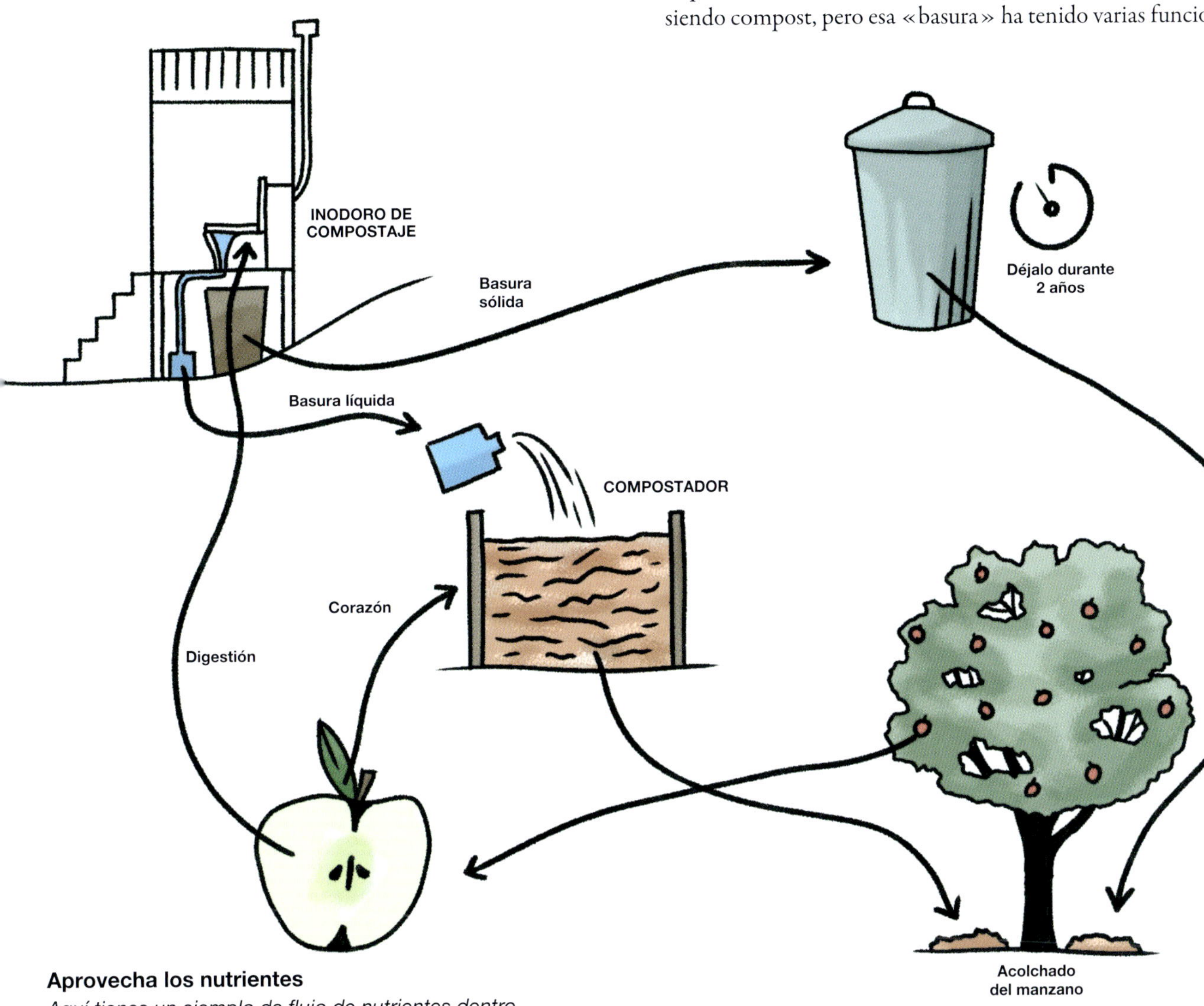

Aprovecha los nutrientes

Aquí tienes un ejemplo de flujo de nutrientes dentro de un ciclo cerrado en el que cada tipo de «basura» supone una oportunidad para mejorar la fertilidad.

Diseña del modelo a los detalles

En permacultura se aboga por analizar la visión de conjunto, por comprender todos los patrones y, luego, a partir de dichos conocimientos, centrarse en los detalles. El factor más determinante para planificar un huerto templado son las cuatro estaciones. Las estaciones dictan los difusos límites en los que debes actuar. Digo «difusos» porque hay muchas formas de manipular sutilmente las estaciones, por ejemplo, usando viveros y politúneles.

Una de las mejores herramientas para considerar la visión de conjunto es la escala de permanencia de Yeomans (ver pp. 40-41). Es el método más accesible para tener una concepción holística de tu parcela y es un punto de partida genial para el diseño de cualquier huerto.

La naturaleza está llena de formas y patrones, como ondas, espirales, aristas, entramados y ramas. Cada patrón ofrece elementos de diseño fascinantes (ver pp. 38-39). La naturaleza usa los patrones ramificados para mover la energía de manera eficaz (la savia de un árbol, la sangre por nuestras venas y el agua por el suelo). Un huerto de permacultura puede tener una red ramificada de caminos que vayan desde el camino más transitado (más ancho) al menos transitado (más estrecho).

La zonificación (ver pp. 42-43) es otro ejemplo de uso de patrones para que el huerto sea lo más eficaz posible energéticamente. Consiste en poner las zonas más intensivas cerca de la casa y las menos intensivas, más lejos.

Cuanto más observes, más patrones encontrarás, desde el ciclo vital de una tomatera hasta la estratificación de la planta de la fresa. La comprensión de los patrones es esencial para el diseño de la permacultura y para la toma de decisiones.

Esta dalia ('Night Silence') es un claro ejemplo de las maravillosas formas y patrones que hay en la naturaleza.

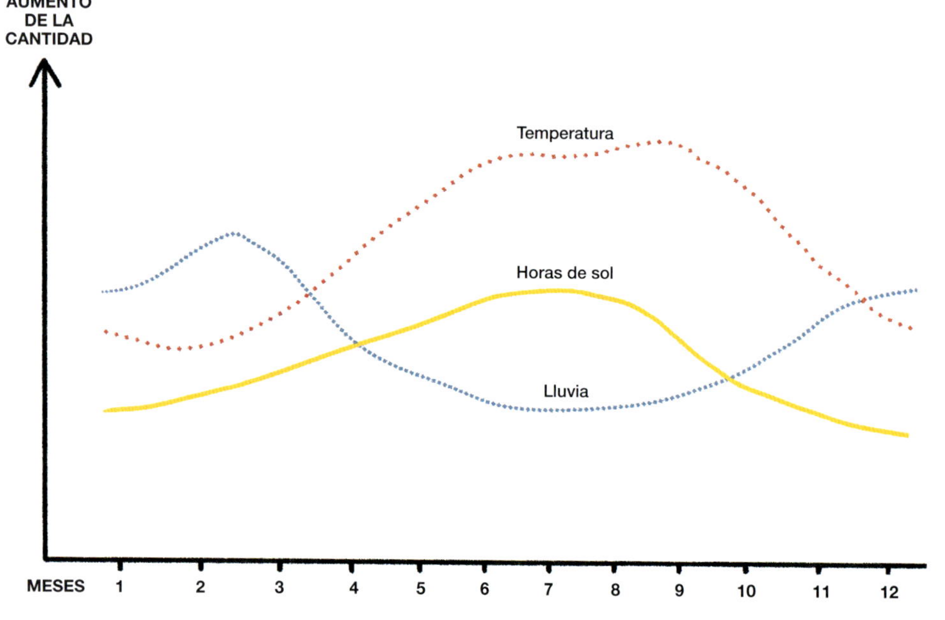

Empieza por los patrones
La media anual de horas de luz solar, temperatura y precipitaciones son los parámetros clave (patrones) con los que trabajamos los horticultores para crear un proyecto (detalle).

Integra en vez de segregar

Plantación en bloques
Para mantener las plantas separadas.

Policultivo mínimo
En este método, las plantas se separan en bloques más pequeños.

Policultivo máximo
Aquí los cultivos se entremezclan. La cantidad de cada cultivo es la misma en ambos métodos, pero los que se cultivan en policultivos son más resistentes.

La naturaleza es un complejo entramado de relaciones e interacciones. A mí me gusta pensar que es un entramado multidimensional ilimitado de diagramas de Venn. Puede representarse como sociedad humana, empezando por individuos que forman familias, que forman comunidades, que forman ciudades, que forman países, que forman continentes y, finalmente, forman la sociedad mundial. Cada elemento, independientemente de lo grande o pequeño que sea, es una parte del todo, y presenta relaciones casi infinitas, tanto sutiles como sólidas.

Pero ¿qué tiene que ver todo esto con un huerto? Nos ayuda a comprender que las partes forman un todo. El politúnel, los bancales, el sistema para recoger el agua de la lluvia, los caminos, los márgenes... son piezas de un mismo rompecabezas. Tu tarea consiste en relacionar dichos elementos de la mejor manera para crear un huerto eficiente.

Hay que integrar en lugar de segregar y para explicarlo me gusta comparar el policultivo y el monocultivo. En un sistema de monocultivo, se cultiva un (mono) cultivo en una superficie grande, separado de otros cultivos. Los monocultivos corren un alto riesgo de sufrir una mala cosecha a causa del clima, las plagas y las enfermedades.

El policultivo es un sistema resistente en el que se integran muchos cultivos en una misma superficie. Aunque la cosecha de un cultivo sea mala, la del resto puede ser buena. El policultivo es un modelo de diseño que se inspira en el éxito de la biodiversidad propia de la naturaleza (ver pp. 228-55).

9 Usa soluciones sencillas y lentas

Muchas tecnologías y sistemas terminan causando más problemas de los que resuelven. La agricultura industrial es un ejemplo de ello. Permitió aumentar la producción. Pero ¿a qué precio, tanto para el planeta como para la salud del ser humano? En la agricultura industrial la cosecha se paga por su peso, no por su calidad nutricional. La sociedad occidental tiene un problema cada vez mayor con el hambre oculta: la malnutrición causada por la ingesta de alimentos incorrectos, densos en calorías y pobres en nutrientes.

El problema se debe en parte a la escala mundial de nuestro sistema alimentario. La permacultura propone soluciones sencillas y locales. Sus diseños son respetuosos, pacientes, fundamentados y, lo más importante, contemplan la posibilidad de corregir errores. Resulta mucho más fácil hacer un pequeño reajuste que rediseñar por completo. Cuando crees el huerto, empieza poco a poco y constrúyelo de manera gradual. Si eres nuevo en esto de la horticultura, comienza construyendo un compostador y unos cuantos bancales, y observa cómo te va la primera temporada. Así te harás una idea de cuánto puedes gestionar. Empieza con algo pequeño, asegúrate de que puedes ocuparte de ello y luego ve ampliándolo como mejor te parezca.

Una regadera es un claro ejemplo de solución sencilla; tras trasplantar unos pocos plantones, es más fácil regarlo con una regadera que con la manguera.

EL TRUCO DE HUW

Si sientes que el exceso de trabajo te supera, puedes hacer hibernar algunos bancales plantando cultivos de cobertura o cubriéndolos con cartones, para que no se descontrolen.

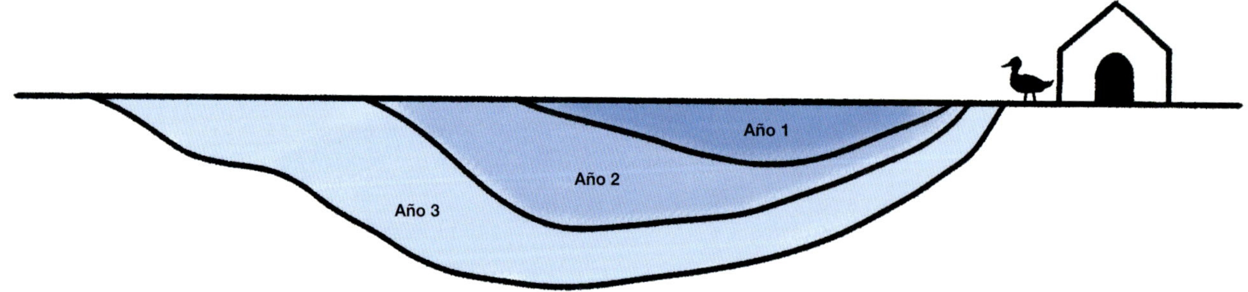

Ve paso a paso

Los proyectos ambiciosos pueden subdividirse en pasos más simples y manejables. A este huerto no puede acceder una excavadora, así que el estanque se agranda manualmente, un poco cada año.

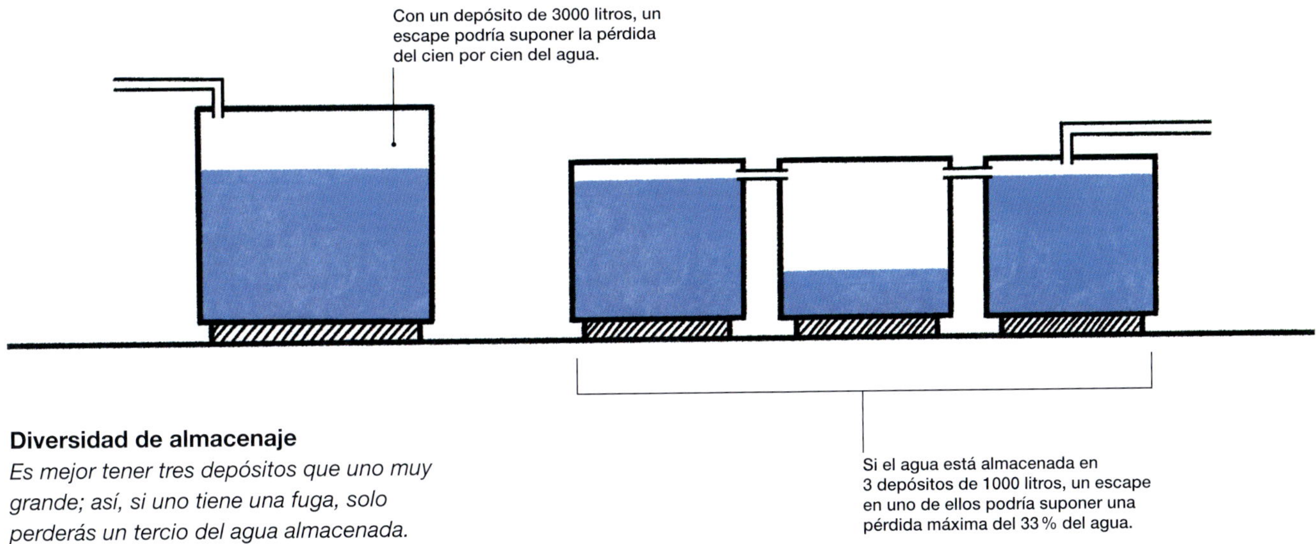

Diversidad de almacenaje
Es mejor tener tres depósitos que uno muy grande; así, si uno tiene una fuga, solo perderás un tercio del agua almacenada.

(10) Emplea y valora la diversidad

El policultivo es un ejemplo perfecto de lo que significa usar y valorar la diversidad (ver pp. 228-55). Veamos algunos ejemplos. Uno sería tener varios depósitos de agua: si uno tiene un escape, no perderás toda la batería almacenada de energía hídrica. O disponer de varios arbolistas que puedan suministrarte astillas, para que no te quedes nunca sin ellas.

Si cultivas distintas variedades de un mismo cultivo obtendrás una gran diversidad de sabores y características. Los tomates constituyen un ejemplo perfecto: existen cientos de variedades, cada una con su sabor, forma, color, resistencia a las enfermedades, época de recolección, etc. (ver p. 205). La diversidad es uno de los principios básicos para captar un ejército de insectos beneficiosos para el huerto. Necesitarás diversidad de hábitats, plantas y fuentes de alimentación para que dichos insectos quieran quedarse (ver pp. 260-61).

Y lo más importante, la permacultura ofrece al horticultor una gran diversidad de técnicas de cultivo. Si sigues una sola técnica de horticultura, como no cavar (ver p. 50), limitarás la creatividad y el pensamiento innovador que la permacultura tanto promueve, y es posible que desperdicies oportunidades y que acabes haciendo esfuerzos o gastos innecesarios.
Mi método de mínima alteración (ver pp. 51-53) pretende abordarlo de la forma más simple posible.

«No pongas todos los huevos en la misma cesta».

Usa los márgenes y valora lo marginal

Los márgenes, el punto donde coinciden dos ecosistemas, como un bosque y un campo, suelen ser más ricos en especies y más productivos. En ecología, esta zona se conoce como «ecotono». Los márgenes ofrecen magníficas opciones a los huertos de permacultura: cultivo vertical, aprovechamiento del espacio con plantas de distintas alturas, cortavientos naturales, microclimas, hábitats para insectos beneficiosos y un movimiento eficiente de energía y recursos. Cuantos más márgenes tenga tu huerto, más productivo y resistente será. Crearás un rico entramado de microclimas y microhábitats, que favorecerá un rango más amplio de cultivos y ecosistemas robustos que resistan mejor las plagas y enfermedades.

Valorar lo marginal implica considerar ideas o prácticas no convencionales que pueden ofrecer soluciones innovadoras. La mayoría de los diseños y conceptos que creo para mi huerto se centran en integrar el máximo de funciones, y nacen de la fusión entre los métodos convencionales y los marginales. El valor de lo marginal también es aplicable a la comunidad: garantiza que se escuche a todo el mundo y fomenta la apertura de mente y la tolerancia. Promover un entorno en el que podamos opinar libremente y que respete la diversidad de pensamiento es básico para que una sociedad funcione. Tenemos dos orejas pero solo una boca por algo, y la permacultura va precisamente de escuchar de forma activa y de encontrar soluciones respetuosas y comprensibles.

Aprovecha al máximo los márgenes

Esta forma de plantar siguiendo el contorno del río por ambos lados permite aprovechar al máximo los «márgenes» y aumentar el ecotono. Así se logra mayor biodiversidad, más microclimas con los que trabajar y mayor protección frente a los elementos.

Usa y reacciona al cambio creativamente

Este principio se centra en el fortalecimiento a largo plazo y lo hace aceptando los retos actuales y anticipando los cambios futuros. Pueden ser cambios en la sociedad, fluctuaciones en los precios, alteraciones en los patrones climáticos o incluso personales. Los cambios que no podemos controlar son inevitables. Lo que garantiza la resistencia es nuestra forma de reaccionar frente al cambio. El primer paso es aplicar la autorregulación y aceptar el feedback que recibas, porque siempre es mejor reconocer el cambio que rehuirlo. Luego, si hace falta que reacciones, opta por soluciones lentas y sencillas, para adaptarte al cambio de forma sostenible.

En un huerto, conocer a fondo cada estación nos permite aprovechar los cambios naturales para hacer un uso más productivo de nuestra energía en un momento concreto. Intenta ver el cambio como una oportunidad. El cambio a menudo provoca resultados que mejoran lo que ya existía. Esta actitud es fundamental no solo en la horticultura, también en cualquier aspecto de la vida.

EL TRUCO DE HUW

Colaborar con un grupo de personas con objetivos parecidos constituye un método de alto impacto para encontrar soluciones frente al cambio, ya que cada individuo aporta su experiencia y sus conocimientos (lo que conecta con el principio de la diversidad, p. 23).

Sé flexible cuando las cosas cambien

Tras una gran subida en el precio del compost, esta es mi respuesta a lo largo de dos años para lograr fertilizante sin necesidad de comprar compost.

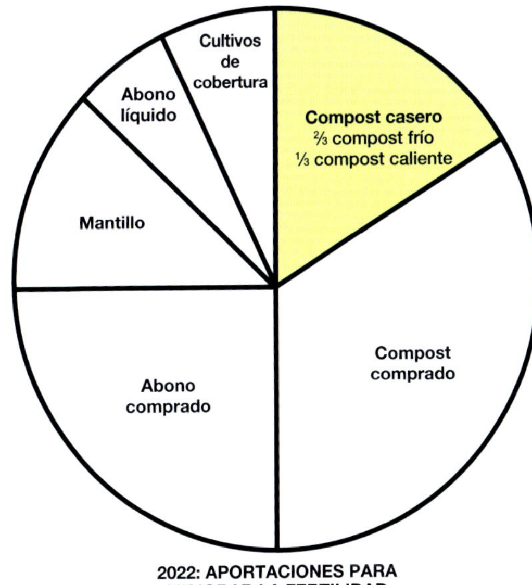

2022: APORTACIONES PARA MEJORAR LA FERTILIDAD

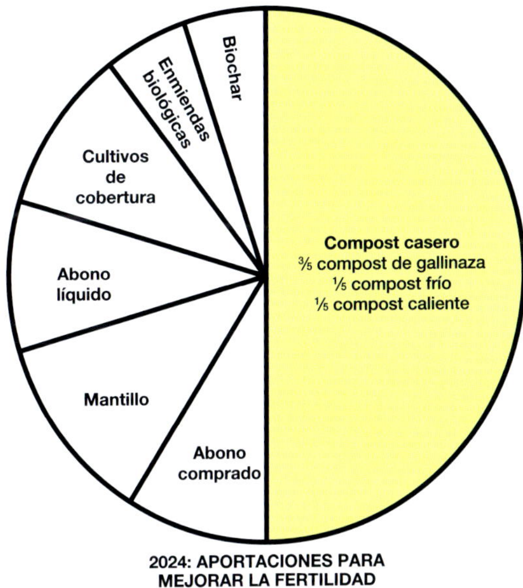

2024: APORTACIONES PARA MEJORAR LA FERTILIDAD

Aumentar el uso de gallinazas (ver pp. 78-79) me ha permitido reducir de forma significativa la cantidad de compost que tengo que comprar.

DESARROLLAR LOS PRINCIPIOS

Hay otras dos cosas que te ayudarán a pensar en los métodos hortícolas y a ser creativo con la planificación y la eficiencia. Usar el método «¿y si?» al diseñar el huerto, y combinar funciones para aumentar su productividad.

¿Y SI?

Esta técnica, que se inspira en la filosofía de Rob Hopkins recogida en su libro *From What Is to What If?*, usa el poder de la imaginación para fomentar todos los aspectos del diseño de la permacultura. Cuando propongas soluciones, sométela a una lluvia de ideas «¿y si?». Como el abogado del diablo. El objetivo es considerar el máximo de planteamientos antes de llevar a cabo el cambio físico, para aumentar las posibilidades de éxito a largo plazo y reducir los posibles descuidos.

Cinco ventajas clave de usar «¿y si?»

1. No tiene consecuencias para el huerto Te permite explorar ideas y diseños de forma creativa sin hacer el trabajo físico ni cometer errores.
2. Evita caer en las soluciones de siempre Impide que nos obcequemos con la primera idea o solución, y nos anima a considerar otras alternativas.
3. Gestión de riesgos Es fundamental en la evaluación de riesgos y te permite pensarlo bien y minimizar los posibles problemas.
4. Favorece el pensamiento crítico Te permite desarrollar una estrategia a largo plazo, a partir de tu situación presente, y elaborar estrategias para los posibles resultados o necesidades del huerto.
5. Validación de decisiones Si exploras múltiples escenarios «y si» y la decisión sigue pareciéndote buena, podrás reafirmarte en tu decisión.

He aquí algunos puntos de partida: ¿Y si no compro compost este año? ¿Y si cultivo demasiadas verduras de hoja verde? ¿Y si solo puedo dedicarle la mitad de tiempo al huerto? ¿Y si no llueve en primavera? ¿Y si pudiera ganar algo de dinero con el huerto?

EL TRUCO DE HUW

Puedes usar el «y si» en cualquier momento y situación. ¿Te aburres en el tren? ¿O haciendo cola para comprar un café? ¿Esperando que los suegros se marchen? Anímate centrándote en tus fabulosas ideas para el huerto de permacultura.

NATIVAS Y NO NATIVAS

Las plantas nativas son aquellas que son originales de una zona geográfica. Algunos puristas opinan que en un huerto no hay que incluir ningún cultivo no nativo, pero (según el espíritu y la mentalidad abierta propias de la pregunta «y si») entonces debería dejar de cultivar alcachofas de Jerusalén, manzanas, tomates, maíz, pepinos, remolacha, cebollas, ajos y patatas, entre otros.

Son tantos los cultivos y variedades que ofrecen características y beneficios que las plantas nativas no pueden ofrecer, que no tengo ningún problema en incluir cultivos originarios de otras regiones geográficas. Mientras no se trate de un cultivo invasivo y pueda cultivarse con éxito sin hacer ningún esfuerzo especial, es bienvenido en la permacultura. Ello no solo amplía la paleta de sabores y nutrientes de un huerto, sino que además aumenta su diversidad y resistencia.

Las plantas perennes no nativas suponen un desafío algo mayor. A diferencia de las anuales, que crecen en su mayor parte cuando no hay heladas, las perennes tienen que soportar todas las estaciones durante años. Lo mejor para saber si una planta es adecuada es recurrir a una guía sobre la dureza de las plantas y compararla con la dureza de la zona (ver recursos, pp. 32-33), además de hablar con los horticultores locales. En lugares con climas más extremos, cultivar plantas perennes cuidadosamente seleccionadas en un politúnel puede dar excelentes resultados.

FUNCIONES COMBINADAS

Las funciones combinadas, mirar más allá de la utilidad básica de un elemento, es importante en la permacultura. Por ejemplo, un politúnel no está ahí tan solo para plantar cultivos en verano. Te ayuda a tener los plantones listos antes, sirve de oficina, proporciona una zona seca para el almacenaje, te permite comer ensalada en invierno, protege del viento, puede cobijar a las gallinas en invierno y permite aislar cultivos para recoger sus semillas, además de otras muchas cosas.

Las funciones combinadas fomentan el principio de integrar en vez de segregar (ver p. 21) y siguen la filosofía de emular los ecosistemas naturales, en los que todo está interconectado y es multifuncional. Integrar en vez de segregar aporta amplitud y las funciones combinadas aportan profundidad. Creo que el diseño de la permacultura puede sintetizarse en estos dos métodos de pensamiento.

Ejercicio del objeto

Es uno de mis recursos favoritos para practicar el pensamiento creativo/lateral:

1. Elige un objeto cualquiera de tu casa (un libro, un sobre, un tope de puerta, un cojín, etc.).
2. Pon 2 minutos en el cronómetro.
3. En esos 2 minutos, usa tu experiencia y tus pensamientos innovadores para confeccionar una lista con todos los usos que puedes darle a dicho objeto.
4. Revisa la lista y deja pasar un día.
5. Repite los pasos 1 al 3 y mira lo que se le ha ocurrido a tu subconsciente en ese tiempo.

Puedes practicar este ejercicio siempre que quieras. También puedes hacerlo con cosas del huerto: el politúnel, los recortes de césped, unas tijeras de podar… Cuanto más lo practiques, más ideas se te ocurrirán para mejorar la eficiencia del huerto.

Esto es lo que pensé que podía hacer con una caja de cartón:

Ideas para el uso de cartón

1. Material marrón para el compostador
2. Capa base de un bancal no excavado
3. Para cubrir bancales vacíos en invierno
4. Banco provisional para enmacetar
5. Troceado, para prender fuego
6. Para proteger plantas tiernas de las heladas ligeras
7. Poniendo varias capas, para apoyar las rodillas
8. Trampa nocturna para babosas (colocándolo en el suelo)
9. Para hacer croquis de planes para el huerto
10. Cesta provisional para recolectar

Otras ideas para el uso de cartón

1. Para calzar una silla que se tambalea
2. Para hacer manteles individuales
3. Fijado a las paredes del cobertizo, para aislar
4. Para construir maquetas
5. Para abanicarme la cara cuando hace calor
6. Para tapar un cuenco con comida y evitar las moscas
7. Como tope para mantener la puerta abierta
8. Para hacer adornos
9. Para prensar flores
10. Para hacer un tablero de ajedrez

Uso del cartón: para impedir que crezcan malas hierbas en los meses de invierno.

OBJETIVOS

Un objetivo es un resultado que se desea lograr y ayuda en la toma de decisiones: ¿sirve la acción X para alcanzar el objetivo Y? Un horticultor puede tener distintos tipos de objetivos que le ayuden a conseguir lo que espera de su espacio.

OBJETIVOS ESENCIALES

¿Cuáles son los objetivos de un huerto de permacultura? Los 12 principios de la permacultura (ver pp. 14-25) se sustentan en los tres principios éticos básicos que se mencionan al principio de este capítulo y que constituyen los objetivos esenciales de cualquier proyecto de permacultura.

- **Cuidado de la Tierra** Cuidar y mejorar el suelo y el ecosistema local
- **Cuidado de las personas** Nutrir a la gente y a la comunidad
- **Repartición justa** Compartir conocimientos y recursos sobrantes con otros

OBJETIVOS FINITOS E INFINITOS

Existen dos categorías de objetivos personales. Los finitos son objetivos claramente definidos y cuantificables, y disponen de un plazo concreto. Suelen centrarse en metas alcanzables, que pueden llevarse a cabo en un tiempo concreto. Por ejemplo:

- Cosechar 365 kg de alimentos en 12 meses.
- Plantar cinco cultivos nuevos durante la temporada, para conocer sus características.
- Producir suficiente compost casero para cubrir con mantillo el 80 por ciento de los bancales elevados en otoño.

Los objetivos infinitos no están restringidos por límites temporales u otros objetivos; se centran en establecer comportamientos y hábitos que permitan lograr el éxito a largo plazo, como:

- Comer algo del huerto a diario.
- Que el huerto sea mi válvula de escape.
- Que mi prioridad sean los cultivos más sabrosos.

Cuanto más detallados sean tus objetivos, más fácil te será comprenderlos. Fija tus objetivos, sigue los pasos pertinentes y realiza un informe anual al final de la temporada para ver lo cerca que has estado de conseguirlos. Si quieres, puedes introducir cambios o novedades de cara al año siguiente.

EL OBJETIVO INVERSO

Otro ejercicio que puede ayudarte a aclarar las ideas y fijarte objetivos consiste en plantearte un objetivo inverso. Para ello debes buscar la solución contraria. Si comprendes lo que no debes hacer, te será más fácil determinar lo que debes hacer para alcanzar tu objetivo. Fijarte un objetivo inverso deja espacio para el pensamiento lateral: al considerar lo contrario de lo que deseas, puedes descubrir soluciones o planteamientos alternativos que de otro modo no se te habrían ocurrido. ¡Valora lo marginal!

Objetivo Quiero que mi huerto me haga feliz.

Objetivo inverso Quiero sentir pavor cada vez que piense en mi huerto.

Para lograr el objetivo inverso necesito:

- Asegurarme de que el huerto sea caótico y esté desorganizado.
- Cultivar plantas y cultivos que no me importen demasiado.
- No seguir ningún plan o planteamiento y, por tanto, no saber hacia dónde voy.
- Producir cosechas horribles que me hagan plantearme si vale la pena.
- No tener diversidad, por lo que todo es igual y aburrido.

Calcular la producción total del huerto es una buena forma de controlar su eficacia. Considera tanto los excedentes (pepinos, arriba) como lo que recoges para una cena. Recuerda que las pequeñas recolecciones, si son frecuentes, suman rápido.

A partir de ahí podemos deducir lo que debemos hacer para tener un huerto que nos haga felices:

- Asegurarte de que es fácil de mantener.
- Cultivar plantas y cultivos que te emocionen.
- Tener claro por qué te dedicas a la horticultura y qué esperas de ella.
- Asegurarte de que cada vez que visites el huerto hay algo que cosechar.
- Crear pequeños rincones de interés, tener distintas zonas de cultivo e incorporar toques de color y textura.

Patrones y diseño

CLIMA

El primer patrón que debes comprender para diseñar tu huerto es el clima, es decir, las condiciones atmosféricas de una determinada zona a lo largo de un periodo largo de tiempo. Es el factor que más influye en lo que crecerá (y lo que no) en tu huerto.

CLIMA TEMPLADO

El clima funciona como un espectro entre dos polos: las temperaturas y las precipitaciones. El clima templado, con cuatro estaciones diferenciadas, se sitúa entre las regiones subpolares y las subtropicales de la Tierra, tanto en el hemisferio norte como en el sur. En este mapa simplificado se muestran las regiones templadas de nuestro planeta. Este libro está escrito pensando en esta zona. Y aunque en la zona templada hay áreas más cálidas y otras más frías, la mayor parte de la información puede adaptarse fácilmente.

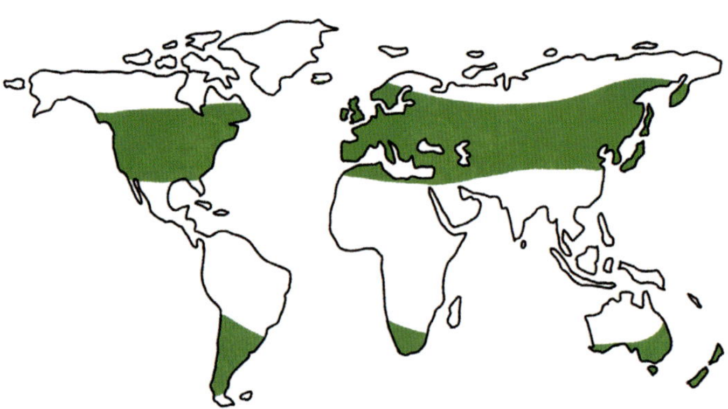

Mapamundi de climas templados
Las zonas en verde representan las zonas templadas.

TEMPERATURAS: ZONAS DE RUSTICIDAD

Las zonas de rusticidad resultan muy útiles, ya que ayudan a comprender el clima. Cada zona viene definida por la media de la temperatura mínima absoluta anual. Cuanto más bajo el número de la zona, más frío es el invierno. Algunas plantas solo resisten hasta una cierta temperatura: las temperaturas más frías las dañan seriamente o las matan. Este libro está pensado básicamente para las zonas 6-9, lo que incluye buena parte de Europa y Estados Unidos, así como los países templados del hemisferio sur. Casi toda la información puede adaptarse a zonas más frías. Esta gráfica muestra las zonas de rusticidad más relevantes.

Temperatura mínima

Zona	Desde	Hasta
4	-35 °C	-29 °C
5	-29 °C	-23 °C
6	-23 °C	-18 °C
7	-18 °C	-12 °C
8	-12 °C	-7 °C
9	-7 °C	-1 °C
10	-1 °C	4 °C

El problema con las zonas de rusticidad

Generalmente se considera que las zonas de rusticidad sirven para las perennes y las fechas de las heladas (página opuesta) para las anuales. En el caso de los cultivos anuales, la zona de rusticidad no influye en lo que puede cultivarse durante el verano. Yo vivo en la zona 8, pero como los veranos son frescos, plantar tomates al aire libre no siempre funciona. Pero conozco a horticultores de la zona 5 que tienen veranos más calurosos y consiguen excelentes cosechas de tomates en el exterior todos los años.

Fechas de heladas

Las fechas de las últimas heladas en primavera y de las primeras en otoño definen la ventana de cultivo. En internet puedes encontrar cuáles fueron dichas fechas en los últimos años en cada región. Recuerda, hablamos de naturaleza, así que me gusta dejar un margen de dos semanas.

Altitud

A mayor altitud, más bajas las temperaturas. Por regla general, por cada 1000 m sobre el nivel del mar, la temperatura desciende unos 6,5 °C. Eso significa que un pueblo situado en un valle podría estar en la zona 7 y una granja en las montañas circundantes, en la zona 6. Para saber lo que puede crecer en un entorno a gran altitud, echa un vistazo al increíble trabajo de Sepp Holzer, que tiene una granja en los Alpes austriacos a 1500 m sobre el nivel del mar.

PRECIPITACIONES

Los patrones mensuales de precipitaciones son importantes para ajustar el agua a almacenar y para escoger la mejor infraestructura de riego para tu huerto. Personalmente creo que el mantillo es una gran inversión, pero necesitarás también varias mangueras y sistemas de riego por goteo, especialmente para los cultivos que estén a cubierto.

CONOCIMIENTOS LOCALES

La información climática general te ayudará a crear una base sólida para empezar a diseñar tu huerto, pero ningún libro o recurso pueden equipararse a la experiencia de otros horticultores de la zona, que pueden contarte de primera mano todo lo que saben sobre el clima, las plantas que prosperan y las técnicas para ampliar la variedad de cultivos.

CLIMAS CAMBIANTES

Cuanto más tengas en cuenta el clima, más rendirá tu huerto. Es cierto que cada vez experimentamos unas condiciones climáticas más extremas, pero los huertos de permacultura están pensados para ser increíblemente resistentes. Los dos elementos clave que contribuyen a aumentar dicha resistencia son los cultivos perennes (abajo) y un suelo saludable.

PATRONES NATURALES

Los patrones clave de la naturaleza nos aportan información y contexto. Algunos son un punto de partida fantástico para el diseño estético de nuestro huerto y otros nos muestran procesos y fases de crecimiento vitales para el mismo.

VIDA Y MUERTE

El patrón de vida y muerte nos recuerda la naturaleza cíclica de la existencia, donde cada final es un nuevo principio. ¿Qué somos al fin y al cabo? Nutrientes. Cuando algo muere, se descompone. Es el proceso de reciclaje de la naturaleza, que ofrece nuevos nutrientes a otras formas de vida.

El compostador se encarga del proceso de reciclaje del huerto, creando un banco de nutrientes que se pueden usar en beneficio de la siguiente generación de cultivos. Es un patrón sencillo: no existe vida sin muerte, ni muerte sin vida.

SUCESIÓN

La sucesión es otro patrón que solo puede apreciarse con el tiempo. La naturaleza, si no se interviene en ella, madura alcanzando un estado de permanencia caracterizado por el equilibrio dentro de ese ecosistema. Esta sucesión natural puede verse en un pastizal que se deja sin arar y sin pastoreo; primero se transforma en un monte bajo y luego en una zona boscosa, que es su estado de permanencia natural. Solo los factores externos, como el cambio de las condiciones atmosféricas o la intervención humana, pueden alterar dicho estado permanente a gran escala.

¿Qué podemos aprender de la sucesión? Cualquier terreno, ya sea un campo o un patio trasero, tiende a regresar a ese estado permanente. Basta visitar una parcela abandonada para ver lo rápido que empieza este proceso. El primer año el suelo se cubrirá de hierbajos y hierbas anuales, luego aparecerán las ortigas y las zarzas, y finalmente los arbustos de rápido crecimiento, como las buddleias y los sauces. En un estado permanente predominan las plantas perennes; en una zona boscosa hay muy pocas anuales (a menos que se haya producido alguna alteración a causa quizá de una tejonera, algún jabalí husmeando o un árbol caído).

Un huerto vegetal anual solo prosperará si se consigue que la sucesión se interrumpa. Las técnicas de alteración mínima (ver pp. 50-53) harán que el suelo sea apto para las anuales.

A continuación encontrarás el proceso de sucesión dividido en sus tres etapas básicas.

Anuales

Estas plantas de rápido crecimiento y sedientas de nutrientes son las primeras que aparecen en los suelos alterados. Con ellas la naturaleza se asegura de que los suelos desnudos se cubran. Algunos ejemplos son los cardos, la pamplina y algunas hierbas.

Perennes efímeras

Estas no tardan en reemplazar a las anuales. Depende de los niveles de luz y humedad, pero las ortigas y las acederas son dos ejemplos típicos de perennes efímeras, como también determinadas hierbas. Durante una o dos temporadas el suelo estará cubierto prácticamente todo el año.

Perennes duraderas

Poco a poco aparecerán arbustos y árboles. Con el tiempo, árboles más altos llenarán el dosel, sombreando el espacio y limitando el crecimiento debajo de ellos. Cuando uno de esos árboles caiga, aparecerá un hueco que permitirá que pase la luz y todo el proceso volverá a empezar.

¿ARRANCAR LAS MALAS HIERBAS O NO?

Una mala hierba es el primer paso visible de la sucesión natural (ver página opuesta). Todo horticultor sabe que si deja un bancal vacío, acabará cubierto por una tupida capa de malas hierbas. Pero hay controversia sobre lo que es una mala hierba. Es una planta que crece en el lugar equivocado. Pero depende del contexto. En un huerto las primeras que salen en los bancales de anuales suelen ser los cardos, las hierbas, las ortigas, los dientes de león, etc. Una tomatera entre las zanahorias puede ser una mala hierba, mientras que una ortiga en un seto no lo es. De hecho, en ese caso es una planta muy beneficiosa que sustenta una gran variedad de animales.

Cuando se trata de cultivar tu propio alimento, y teniendo en cuenta que la mayor parte de la variedad y el volumen procede de cultivos anuales, es cuestión de priorizar. Siempre preferiré tener guisantes a tener cardos. Hay otros muchos sitios donde estas «malas hierbas» pueden crecer. Arrancar lo no deseado también puede representar una oportunidad: uno de los mejores abonos líquidos naturales se hace con una mezcla de distintos hierbajos (ver p. 272), y puedes obtener comida de plantas consideradas malas hierbas (como las ortigas, izquierda).

BIENALES

Las plantas bienales suelen encontrarse en los climas templados y tienen un ciclo vital de dos años. El primer año producen hojas y almacenan energía para el segundo año, cuando la planta florece y produce semillas. La dedalera es un ejemplo perfecto. Muchos de los cultivos de un huerto son bienales, pero son tratados como anuales; las zanahorias, la col rizada, los puerros, el hinojo, la remolacha y el apionabo (derecha) son algunos de ellos. Los comemos en su estado vegetativo (hojas) o de almacenamiento de energía (raíz), porque tanto las hojas como las raíces están en su mejor momento durante el primer año. El segundo año, cuando toda la energía se centra en la floración y en la formación de semillas, van perdiendo calidad. Hay algunos cultivos, como el brócoli esparragado púrpura, cuyas flores sí se cosechan. Pero para simplificar las cosas, en este libro trataré todas las bienales como anuales.

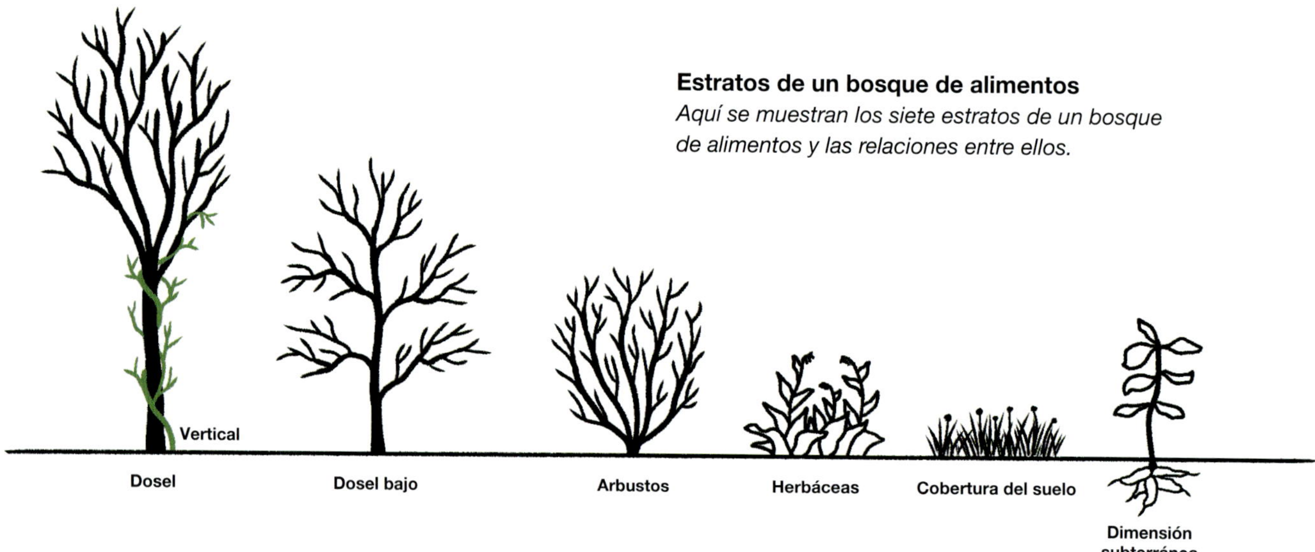

BOSQUES DE ALIMENTOS

Los estratos del bosque forman uno de los patrones que se aplican en permacultura. Los bosques de alimentos son diseños minuciosamente planificados que tienen en cuenta los siete estratos propios de un bosque. El objetivo es crear un sistema alimenticio abundante de bajo mantenimiento que se cosecha con un enfoque de forrajeo. Estos bosques también pueden integrarse en el marco de la agroforestería como técnica que combina la producción de alimentos con los árboles de distintas dimensiones.

En los climas templados es la fauna la que más se beneficia de estos bosques. La escasez de luz y una temporada de cultivo mucho más corta limitan la cantidad de comida que pueden producir.

Sin embargo, la simplificación de los estratos permite a los horticultores crear zonas de cultivo de bajo mantenimiento que producen una cosecha más que respetable. Los bosques de alimentos son muy populares dentro de la permacultura. Más adelante (ver pp. 236-41) encontrarás ejemplos de estratos inspirados en esta estrategia de cultivo.

Los siete estratos de un bosque de alimentos

Robert Hart, uno de los pioneros de la permacultura, estableció los siete estratos de un bosque de alimentos tras muchos años observando tanto la naturaleza como su propio huerto forestal. Aquí se detallan dichos estratos con una planta de ejemplo:

1. Dosel (frutales grandes)
2. Dosel bajo (frutales enanos)
3. Arbustos (grosellas)
4. Herbáceas (consuelda)
5. Cobertura del suelo (fresas)
6. Dimensión subterránea (patatas)
7. Vertical (vides)

Puedes centrarte en poner dos o tres estratos en una zona. Hay muchas combinaciones posibles, como dosel y herbáceas, arbustos y cobertura del suelo, o cobertura del suelo y vertical.

Una técnica ancestral

Hay versiones de huertos forestales en comunidades indígenas de todo el mundo. En las faldas del monte Kilimanjaro, los chagga llevan más de dos mil años practicando un sistema de agroforestería estratificado (jardines arbóreos). Bajo el dosel formado por los árboles cultivan café, plátanos, verduras y otros cultivos. Estos jardines arbóreos presentan una biodiversidad increíble y llevan siglos funcionando en armonía con la naturaleza. Pero, por desgracia, están seriamente amenazados. El cultivo de variedades modernas de café que requieren menos sombra está provocando la tala de árboles y, como consecuencia, una peligrosa propensión al monocultivo.

LOS CINCO CULTIVOS BÁSICOS

Los cinco cultivos básicos (ver p.16) que pueden obtenerse de un bosque de alimentos son: comida (para nosotros), forraje (para los animales), combustible (leña), fibra (ropa) y fármacos (medicinas).

EL TRUCO DE HUW

Puedes usar el patrón de estratos con tus cultivos anuales. ¿Vas a plantar coles rizadas? Siembra debajo lechugas. ¿Tienes un enrejado con judías pintas? Trasplanta perejil en la base.

Esta fotografía de mi huerto muestra los distintos estratos de crecimiento entre las plantas anuales.

DIEZ PATRONES GEOMÉTRICOS PARA EL DISEÑO

En la naturaleza hay patrones geométricos que nos pueden servir de inspiración para el huerto. Estos patrones pueden ser tanto regulares como irregulares, y aplicarse tanto de manera literal (un sendero ramificado) como metafórica (burbujas para organizar zonas).

Usa estos patrones como punto de partida para crear diseños, hallar soluciones o incluso observar el mundo que te rodea. En la naturaleza existen otras clases de patrones, como lobulares, radiales y de dispersión.

EL TRUCO DE HUW

Los patrones geométricos pueden ayudarte en el diseño de tu huerto. ¿Puedes dividir el espacio de las anuales en burbujas y poner entre ellas un bosque de alimentos lineal (ver pp. 240-41)?

Espirales
Puedes encontrarlas en la cabezuela de un girasol y en la forma de las galaxias.

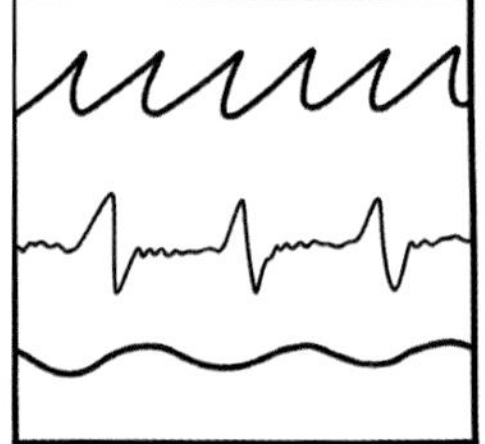

Ondas
Este patrón aparece en las ondas sonoras, invisibles, y en las grandes dunas de arena.

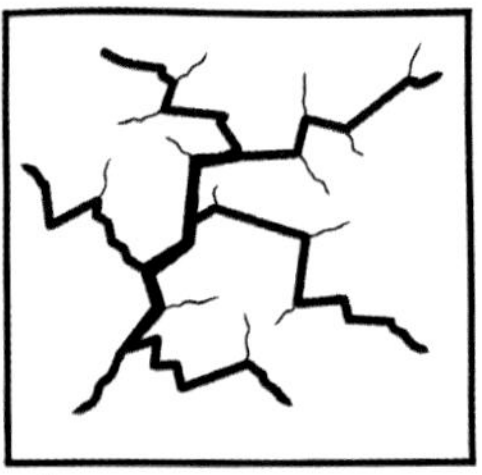

Grietas
Este patrón se da tanto en las grietas del lodo seco como en los enormes cañones de Norteamérica.

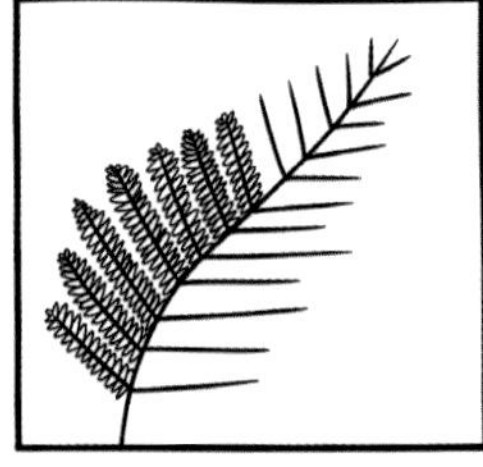

Fractales
Este patrón suele encontrarse en las piñas y los helechos, y también en el brócoli romanesco.

Ramificación fractal
Está en los copos de nieve, los afluentes de los ríos o el crecimiento arbóreo (página opuesta).

Meandros
Describe la forma en la que la hiedra trepa por un árbol y en la que serpentea un río.

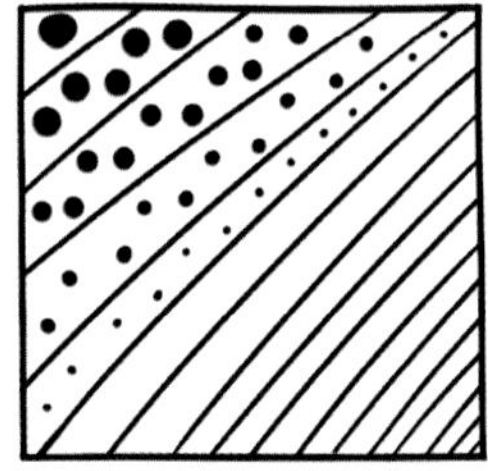

Manchas y rayas
Las toperas que salpican un campo y las rayas de una cebra son ejemplos de lo uno y lo otro.

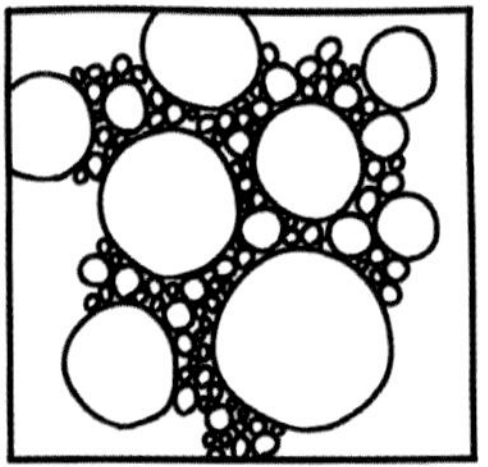

Burbujas
Es un patrón irregular que se ve en la espuma de la chicharrita o la lava de un volcán.

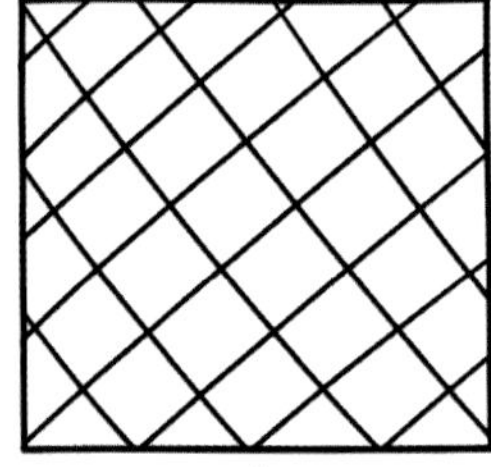

Teselados
Estas formas regulares se encuentran en los panales de abejas y en las escamas de los peces.

Redes
Pueden ser literales, como las telarañas, o metafóricas, como la red informática mundial.

RAMIFICACIÓN

El patrón de ramificación es mi patrón natural favorito. Es un patrón de tipo fractal en el que la misma estructura se repite a diferentes escalas, cada vez mayores o menores. Se encuentra en muchos sitios: vasos sanguíneos, árboles, nervios de las hojas, grietas del hielo, relámpagos, ríos, redes de carreteras y sistemas radiculares de las plantas.

La ramificación es un patrón que puede ser muy útil al plantearse el flujo de energía y movimiento en el huerto. El tallo central es el camino más transitado, del que salen sendas secundarias hacia las distintas zonas. Los caminos salen desde la entrada, para que tal como entres en el huerto puedas acceder a distintas zonas sin tener que volver sobre tus pasos. Así, la eficiencia es máxima.

Aquí el camino principal lleva desde la entrada hasta el politúnel y permite acceder fácilmente a las pilas de compost. Los senderos secundarios van del principal hasta los bancales elevados y hay caminitos para moverse entre los bancales.

ESCALA DE PERMANENCIA

Es un marco de referencia que te ayuda a planificar y gestionar el terreno. Sirve para priorizar aquellos aspectos de la planificación que se basan en el índice de variación y el grado de permanencia.

La escala de permanencia fue desarrollada por el ingeniero australiano P. A. Yeomans para que horticultores y diseñadores de parcelas pudieran tomar decisiones de acuerdo con las características naturales del terreno, y no contra ellas. Ayuda a tomar decisiones sobre dónde invertir los recursos y el esfuerzo para conseguir el máximo de beneficios a largo plazo.

«Recuerda, la palabra "permacultura" viene en parte de "permanente"».

La escala suele incluir los siguientes elementos, que en la lista aparecen ordenados de más a menos permanentes:

1. Clima Los macropatrones de las condiciones climatológicas a lo largo del tiempo, que determinan la temporada de cultivo.
2. Forma de la parcela La topografía del terreno, que puede modificarse, pero con un alto coste energético y con impacto sobre el entorno (como en el flujo del agua).
3. Agua Incluye el suministro de agua, las masas de agua y el desplazamiento de esta por la parcela, que pueden administrarse y diseñarse para un uso óptimo.
4. Caminos y acceso Son relativamente permanentes una vez construidos e influyen de forma significativa en los patrones de uso del terreno y en el movimiento del agua.
5. Árboles y perennes La vegetación leñosa y las perennes con una vida útil larga.
6. Edificaciones Las estructuras son bastante permanentes, pero también están sujetas a cambios a medida que las necesidades varían.
7. Límites Son menos permanentes que las edificaciones y suelen moverse o cambiar si el uso del terreno varía.
8. Suelo Parece permanente, pero su estructura y su fertilidad pueden mejorar o empeorar relativamente rápido.
9. Factores económicos Los mercados, el trabajo y el capital son muy dinámicos y pueden variar de una temporada a otra.

APLICACIÓN DE LA ESCALA DE PERMANENCIA

A continuación verás cómo debes adaptar y aplicar la escala de permanencia para mejorar el diseño y la toma de decisiones, sobre todo si empiezas de cero:

Clima

Conoce el clima de la zona, incluidas las variaciones térmicas, los patrones de precipitaciones, la duración de las estaciones, las fechas de las heladas, etc. (ver pp. 32-33). Diseña el huerto teniendo en cuenta dichas condiciones: escoge las plantas apropiadas y crea microclimas con estructuras cubiertas o cortavientos.

Forma del terreno

Observa la topografía de la parcela. ¿Tiene pendientes que puedan alterar la evacuación del agua? ¿Puede verse afectado el movimiento de recursos por la altura? Es más fácil trasladar el compost si hay que bajar que si hay que subir.

Agua

El agua es un elemento clave. Incorpora una red de agua eficiente: ten en cuenta el acceso al grifo, el riego por goteo, la recogida de agua de lluvia y el mantillo para disminuir la evaporación.

Caminos y acceso

Incorpora caminos y puntos de acceso funcionales y estéticamente agradables. Los senderos permanentes permiten llegar a todos los rincones del huerto sin dañar las plantas ni la estructura del suelo.

Árboles y perennes

Planta frutales, verduras perennes y hierbas. Debes pensar bien dónde los colocas, ya que, a diferencia de los cultivos anuales, no podrás cambiarlos de sitio cada año. Las perennes pequeñas son más fáciles de trasladar que las grandes. Ten en cuenta cómo influirán en los niveles de luz las perennes más grandes.

Edificaciones

Si tu huerto está cerca de estructuras como un invernadero, un cobertizo o incluso tu casa, ten en cuenta su influencia en la luz solar, el viento y el flujo de agua. Si colocas una estructura nueva, ¿qué oportunidades o inconvenientes supondrá?

Límites

¿Cómo es el límite entre tu huerto y el de tus vecinos? ¿Tienes vallas/lindes/márgenes que dividan el huerto en secciones? ¿Piensas crear una zona a prueba de conejos o usar un cercado provisional para desplazar a las gallinas durante la temporada?

Suelo

En permacultura, la salud del suelo es primordial. Consigue un suelo saludable y rico con el mantillo, e intenta que esté cubierto de plantas vivas la mayor parte del tiempo. ¿Qué puedes hacer para mejorar el suelo y protegerlo de posibles daños?

Factores económicos

Aunque tu huerto no sea una empresa, hay algunos aspectos económicos que debes considerar, como el coste de las semillas, las plantas, los materiales y tu tiempo. Deben coincidir con tu presupuesto y con los objetivos del huerto (ver pp. 28-29).

EL TRUCO DE HUW

El clima, la forma del terreno y el agua son factores limitantes (o de oportunidad). Si dedicas tiempo a conocer bien estas tres categorías, tus decisiones complementarán de forma natural la geografía de la zona. Trabaja en armonía con la naturaleza.

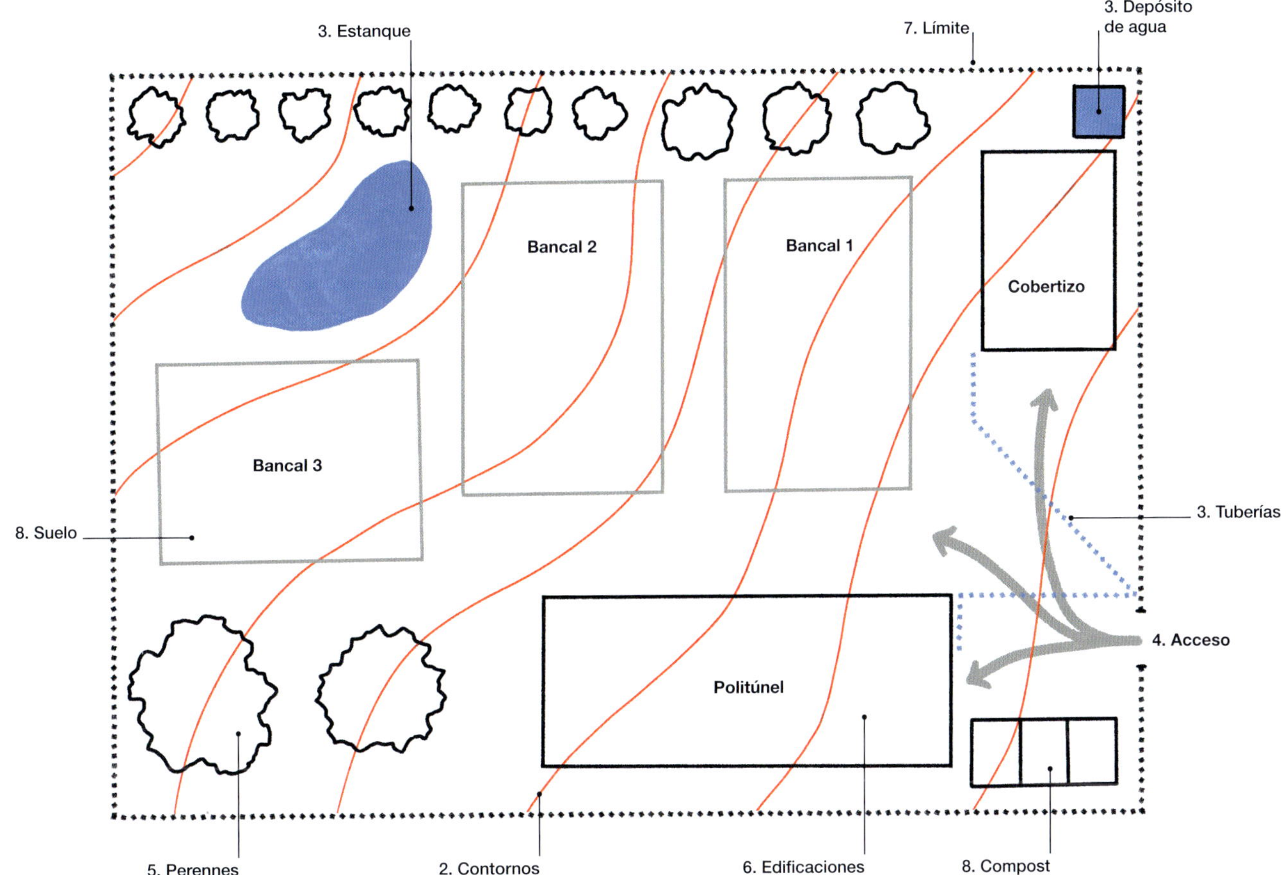

La escala de permanencia en un huerto

En este sencillo gráfico de una parcela de la zona climática 8 se destacan los elementos clave de la escala de permanencia.

ZONIFICACIÓN

Una zona es un límite conceptual que te ayuda a maximizar la eficiencia de un huerto o finca. Las zonas pueden usarse independientemente del tamaño de la parcela.

El objetivo es que los elementos que requieren más atención estén más cerca de la casa (o entrada). Cuanta menos atención precisen los elementos, más alejados de la casa (o entrada) estarán. He creado un ejemplo con los usos de las zonas en un huerto suburbano. Al diseñar el espacio puedes usar dichas zonas para encontrar la ubicación más apropiada para cada elemento, independientemente del tamaño que tenga tu parcela. En el caso de huertos especialmente pequeños, puedes incluir tan solo la zona 1 y la zona 2, y plantar en esta última algunas perennes de la zona 3.

Zona 0 (Casa/entrada)

La casa es la zona 0. Es donde terminarán la mayor parte de tus cosechas. Si la parcela no está pegada a la casa, la zona 0 puede ser la entrada principal del huerto.

Zona 1 (Intensiva)

Está pegada a la casa (o entrada) y se usa a diario. Es donde plantas los cultivos más frecuentes, como hierbas y hojas de ensalada. En ella está la principal instalación de compostaje y puede haber una puerta que comunique con la cocina. Si usas las gallinas para el compostaje, la emplearás para recoger los huevos y dar de comer a las gallinas. El límite entre la zona 1 y la 2 es un lugar excelente para guardar las herramientas si la parcela es grande; si es pequeña, guárdalas entre la zona 0 y la 1.

Zona 2 (Semiintensiva)

Los cultivos anuales básicos crecen aquí. Requerirán varias visitas a la semana. El politúnel y los depósitos para almacenar el agua también se sitúan en esta zona. Las partes exteriores son perfectas para los polinizadores y para plantar flores.

Zona 3 (Extensiva)

Aquí van las verduras perennes, los frutos blandos, los cultivos grandes y los frutales. Es también el lugar adecuado si se tienen muchas gallinas o ganado más grande. Coloca sus corrales/abrevaderos en el límite entre las zonas 2 y 3 para reducir el tiempo de desplazamiento.

Zona 4 (Semicontrolada)

Es ideal como pasto ocasional y para colmenas de abejas, alimentos silvestres, producción de madera sostenible y estanques/pozas naturales. También es adecuada para un bosque de alimentos o para montar una tienda de campaña.

Zona 5 (Sin control/agreste)

En esta zona dejas que la naturaleza siga su curso. De vez en cuando tendrás que ocuparte del límite entre las zonas 4 y 5, para que no se descontrole. En proyectos más pequeños, la zona 5 puede ser un margen tupido.

En este espacio de la zona 1 guardo las herramientas al final de la jornada, justo antes de salir por la puerta.

Zonificación eficiente

El uso de zonas puede ayudarte a planificar el huerto: las cosas que requieren más atención deben estar más cerca de la casa y las que menos, más alejadas.

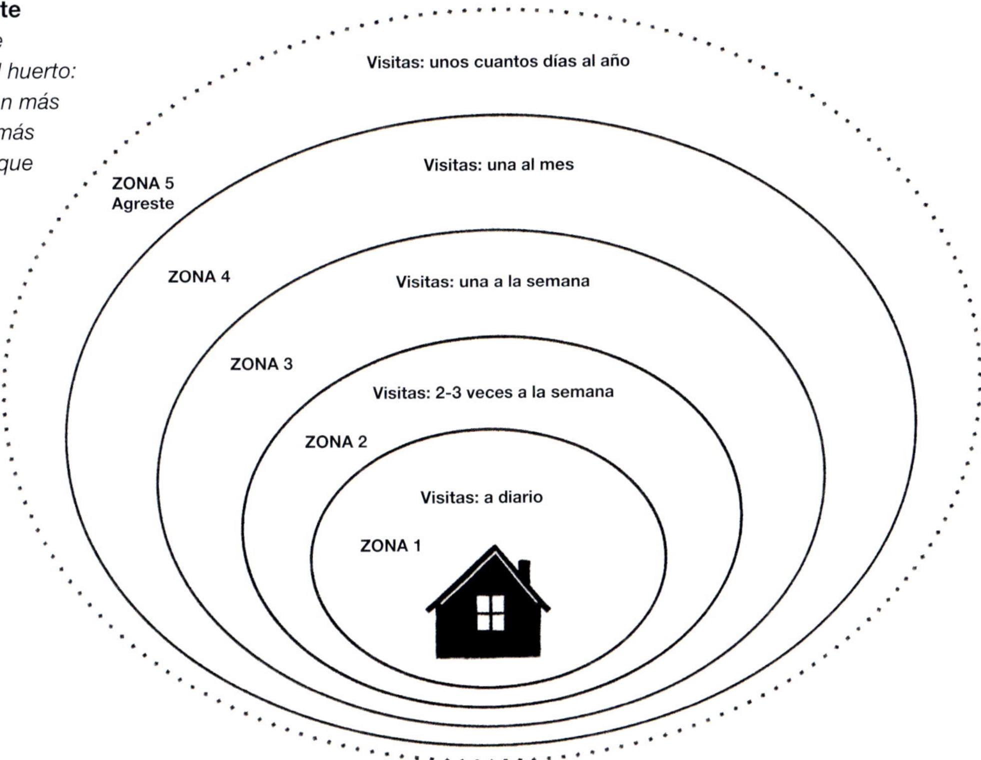

SÉ FLEXIBLE CON LAS ZONAS

No hace falta que sigan un patrón estricto; la zona 4 puede tener un lóbulo que se extiende hasta la zona 2; o puedes poner una zona 5 en forma de isla en medio de la zona 3 (abajo) para sacar más partido de la biodiversidad.

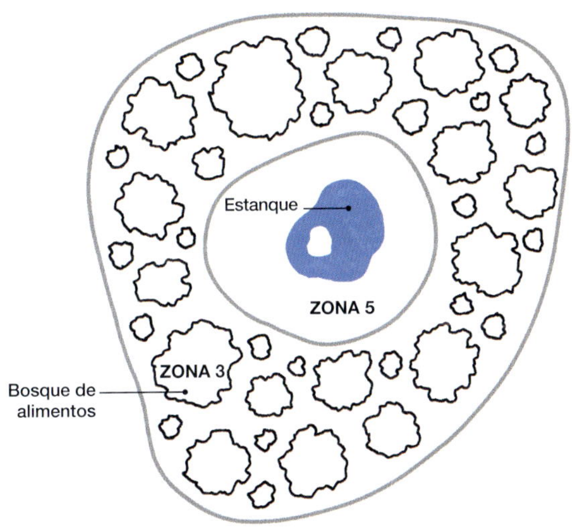

Este seto para forrajeo, donde cultivo rosa mosqueta, está en la zona 4.

Salud del suelo y compost

LA SALUD DEL SUELO

La ciencia que estudia el suelo puede ser muy compleja, pero tengo buenas noticias: no hace falta convertirse en todo un experto para obtener buenos resultados en tu huerto.

Me encanta que la salud del suelo se esté convirtiendo en un tema de interés dentro del mundo hortícola. Lo que no me convence tanto es que esté empezando a confundir y a paralizar a los horticultores con un exceso de información fuera de contexto que no sirve para nada en un huerto. En este libro encontrarás todo lo que debes saber para dominar los conceptos básicos. ¡No te hace falta nada más!

«Tu tarea como horticultor es favorecer las condiciones del suelo para que la naturaleza haga su magia».

BREVE RESUMEN DE LA SALUD DEL SUELO

La salud del suelo depende de tres factores –físico, biológico y químico– que deben coexistir en un cierto equilibrio.

Físico

La estructura del suelo está influenciada por la forma y disposición de las partículas de lodo, arena, limo y materia orgánica. El suelo puede ser duro y compacto, o blando y suelto. Y oscuro o claro.

EL PRINCIPIO DE PARETO (LA REGLA 80/20)

El principio de Pareto sugiere que aproximadamente el 80 por ciento de tus resultados provienen del 20 por ciento de tus esfuerzos. Esto también es así en la salud del suelo: tan solo necesitas saber una fracción de lo que hace que un suelo sea saludable para obtener abundante comida.

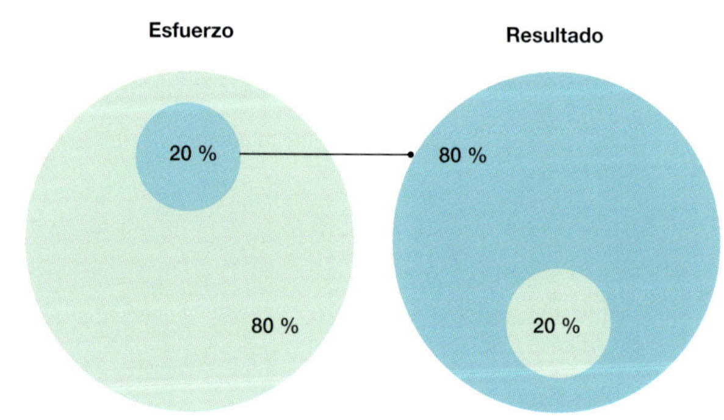

Biológico

El elemento biológico incluye todos los seres vivos, visibles (como los gusanos) y microscópicos (como las bacterias). Son esenciales para reciclar y descomponer el material orgánico, así como para formar un sistema inmune natural que proteja las plantas y la vida del suelo de plagas y enfermedades.

Químico

El elemento químico son los nutrientes y los minerales. Como se menciona en «Vida y muerte» (ver p. 34), los organismos vivos son esenciales para que las plantas puedan aprovechar los nutrientes. Los minerales y nutrientes presentes en el suelo proceden de la erosión de las rocas y la descomposición del material vegetal.

Materia orgánica en el suelo

Si quieres cultivar anuales, el suelo debe tener una textura suelta, ser de color oscuro, estar lleno de vida y contener mucha materia orgánica. La materia orgánica procede de la descomposición de la mayoría de los elementos biológicos (plantas, animales, etc.), que se convierten en componentes orgánicos ricos en carbono. El compost es un ejemplo perfecto de materia orgánica. En las páginas siguientes encontrarás test sencillos que puedes usar para saber el tipo de suelo que tienes. La buena noticia es que cualquier suelo puede mejorarse, incluso el más pobre.

Un sistema radicular fuerte y denso es un indicador de que el suelo en el que ha crecido la planta es saludable, como en el caso de este apio.

Los aspectos físicos, biológicos y químicos del suelo pueden mejorarse añadiendo materia orgánica y evitando el daño excesivo. ¡Así de simple puede ser tener un suelo saludable!

Las hierbas perennes, las flores, los frutos blandos y los frutales prefieren un suelo saludable, pero también crecen bien en un suelo mediocre siempre que no se encharque y contenga algo de materia orgánica. La excepción son las verduras perennes, que precisan grandes dosis de materia orgánica, especialmente los tubérculos como la oca y el yacón.

LAS PLANTAS NUTREN EL SUELO

Las plantas son fantásticas, ya que contribuyen a mejorar la salud del suelo. Sus raíces excretan unas sustancias llamadas exudados radiculares, unos compuestos orgánicos muy apreciados por los microbios del suelo (microorganismos). Los exudados radiculares crean un entorno bueno para las bacterias beneficiosas y protegen las raíces de los patógenos. Además, permiten que las raíces accedan a los nutrientes.

ANÁLISIS DEL SUELO

Cuando empieces, es aconsejable tener un conocimiento básico del suelo. Estos sencillos análisis te ayudarán a conocer el estado estructural y biológico general de tu suelo. Puedes repetirlos dentro de unos años para ver cómo sigue.

ANÁLISIS DE COMPRESIÓN

El análisis de compresión ayuda a determinar la estructura del suelo. Lo ideal es un suelo franco: una mezcla equilibrada de arena, limo y arcilla. Haz este análisis dos o tres días después de que haya llovido intensamente para obtener unos resultados más precisos. Toma un pedazo de suelo. Si es franco, al comprimirlo conservará la forma, pero si lo golpeas se resquebrajará. Los suelos demasiado gruesos (que contienen mucha arena y no retienen bien el agua) no conservan la forma al comprimirlos, mientras que los demasiado finos (que contienen mucha arcilla y no drenan bien el agua), no se resquebrajan al golpearlos, y son pegajosos al tacto. Te interesa que no sea ni demasiado grueso ni demasiado fino. Si lo es, no temas: puedes añadirle materia orgánica para que sea más equilibrado.

Un suelo franco conserva la forma al comprimirlo pero se resquebraja al golpearlo.

PH DEL SUELO

Sirve para medir lo ácido o alcalino que es el suelo. En la mayoría de los casos el pH del suelo no supone ningún problema. Si sientes curiosidad por el pH de tu suelo (si es demasiado ácido o demasiado alcalino influirá de forma significativa en la cosecha), usa un kit de tiras para medir el pH (izquierda). Si el pH del suelo está entre 6 y 7 no tienes que hacer nada. Si está fuera de ese rango, quizá debas realizar algún tratamiento. Normalmente, añadir compost puede remediar el desequilibrio. En casos extremos, puede añadirse cal para disminuir la acidez y azufre para reducir la alcalinidad.

ANÁLISIS DE COMPACTACIÓN

Los suelos compactados no drenan bien, presentan una estructura pobre y hacen que las raíces crezcan mal; en general, tienen un impacto negativo sobre la productividad y la salud de las plantas. La compactación se debe al exceso de peso sobre el suelo y puede agravarse en los suelos saturados. Existe un análisis muy sencillo que se hace con un trozo de alambre recto (como el de una percha). En primavera u otoño, introduce el alambre en el suelo. Cuando empiece a doblarse, mide la parte que ha penetrado. Si mide menos de 20 cm, el suelo está compactado. Como mínimo debe hundirse 30 cm sin doblarse. Para descompactar un suelo debes aflojarlo con una horca aireadora de dos mangos; eso mejorará la aireación y el drenaje. También ayuda aumentar la cantidad de materia orgánica.

Los suelos arcillosos son más propensos a la compactación debido al tamaño pequeño de sus partículas y a su alto contenido en agua. En ellos no andes por las zonas cultivadas, sobre todo cuando llueva.

Cuando uses la horca aireadora de dos mangos puedes colocarte sobre el bancal e ir retrocediendo.

Cuando cuentes las lombrices, intenta sondear 8-10 zonas para tener una visión general.

RECUENTO DE LOMBRICES

Las lombrices son un indicador del estado de salud del suelo, porque se alimentan de materia orgánica y microorganismos. Además, hacen un trabajo excelente: reciclan nutrientes, y mejoran la aireación y la estructura del suelo.

Para saber las lombrices que tiene el suelo, escoge un día de primavera u otoño tras tres o cuatro días de lluvia, extrae un trozo que mida unos 30 cm de profundo, ancho y largo, y colócalo sobre un cartón. Cuenta las lombrices de la muestra y anota la cantidad. Repite la operación al menos tres o cuatro veces en una zona de 3-5 m. El objetivo es que haya unas diez por muestra.

ALTERACIÓN MÍNIMA

En mi huerto quiero un enfoque equilibrado y práctico que priorice por igual la producción de alimentos nutritivos y la salud del suelo a largo plazo. Me gusta considerarla como horticultura de alteración mínima.

HUERTO SIN EXCAVAR

Es uno de los movimientos más populares de los últimos años dentro de la horticultura gracias al fantástico trabajo de Charles Dowding. La idea de un huerto sin excavar lleva dando vueltas al menos desde la década de 1940. Albert Guest y Frederic Charles King, horticultores y escritores, publicaron libros sobre el tema en dicha década.

Este movimiento tiene un objetivo básico: alterar el suelo lo mínimo. Sin embargo, he observado que cada vez hay más dogmatismo alrededor de este método, lo que se debe en su mayor parte a la obsesión con la salud del suelo y a la falta de empatía con los desafíos con los que se enfrentan muchos horticultores, como las limitaciones económicas.

Inconvenientes del huerto sin excavar

Tratemos primero la faceta de la salud del suelo. La mayoría de los cultivos de un huerto son anuales o bienales. ¿Dónde encuentras anuales en la naturaleza? La respuesta es en terrenos recién alterados. ¿Pero por qué? Las anuales crecen rápido y necesitan muchos nutrientes, y son la forma que tiene la naturaleza de lograr que el suelo desnudo esté cubierto de plantas vivas. Los microbios del suelo, como las bacterias (y los hongos, aunque son mucho menos importantes para las anuales), descomponen los nutrientes para que las plantas puedan aprovecharlos. Dichos nutrientes ya listos son liberados cuando los microbios del suelo mueren, algo que ocurre cuando se altera el suelo. Esta alta concentración de nutrientes es ideal para las anuales.

Instalar bancales elevados no excavados productivos para proteger los cultivos del encharcamiento precisa una cantidad significativa de compost que, si no has logrado producir un volumen grande, sale bastante caro. Y tendrás que añadir compost todos los años para que el suelo siga siendo fértil.

Existen otros métodos para aumentar la materia orgánica del suelo que te permitirán disfrutar de los mismos beneficios pero ahorrándote tiempo y dinero. No digo que volvamos al doble arado, sino que un poco de alteración no tiene por qué hacer daño.

¿QUÉ SE ENTIENDE POR ALTERACIÓN MÍNIMA?

La horticultura es una cuestión de equilibrio. Son muchas cosas para tener en cuenta: tiempo, energía, economía y objetivos. Mi objetivo es que cultivar alimentos sea lo más accesible y práctico posible para el máximo de personas. Existen muchos métodos de horticultura, y cada uno tiene sus ventajas y sus inconvenientes. ¿No tienes dinero para comprar compost y quieres plantar? Mira el capítulo Compostaje en zanjas (ver pp. 70-71). ¿Bancales sin excavar un poco compactados por el exceso de lluvia? Usa la horca aireadora de doble mango a principio de temporada. ¿Quieres crear un nuevo bancal con el mínimo de compost? Quita la hierba, ahueca el suelo e incorpora materia orgánica. ¿Quieres proteger el suelo desnudo? Mira el capítulo Cultivos de cobertura (ver pp. 74-76).

Para mí, la agricultura de alteración mínima debe ofrecer flexibilidad; además, es mucho más fácil alterar lo mínimo que nada. Tú decides qué es lo mínimo para ti. Nadie conoce tu huerto, tus desafíos y tus oportunidades mejor que tú, así que no te sientas culpable por usar la pala o la horca. El hecho de cultivar tu propia comida es mucho más importante que el método que uses.

Cuando hago alguna alteración del suelo, esta es estratégica, meditada y tiene en cuenta muchos aspectos. Quizá debería llamarse «horticultura con sentido común».

Estoy abonando un bancal elevado con compost casero a finales de otoño; luego lo protegeré con un mantillo de hojas y recortes de césped.

LOS CINCO PRINCIPIOS DE LA ALTERACIÓN MÍNIMA

Estos cinco principios, igual que los de la permacultura (ver pp. 14-25), no son reglas estrictas. El exceso de reglas se carga la actitud creativa que hace falta para alcanzar los objetivos.

1. Analiza antes de actuar

Cuando realices alguna tarea que requiera alterar el suelo, considera todas las opciones, decide cuál es la más adecuada y beneficiosa, y luego actúa en consecuencia.

2. Pon énfasis en el ecosistema

Considera el huerto como un ecosistema, en lugar de centrarte solo en el suelo. Pon el énfasis en aumentar la biodiversidad y la abundancia biológica de microbios, invertebrados y otros organismos vivos. Se logra creando hábitats (refugios y fuentes de alimentos), aumentando el carbono del suelo y aplicando enmiendas biológicas caseras (líquidas y a base de compost).

3. Uso responsable de recursos

Usa recursos locales y sostenibles para ahorrar costes y mejorar las cosechas. Por ejemplo, sobras vegetales de restaurantes, hojas otoñales de vecinos o cartón de tiendas del barrio. Una economía responsable en sintonía con tu presupuesto doméstico es vital. Por ejemplo, puedes optar por comprar semillas no ecológicas para ahorrar un dinero que puedes usar en otra cosa.

4. Policultivo dinámico

Siempre que sea posible, usa una amplia variedad de técnicas de cultivo para garantizar un policultivo dinámico (ver pp. 228-55). Entre ellas, la siembra escalonada, el cultivo intercalado, el cultivo alterno y los cultivos básicos en más de un bloque (ver pp. 244-47). Si plantas distintos tipos de plantas a lo largo de la temporada, el huerto será productivo y resistente de forma natural.

5. Cobertura permanente

Siempre que sea posible, evita los suelos desnudos. Se erosionan, se llenan de malas hierbas y se empobrecen biológicamente. En invierno la forma más sencilla de evitarlo es cubriéndolos con una capa de compost. También puedes usar métodos como la siembra escalonada, los cultivos de cobertura o tapar el suelo con algún material transpirable, para reducir al máximo la exposición a los elementos.

Cuando empieces con una nueva parcela, los residuos locales, como estas astillas, ayudan a conseguir un suelo saludable rico en carbono de forma más rápida.

Para estar sano el huerto necesita tener diversidad de plantas, estratos, insectos, microorganismos, zonas de siembra y técnicas de cultivo.

La diversidad lleva a la resistencia y para crear una diversidad resistente tiene que haber espacio para la flexibilidad. Cuanta más flexibilidad, más fácil es que logremos nuestros objetivos. La flexibilidad es uno de los puntos fuertes de la permacultura, ya que reconoce la necesidad de adaptarse a distintos entornos, crear soluciones personalizadas, ser receptivo al cambio, tener una visión holística y aprender constantemente.

PREMISAS BÁSICAS

Estas premisas están siempre presentes en mi cabeza cuando estoy en el huerto y me ayudan a no salirme del camino:

Sé observador La observación suministra información, que se convierte en conocimiento.
Sé curioso No dejes de hacerte preguntas y de aprender cosas nuevas.

COMPOST

El compost se obtiene de la descomposición de materiales orgánicos, que se convierten en materia orgánica. Es rico en nutrientes, microbios y carbono. Aquí explico sus componentes básicos y hablo del compost para semillas y macetas. Para más información sobre alternativas y técnicas para producir compost, ver pp. 58-61.

CONCEPTOS BÁSICOS

Puedes tener un huerto perenne muy productivo sin usar compost, pero con las anuales hay que usarlo sí o sí, al menos con las plántulas. El compost puede considerarse un fertilizante, ya que es una sustancia que se añade al suelo para aumentar su fertilidad. Su alto contenido en carbono crea un entorno favorable a los microbios y hace que el suelo retenga mejor el agua. Para producir compost necesitas dos tipos de ingredientes: materiales «verdes» y «marrones». Los materiales verdes son ricos en nitrógeno y los marrones, en carbono. Para que el compost sea bueno necesitas una proporción de 2:1 o 1:1. Si hay exceso de materiales marrones, el compost tardará mucho en descomponerse y tendrá menos nutrientes; si tiene exceso de materiales verdes, acabarás con una pila apestosa. A la mayoría de las plantas les da igual lo que lleve el compost siempre que exista un equilibrio entre materiales verdes y marrones. Como regla general, añade un cubo de material marrón por cada uno o dos cubos de material verde.

Esto es un puñado de compost casero listo para ser usado.

Materiales verdes

- Posos de café y bolsitas de té que no lleven plástico
- Hierbajos sin las cabezuelas con semillas
- Recortes de césped (sin tratar)
- Restos de frutas y verduras
- Estiércol de caballo, vaca, conejo y gallina
- Material vegetal recién cortado
- Algas marinas (déjalas bajo la lluvia para que pierdan sal)
- Granos usados de cebada cervecera (de alguna fábrica de cerveza local)
- Hojas verdes de plantas herbáceas
- Lana (de embalaje)

Materiales marrones

- Cartón, periódicos y papel triturado (con tinta vegetal y no satinado)
- Polvo de la aspiradora y pelusa de la secadora
- Astillas de madera (ver pp. 66-67)
- Serrín (de madera sin tratar)
- Hojas otoñales (mejor troceadas con un cortacésped)
- Heno y paja
- Podas leñosas otoñales e invernales
- Agujas de pino caídas
- Ceniza de madera
- Papel de cocina y pañuelos de papel
- Compost usado (de las macetas de esa temporada)

Materiales combinados

Si puedes conseguir material de compost precombinado, como los lechos para animales, que presentan una mezcla ideal de materiales verdes y marrones, ¡genial! Tienes más información en el apartado de semilleros calientes (ver pp. 60-61).

COMPOST PARA GERMINACIÓN DE SEMILLAS

Cuando quieres que germinen las semillas, el tipo de compost es más importante, ya que no quieres que los plantones tengan que competir con las malas hierbas. Si lo compras, opta por un abono multiusos de calidad sin turba. Así te aseguras de que no contenga malas hierbas.

Si preparas tu propio compost, usa 1 parte de compost casero cribado y 2 partes de mantillo de hoja (ver p. 58) o de astillas de madera descompuestas. Usa compost hecho de compostaje en caliente (ver pp. 60-61), ya que el calor aniquilará las semillas de las malas hierbas. Puedes producir una cantidad grande durante el invierno, para la primavera. Guárdalo en bolsas para compost viejas o en sacos de rafia, a resguardo de la lluvia. Si no dispones de mucho espacio cubierto, cúbrelos con una lona.

Añado un cubo de material vegetal verde rico en nitrógeno al compost tras una sesión quitando hierbajos.

COMPOST PARA MACETAS

Lograr que los plantones crezcan sanos no es tan difícil como se dice a menudo. El compost para macetas puede prepararse con 1 parte de compost, 1 parte de tierra del huerto y 1 parte de mantillo de hojas. Como los plantones estarán madurando, las malas hierbas serán más fáciles de controlar. También puedes usar el abono multiusos sin turba.

EL TRUCO DE HUW

La diversidad también es un factor clave para conseguir un compost saludable: añade tantos ingredientes como puedas al compostador.

PROBLEMAS CON EL COMPOST

Existen dos problemas básicos con el compost. El coste elevado del comercial y, en el caso del casero, lograr la cantidad suficiente para cubrir todas tus necesidades.

Uno de los objetivos básicos de un huerto de permacultura es conseguir el control absoluto de su fertilidad. Dicho de otro modo, lograr que el huerto no dependa de la adquisición de compost y otras enmiendas, y que todo el alimento proceda del huerto, la casa y/o recursos gratuitos procedentes de la comunidad local.

LISTA DE POSIBLES SOLUCIONES

Estas soluciones contribuyen a aumentar la materia orgánica del suelo de tus zonas de cultivo (se centran en la producción de cultivos anuales). Usa la lista como punto de partida para identificar lo que puedes hacer en tu situación. Los asteriscos indican que se trata de un método adecuado para huertos con una gran concentración de babosas.

- Mantillo de hojas (ver p. 58)*
- Compostador (ver p. 58)*
- Compostaje de los caminos (ver p. 58)
- Cubrir con mantillo (ver p. 62)
- Abonos verdes (ver pp. 74-76)*
- Compost en caliente y semilleros calientes (ver pp. 60-61)*
- Compostaje en zanjas y compostaje a pequeña escala (ver pp. 70-71)*
- Cortar y tirar (ver p. 62)
- Vermicompost (ver pp. 64-65)*
- Astillas de madera (ver pp. 66-67)
- Incorporación de materia orgánica (ver p. 72)*
- Biochar (ver pp. 68-69)*
- Dejar las raíces al cosechar (ver p. 74)*

Asimismo, existen muchas formas de reducir el compost que requiere el huerto; las encontrarás al final de este capítulo (ver pp. 80-81). Si te centras en aumentar la materia orgánica del suelo y reduces tu dependencia del compost, lograrás que el huerto sea muy resistente. ¡Tienes muchas posibilidades de obtener abundante alimento!

BABOSAS

Las babosas, que adoran los brotes tiernos de muchos cultivos anuales, son una de las principales razones por las que el compost sea el método preferido para proporcionar alimento y materia orgánica a los cultivos anuales. Otros métodos para mejorar el suelo, como el mantillo, pueden crear hábitats en los que las babosas se escondan, algo que no es posible si solo hay una capa de compost. En un huerto de permacultura hay muchos modos de reducir el número de babosas (ver pp. 262-63), pero en el caso de un huerto nuevo es mejor ser precavido.

«En horticultura, el compost casero nunca sobra».

Si dispones de varios compostadores tendrás compost en distintas fases de descomposición. Cuando uno se vacíe, no tardarás en tener otro listo.

COMPOSTAJE EN FRÍO

La forma más fácil de producir compost en casa es con el compostaje en frío. Puedes ir llenando el compostador a medida que tengas material. Una vez que esté lleno, obtendrás compost de muy buena calidad para la siguiente temporada.

COMPOST SIMPLE

Un compostador para el compostaje en frío debe medir como mínimo 1 m^3, para disponer de espacio suficiente para crear un «núcleo». Este núcleo queda bien aislado gracias al resto del material y es la zona en la que se concentra el proceso de descomposición. Ve añadiendo los materiales al compostador a medida que los consigas. Cuando esté lleno, cubre la pila con unas cuantas capas de cartones y déjala 6-12 meses. En el caso del compostaje en frío no hace falta mezclar los materiales, pero si lo haces más o menos cada ocho semanas ayudarás a acelerar el proceso. También ayuda trocear los materiales en trozos más pequeños y las enmiendas microbiales caseras tipo LAB (ver p. 273).

COMPOSTAJE EN LOS CAMINOS

Un método alternativo perfecto para los espacios pequeños es el compostaje en los caminos. Se inspira en los caminos de astillas de Liz Zorab. Liz dejaba las astillas durante dos años en el camino y luego, una vez compostadas, las cogía y las usaba como mantillo en los bancales elevados situados a ambos lados del camino. El compostaje en los caminos va un paso más allá. Pones una capa base de cartón o astillas de madera, y luego añades una mezcla de materiales verdes y marrones. Puedes seguir usando el camino como acceso. Deja de añadir material cuando alcance unos 20-30 cm de alto. Mézclalo cada pocas semanas y en unos meses tendrás un camino repleto de rico compost. Puede usarse para abonar bancales elevados o añadirlo en la base del agujero cuando vayas a trasplantar algo.

MANTILLO DE HOJAS

Confecciona un compostador de 1 m^3, por ejemplo construyendo una caja con cuatro palés, y llénalo de hojas en otoño. Si puedes, desmenuza las hojas primero con un cortacésped o algo parecido, para no tener que esperar un año extra a que las hojas se descompongan. Mezcla las hojas dos veces, una en primavera y otra en otoño. La primavera siguiente tendrás un precioso mantillo de hojas. Si cada otoño confeccionas un compostador, nunca te quedarás sin.

«Los caminos de compostaje son una gran opción para los politúneles en el invierno; así tendrás compost listo para cuando plantes tomates».

ASTILLAS DE MADERA

Prepara una pila de astillas de madera que mida como mínimo 1 m^3 y déjala tres años para que se descompongan. Dale la vuelta cada seis meses y riégala si el núcleo se seca. Es un proceso largo, pero la espera merece la pena. Puedes crear una pila nueva cada año y así siempre dispondrás de astillas compostadas. Para otros usos de las astillas, ver pp. 66-67.

Aquí ves el antes y el después del compostaje en el camino (arriba y derecha) con una diferencia de seis meses. Añado una capa de recortes de césped a un compostador de ramas de sauce (más a la derecha).

COMPOSTAJE EN CALIENTE Y VIVEROS CALIENTES

En el caso del compostaje en frío vas llenando el compostador poco a poco, pero en el compostaje en caliente debes tener todo el material desde el principio. En un huerto pequeño, un vivero caliente puede maximizar la productividad.

COMPOSTAJE EN CALIENTE

Para el compostaje en caliente se necesita una cierta cantidad de material (como mínimo 1 m^3). Se usan materiales verdes y marrones, como mitad y mitad, y no se mezclan hasta que vayas a preparar la pila. Cuando dispongas de 1 m^3 de material, hacer compost en caliente es fácil. Debes trocear o desmenuzar los materiales. Por ejemplo, el cartón debe cortarse en tiras.

Mezcla los materiales en el suelo o en un compostador. Ve alternando los verdes y los marrones; mézclalos de vez en cuando. Riega bien los ingredientes mientras confeccionas la pila; si está demasiado seca, el calor no será suficiente. Una vez añadido todo el material, inserta un termómetro de compost y cubre la pila con una lona o algo parecido. Cuando la temperatura empiece a descender, dale la vuelta a la pila; asegúrate de que los materiales exteriores van a parar al núcleo. El compost estará listo en unas ocho semanas.

VIVEROS CALIENTES

Los viveros calientes, que aprendí a usar gracias al experto Jack First, son pilas de compostaje en caliente con algún medio de cultivo y un marco frío encima (ver pp. 274-75 para su construcción). Son uno de los métodos hortícolas más productivos. Te proporcionarán una gran cantidad de compost de muy buena calidad, pero además te permitirá empezar a cultivar fuera mucho antes, ya que ofrece un entorno libre de heladas. El calor que genera el proceso de descomposición acelera la germinación y el crecimiento de los cultivos que se plantan encima. El marco frío actúa como un miniinvernadero conservando el calor, así que, aunque hiele por la noche, tus plantones se mantendrán calientes.

Estos viveros son tan eficaces generando calor que podrás plantar los cultivos tres meses antes de la fecha de las últimas heladas y antes de que las plagas se activen. Al sembrar antes las semillas, estas podrán disfrutar de más horas de luz. Asimismo, permiten la plantación escalonada; puedes plantar calabazas o tomates una vez retirada la primera cosecha en mayo (o en noviembre si vives en el hemisferio sur).

Los viveros calientes se preparan a finales de invierno, cuando no hay mucho que hacer en el huerto, así que dispondrás de tiempo para conseguir todos los materiales que precises. Por ejemplo, varias bolsas grandes de algas marinas o de lechos de caballo (ver página opuesta).

Con un vivero caliente una familia puede ser autosuficiente en ensalada durante la temporada de carestía.

El marco frío conserva el calor en este vivero a finales de invierno.

Un vivero caliente debe ocupar como mínimo 1,5 m^2 y el marco frío debe medir 1,2 m^2. La profundidad del material usado determinará la duración del calor:

80-90 cm: 3 meses

60-70 cm: 2 meses

35-45 cm: 1 mes (ideal para un politúnel a principios de primavera para que las semillas plantadas tengan un excelente comienzo).

Materiales para un vivero caliente
Normalmente se usa material de lecho de caballo. Lo ideal sería encontrar un centro ecuestre en la zona que acepte una donación por el envío de estiércol. Comprueba si es apto, ya que algunos contienen un fungicida llamado aminopiralida, que puede provocar problemas de crecimiento y estropear las hojas, así que es mejor evitarlo. Existen otras opciones. La madera ramial fragmentada (ver pp. 66-67), que usé en uno de mis semilleros. La capa medía 90 cm y generó calor continuado durante unos cuatro meses. O algas marinas y hojas, como mitad y mitad, bien mezcladas. En este caso no troceo las algas. También puedes usar recortes de césped y hojas otoñales.

Germinación de plantones
En un vivero con marco frío, o marco interior, caben seis o siete hileras de cultivos separados 17-18 cm entre sí. La tabla (arriba derecha) muestra los cultivos que puedes sembrar en el vivero y el tiempo aproximado en que podrás cosecharlos.

Tipo de cultivo	Semanas para la primera cosecha
Rábanos	4
Brotes de guisante	2
Verduras de hoja (lechuga, hojas de mostaza, etc.)	5-6
Cebolletas	12
Zanahorias	10
Nabos	6
Pak choi	8
Remolacha	8

Los viveros calientes permiten germinar a los plantones tiernos sin usar mantas eléctricas. Ponlos en macetas o bandejas y colócalos entre las hileras. Germinarán gracias al calor.

Te sorprenderá lo rápido que germinan y crecen las semillas en el vivero caliente.

Ventilación
Durante las primeras semanas no tendrás que regar, ya que el marco frío creará un sistema de autorriego y habrá mucha humedad. Pero los días que haga sol y calor debes ventilarlo durante unas horas, para que el aire circule bien. Empieza a regar el vivero cuando los 5 cm superiores parezcan secos al tacto.

Desmontaje
A final de temporada, retira la vieja materia vegetal. Puedes dejar el vivero *in situ* como pila de compost provisional. Abre uno de los laterales para poder recoger el compost, para abonar los bancales desde finales de otoño a principios de primavera. Guarda parte del compost en bolsas, listo para ser el medio de cultivo para la siguiente temporada.

MANTILLO

El mantillo es una capa de material que se aplica sobre la superficie del suelo. Sirve para disminuir la evaporación del agua, sofocar las semillas de las malas hierbas y, si se trata de un material orgánico, nutrir el suelo.

Los materiales orgánicos que se usan como mantillo incluyen muchas cosas que normalmente compostarías: recortes de césped, paja, hojas, cartón, lana, astillas, materia vegetal y algas marinas. También puede usarse el propio compost. De hecho, es lo más apropiado en zonas donde las babosas son un problema. Asimismo, están los abonos no compostables, como la tela sintética y el plástico negro; en ambos casos existen versiones naturales a base de almidón. Los tejidos naturales son ideales para zonas grandes de perennes; impiden que salgan las malas hierbas mientras las plantas se asientan.

MANTILLO PARA PERENNES

Pongo una capa de mantillo con un grosor mínimo de 5 cm a todas las plantas perennes de mi huerto al menos una vez al año, normalmente a principios de primavera. Las perennes suelen tener menos problemas de babosas que las anuales, así que uso cualquier material orgánico que tenga a mano. En el caso de perennes con tallo, como los manzanos y las grosellas rojas, debe llegar hasta el tallo, pero sin tocarlo, para que corra el aire. Yo dejo unos 3-5 cm entre el tallo y el mantillo. Si pones dos o tres capas de cartón debajo del mantillo, casi no saldrán hierbajos durante la temporada de cultivo.

MANTILLO PARA ANUALES/PLANTAS HORTÍCOLAS

En el caso de los cultivos anuales, hay que usar un mínimo de 2-3 cm de compost a modo de mantillo. A veces uso algún mantillo de 1-2 cm hecho con recortes de césped. Los bancales anuales responden bien a un mantillo de 3-5 cm hecho con algas, estiércol semicompostado o material vegetal troceado; ponlo en otoño y para la primavera siguiente ya se habrá descompuesto.

MANTILLO PARA RECIPIENTES

También puede ponerse mantillo en los recipientes. De hecho, debe ponerse antes en ellos que en los bancales, ya que las macetas y cualesquiera otros contenedores se secan mucho más rápido. Si lo haces así, ahorrarás mucha agua y mucho tiempo de riego.

TROCEAR Y TIRAR

Esta popular técnica de permacultura tiene que ver tanto con la estructura del suelo como con la eficiencia. Con esta técnica (abajo) no tendrás que arrancar las malas hierbas y echarlas al compost para poder usarlo al año siguiente en el mismo suelo del que procedía el material original. Consiste en dejar que el material vegetal se descomponga de forma natural, nutriendo el suelo del que procede. Es una manera de abonar muy eficaz, especialmente en el caso de zonas con plantas perennes en las que tienes que eliminar malas hierbas y podar. También resulta muy eficaz con plantas anuales siempre que las babosas no sean un problema.

En verano, cuando el césped crece rápido, coloca una capa de recortes de césped alrededor de las plantas hortícolas, para retener la humedad e impedir que salgan malas hierbas.

VERMICOMPOST

El vermicompost es el compost que producen las lombrices al descomponer el material. Este fertilizante de liberación lenta, rico en nutrientes y microorganismos, es uno de los recursos más potentes que puede usar un horticultor.

Un compostador con lombrices o vermicompostera es la fábrica de nutrientes más productiva que puede tener un huerto. Transformarás las sobras de alimentos en un gran fertilizante natural y obtendrás «té de lombrices», el jugo que produce el proceso, y usarlo como abono líquido (ver p. 273).

Dispone de varias bandejas. Cuando la bandeja inferior está llena, se coloca otra bandeja encima y empieza a llenarse. Se retira la bandeja inferior para recoger los lixiviados, es decir, el líquido resultante. Una vez vacía se convierte en la bandeja superior, lo que garantiza una rotación constante.

1. *Añade restos vegetales y otros materiales en pequeñas cantidades y de manera frecuente a la bandeja inferior de la compostadora.* **2.** *Las lombrices transforman el material en lixiviados muy fértiles, pasando de bandeja en bandeja.* **3**. *El té de lombrices puede usarse como fertilizante.*

En el mercado hay distintos tipos de vermicomposteras, pero la mejor es la Wormcity. Lee atentamente las instrucciones de tu modelo antes de empezar. Necesitarás lombrices de compost, también conocidas como lombrices rojas californianas, que pueden venir con el compostador o comprarse por separado. No uses materiales leñosos; alimenta a tus lombrices con:

- Restos vegetales crudos y cocinados
- Restos de fruta (evita los cítricos)
- Cáscaras de huevo, posos de café, bolsitas de infusión que no contengan plástico y pan

Pide restos a vecinos y amigos. Cuanto más vermicompost produzcas, más productivo será tu huerto.

EL TRUCO DE HUW

Si está fuera, coloca el compostador donde no le dé el sol. En climas fríos trasládalo a un cobertizo o garaje para proteger a las lombrices de las frías temperaturas. También puedes envolverlo con una capa gruesa de aislamiento transpirable o colocar balas de paja a su alrededor.

USO DE LIXIVIADOS

El vermicompost es un gran ingrediente para los plantones. Mezcla 1 parte de vermicompost con 5 partes de abono multiusos, o con 4 partes de tu mezcla de compost casera.

Asimismo, es un suplemento excelente para las plantas que se trasplantan. Mezcla un puñado de vermicompost con un puñado de tierra y colócalo en la base del agujero donde vayas a poner la planta. Luego plántala, riégala bien y presiona la tierra a su alrededor. O coloca una capa de 1-2 cm alrededor de las plantas y rastrilla ligeramente para que se mezcle con los 5 cm superiores del suelo. En el caso de plantas más grandes, como calabazas y tomates, pon un par de puñados alrededor de los tallos cada dos semanas y luego riégalas.

TÉ DE LOMBRICES

Es rico en nutrientes y microorganismos. Recógelo y empléalo diluido (ver p. 273) para abonar plantones y plantas maduras.

LOMBRICARIO EN SUELO CASERO

También puedes confeccionar un sencillo lombricario en el suelo. Sus beneficios son mucho menores, pero tendrás un punto rico en nutrientes en el que puedes plantar cultivos frutales, como una pirámide de pepinos. Usa una tubería pluvial de 60 cm de largo. Haz un agujero de 1-1,5 cm de diámetro cada 3-5 cm; empieza por un extremo y deja 15 cm sin taladrar. Entierra la tubería verticalmente, de manera que 50 cm queden bajo el suelo y la parte no taladrada sobresalga. Añade dos puñados generosos de astillas y a continuación los restos. Cubre la tubería con una tapa o una piedra. Cada una o dos semanas, añade más restos.

Las lombrices decompondrán el material mientras entran y salen de la tubería, depositando sus lixiviados ricos en nutrientes alrededor del lombricario. El resultado será un suelo rico en nutrientes ideal para plantar. El centro de un bancal elevado es un lugar perfecto para poner un lombricario en el suelo.

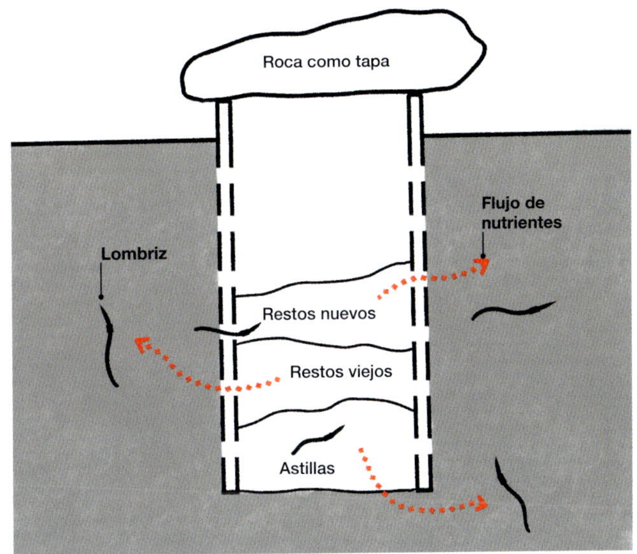

Lombricario en el suelo
Las lombrices entran y salen de la tubería, depositando sus lixiviados y haciendo que el suelo sea más rico en nutrientes.

ASTILLAS

Las astillas son perfectas para trazar senderos, como mantillo de cultivos perennes, para aumentar el carbono del suelo compostándolas un par de años, como fuente de carbono en una instalación para compostar en el gallinero y como capa base en los bancales elevados.

Si encuentras algún arborista local que te suministre astillas de madera, tendrás un tesoro. Asegúrate de que son de distintos tipos de madera dura y que hasta un 20 por ciento es de pino.

EL DESAFÍO DEL CARBONO

La mayoría de las astillas presentan una gran concentración de carbono en comparación con la de nitrógeno. Eso significa que, al incorporarlas, las astillas fijarán el nitrógeno en el suelo hasta que se descomponga. Por ello, a corto plazo, no se recomienda usar astillas como mantillo en los cultivos anuales ni para aumentar la materia orgánica del suelo, a menos que uses madera ramial fragmentada (ver abajo). Si dispones de tiempo y espacio, para conseguir un bancal fértil haz lo siguiente: el primer año cubre una zona del suelo con una capa de astillas de 7 cm, el segundo incorpórala a los 10-13 cm superiores del suelo y el tercer año cultiva en él.

MADERA RAMIAL FRAGMENTADA

La madera ramial fragmentada (MRF) se forma durante el periodo de inactividad en las ramas más jóvenes de los árboles que miden menos de 7 cm de diámetro. En estas ramitas se da la mayor concentración de minerales y nutrientes: ¡alrededor del 75 por ciento de los que contiene el árbol!

La palabra «ramial» viene del vocablo latino *ramus*, que significa rama. El pionero de esta técnica fue Gilles Lemieux, profesor de forestería de la Laval University en Canadá; según él consistía en «replicar el suelo forestal en el suelo agrícola sin los árboles».

La MRF tiene una proporción carbono-nitrógeno mucho más favorable que las astillas, por lo que resulta más adecuada como mantillo para los cultivos anuales. Pero además tiene otros muchos usos.

Este puñado de madera ramial fragmentada estará repleta de hifas fúngicas en unas semanas una vez triturada.

Hongos comestibles

Puedes usar la MRF para cultivar hongos comestibles. La *King stropharia* (tapa de vino) es una de las mejores especies de hongos comestibles para cultivar con MRF. Puedes cultivarlos debajo de los frutales o los arbustos con bayas, que quedarán inoculados durante muchos años.

Calor para viveros

La MRF procedente de ramas ligeramente más delgadas (de 5 cm para abajo) constituye el material perfecto para los viveros calientes (ver p. 61). Produce una fuente de calor excelente y uniforme durante un lapso de hasta cuatro meses; además, a finales de año podrás usar las virutas parcialmente descompuestas como mantillo para las perennes o añadirlas al compostador.

Material compostado

La MRF es indispensable para el compost. Tras pasar por un sistema de compostaje durante un año, será un mantillo ideal para los cultivos anuales o incluso en la mezcla para macetas. La mejor forma de aprovechar la MRF es usándola como fuente de carbono al compostar en el gallinero (ver p. 78).

Producción de MRF

Lo único malo de la MRF es que precisa restos de poda y una trituradora de ramas. Lo bueno es que la trituradora se puede alquilar por días. Si tienes un huerto grande o una explotación agrícola, investiga los métodos de rebrote para transformar la MRF en un recurso regenerativo. El rebrote consiste en cortar los árboles a nivel del suelo en invierno para recolectar toda la biomasa; rebrotarán en primavera y al cabo de unos años podrás repetir el proceso.

Si usas madera ramial fragmentada como mantillo en los manzanos maduros, mejorarás la salud del suelo a largo plazo.

BIOCARBÓN

El biocarbón es una forma de carbón que se usa como enmienda, y no como combustible. Es efectivo gracias a su estructura altamente porosa, que ayuda a retener la humedad y los nutrientes, y proporciona un hábitat protegido a los microorganismos.

BENEFICIOS DEL BIOCARBÓN

El carbón y el biocarbón son formas estables de carbono producidas mediante el proceso de pirólisis, en el que la materia orgánica se calienta en un entorno con poco oxígeno. Puedes fabricarlo tú mismo sin problema (ver derecha). La incorporación de biocarbón tiene muchos beneficios en un huerto de permacultura.

Mayor fertilidad del suelo

El biocarbón es rico en nutrientes esenciales para las plantas; gracias a su estructura los libera lentamente, de modo que las plantas tienen acceso a ellos durante más tiempo.

Mayor retención de agua

Gracias a su naturaleza porosa puede absorber y retener el agua de forma mucho más eficaz, por lo que requiere menos riego. Eso hará que tu huerto sea más resistente a las sequías.

Mayor biodiversidad

Su porosidad crea un entorno protegido ideal para los microorganismos del suelo, que son cruciales para que el suelo sea saludable y resistente.

FABRICACIÓN DE BIOCARBÓN

El uso de biocarbón es uno de los métodos más eficaces para mejorar la fertilidad de un huerto, así que si tienes acceso a materiales leñosos como el brezo, fabricarlo debería ser una prioridad. Dependerás menos del compost. El biocarbón comercial es caro, pero puedes fabricarlo tú mismo con el método del cono (derecha) o con una lata (página opuesta).

Biocarbón con el método del cono

La forma cónica favorece una pirólisis eficiente al tiempo que te evita la necesidad de comprar un horno.

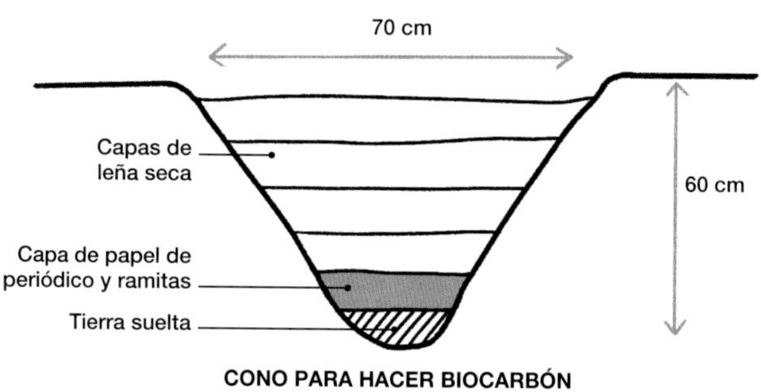

CONO PARA HACER BIOCARBÓN

1. Cava en el huerto un hoyo en forma de cono que mida unos 60 cm de ancho y 70 cm de hondo. Afloja la tierra del fondo, coloca varias capas de papeles arrugados en la base y luego unas cuantas ramitas secas. Préndeles fuego.
2. Cuando el fuego haya prendido, añade 10 cm de material leñoso seco, como ramas, recortes de poda, hojas y materia vegetal seca. No uses madera tratada.
3. Cuando la leña de la capa superior empiece a ponerse blanca, añade otra capa de 10 cm de material leñoso seco. Repite la operación hasta llenar el cono.
4. Cuando la capa superior haya ardido, empápala de agua para extinguir el fuego. Déjala enfriar toda la noche.
5. Al día siguiente, retira el biocarbón del hoyo y machácalo hasta que parezca grava gruesa. Guárdalo en un cubo o empieza a activarlo de inmediato.

ORIGEN DEL BIOCARBÓN

El biocarbón se usa en horticultura desde hace milenios en la cuenca del Amazonas, donde las comunidades indígenas cultivaban una tierra rica y fértil llamada *terra preta* (tierra negra). En la actualidad, esta tierra sigue siendo muy fértil gracias a su alto contenido en carbono, que favorece la salud del suelo.

Fabricación de biocarbón en una lata

Este sencillo método para producir biocarbón a pequeña escala lo aprendí de John Nitkowski, quien hablaba de él en su libro *Live on What You Grow*. Es un método infalible para producir carbón siempre que haces una hoguera. O cuando usas un horno de leña, que proporciona calor pero también carbón.

1.
Toma dos latas. Llena una de materia prima (astillas, ramitas, tallos de alcachofas de Jerusalén...); dobla el borde de la otra con unas tenazas hacia el interior. Encájala en la primera.

2.
Con un clavo haz un agujero en la base de una de las latas, para que puedan salir los gases. Pon las latas sobre el fuego, todo lo cerca que puedas de las brasas.

3.
Al cabo de tres horas el carbón estará listo. Retira las latas del fuego con la ayuda de dos palos. Golpéalas para que se separen. Si los trozos de biocarbón son grandes, pártelos en trozos más pequeños: colócalos entre dos cartones y muévelos arriba y abajo. Actívalo de inmediato (ver abajo), o guárdalo en un cubo.

USOS DEL BIOCARBÓN

Para poder usar el biocarbón con los cultivos primero hay que activarlo; el biocarbón crudo fija el nitrógeno al suelo y disminuye el crecimiento de las plantas, mientras que el biocarbón activado mejora su crecimiento. Para activarlo, sumérgelo en un fertilizante líquido hecho con malas hierbas al menos durante un mes sin diluir (si lo mezclas al 50 % con compost, sumérgelo durante tres meses).

Lo mejor es incorporar el biocarbón al suelo del huerto. La proporción inicial debería ser de 1 litro de biocarbón activado por cada 1 m^2 de superficie de cultivo; añádelo y rastríllalo con los 15 cm superiores de tierra (si el biocarbón está mezclado con compost, serían 2 litros). Tiene otros usos:

Gallinaza Añade biocarbón al principio del proceso de compostaje (ver p. 78). Puede ser uno de los ingredientes clave del carbono, junto a las astillas y el serrín.

Mantillo En lugar de incorporar el biocarbón al suelo, una vez al año, cuando pongas mantillo en los bancales, añade 1 parte de biocarbón activado por cada 9 partes de compost.

Mezcla para macetas Si tienes poco biocarbón, puedes mezclarlo con el compost que vayas a usar al trasplantar los plantones a macetas, en una proporción de 1 parte de biocarbón por cada 9 de compost.

En el politúnel

El politúnel suele albergar los cultivos que necesitan una cantidad mayor de nutrientes, como los tomates, las berenjenas y los pepinos. También te permite cultivar todo el año, así que precisa de un suelo saludable de buena calidad. Por eso te sugiero que empieces usando el biocarbón activado en los bancales del politúnel.

COMPOSTAJE EN ZANJAS Y EN BOLSILLO

Estos dos métodos permiten cultivar alimentos sin compost. En vez de esperar a que el material se descomponga en el compostador, lo añades al suelo para que se descomponga *in situ*, al tiempo que nutre a las plantas.

MATERIALES APROPIADOS

Como en el caso del compost común, debe haber un equilibrio entre los materiales verdes y los marrones (ver pp. 54-55), como mitad y mitad. Trocea el material lo más pequeño que puedas para acelerar el proceso. Los materiales siguientes son los más adecuados:

- Hierbajos troceados sin cabezuelas: ortigas, acederas, dientes de león, cardos, pamplinas, etc.
- Restos de frutas y verduras
- Cáscaras de huevo y de crustáceos
- Cabezas de pescado
- Estiércol de granja parcialmente descompuesto
- Recortes de césped (sin tratar)
- Cartón o papel de periódico en tiras (con tinta vegetal mate)
- Hojas de otoño trituradas

Estos materiales se descomponen más rápido que muchos de los que se usan en el compost estándar, así que las plantas podrán acceder a los nutrientes más rápido. Usa la proporción correcta de materiales verdes y marrones (1:1 o 2:1).

También puedes añadir biocarbón activado en zanjas o en bolsillo (ver pp. 68-69) para aumentar los nutrientes y minerales.

USO DE PATATAS EN LAS ZANJAS

Este método te permitirá mejorar todavía más el suelo. Haz una zanja y planta patatas a 10 cm de profundidad, una cada 30 cm. Cúbrelas con mantillo hecho con una mezcla de los ingredientes de la lista. Las patatas crecerán a través del mantillo. Al cosecharlas, esta materia orgánica adicional se mezclará con el suelo, creando un bancal productivo para la siguiente temporada. Encontrarás otras forma de mejorar el suelo con patatas en la página 81.

COMPOSTAJE EN ZANJA

Este método puede usarse para crear nuevas zonas de cultivo o mejorar bancales de poca calidad. Quizá debas reponer los ingredientes cada cierto tiempo para que la zanja no se hunda.

1.
Un mínimo de ocho semanas antes de plantar, cava una zanja de 30 cm de ancho y 30 cm de hondo.

2.
Llénala de materiales verdes y marrones mezclados. Los que son ricos en nitrógeno y nutrientes, como las cabezas de pescado y el estiércol, deben estar como mínimo a 20 cm de la superficie.

3.
Presiona los materiales con fuerza. Cúbrelos con una capa de 5 cm de tierra y pon encima cartón, para que no crezcan malas hierbas. Pasadas ocho semanas, retira el cartón y trasplanta la planta directamente a la zanja.

COMPOSTAJE EN BOLSILLO

Es igual que el compostaje en zanjas, pero se usa para una sola planta; por ejemplo, puedes crear un bolsillo para cada tomatera o calabaza. Haz un agujero de 30 cm de ancho y 30-45 cm de hondo. Llénalo hasta arriba con una mezcla de materiales verdes y marrones, presiónalos con fuerza y cúbrelos con una capa fina de tierra. Marca la ubicación del bolsillo con un palo. Pasadas ocho semanas, trasplanta el plantón al bolsillo. El compostaje en bolsillo se parece a un lombricario en el suelo (ver p. 65), pero es temporal y para una sola planta.

Marca con un palo el centro del bolsillo para saber dónde plantar más adelante.

MICROBOLSILLOS

Para crear un microbolsillo, haz el agujero para trasplantar más hondo, añade uno o dos puñados generosos de material compostable repleto de nutrientes en la base y cúbrelo con una capa fina (3-4 cm) de tierra. Coloca el plantón sobre la capa de tierra, quizá con un poco de compost; así, las raíces podrán disfrutar de los nutrientes adicionales de liberación lenta. Este método aumenta la cantidad de materia orgánica del suelo. Es un buen complemento para zonas de cultivo de calidad o para usar al trasplantar plantas perennes. Mi puñado de material compostable ideal incluye 1 parte de mantillo de hoja, 1 parte de cabezas de pescado o de cáscaras trituradas y 2 partes de recortes de césped o de hierbajos troceados.

ENMIENDAS LÍQUIDAS

Estos métodos o bien mejoran la salud del suelo y las plantas, o bien proporcionan nutrientes directamente a las plantas. En las pp. 272-73 encontrarás todas las recetas de las enmiendas líquidas. Aquí explico la información básica.

ENMIENDAS MICROBIOLÓGICAS

Añaden organismos biológicos al suelo o las plantas. En el suelo, proporcionan microbios capaces de crear un entorno mejor para las plantas, para que tengan acceso a los nutrientes, y de ocupar el espacio que de otro modo ocuparían los patógenos. Deben usarse conjuntamente con métodos hortícolas que favorezcan un buen nivel de materia orgánica en el suelo.

Los microbios están en todas partes: en los tallos y las hojas de las plantas, en el suelo, en nuestra piel y en el aire. Las enmiendas microbiológicas los capturan y los propagan mediante líquidos concentrados para que podamos usarlos. Es el caso de la solución microbiana Jadam (JMS, ver p. 273), que propaga los microbios del mantillo de hojas para aportar diversidad biológica a los suelos pobres. Algunas enmiendas microbiológicas, como las bacterias del ácido láctico (BAL, ver p. 273), también protegen las plantas de los patógenos; llenan de microbios las hojas y los tallos de las plantas, para que a los patógenos les cueste más asentarse y multiplicarse.

ENMIENDAS NUTRITIVAS

Proporcionan nutrientes directamente a las raíces a través del riego. Las raíces solo pueden acceder a los minerales si son solubles en agua, proceso que hacen posible los microbios descomponiendo las moléculas complejas. Cuando el material orgánico se ha descompuesto por completo, los nutrientes pueden mezclarse con el agua para formar un té nutricional con el que abonar las plantas.

El té nutricional puede ser tanto aeróbico como anaeróbico. Las enmiendas anaeróbicas son mucho más simples y baratas. Uno de los abonos anaeróbicos más eficaces que puedes preparar para las plantas se hace con consuelda u ortigas; deja que se descompongan en un cubo con agua durante varias semanas y luego usa el líquido resultante diluido para regar los cultivos.

FORMAS DE APLICACIÓN

Debes tener cuidado con el agua que usas para hacer estas enmiendas. Lo ideal es el agua de lluvia. El agua corriente contiene cloro, que es muy dañino para los microorganismos; ver p. 272 para cómo hacer que el agua corriente sea segura.

Fertilización líquida

La forma más corriente de aplicar enmiendas líquidas es mediante fertilización líquida. En un huerto se hace con una regadera, justo después de regar o poco después de que haya llovido, para que el suelo absorba rápidamente el líquido (no se trata de hidratar la superficie seca).

Regar con abono líquido diluido cada pocas semanas ayuda a conservar la salud de las plantas, sobre todo en suelos pobres.

Pulverizador/abono foliar

Cuando se aplican enmiendas, las hojas absorben los nutrientes más rápido que las raíces. La enmienda líquida se diluye de la forma habitual, pero luego se mete en un pulverizador y se aplica sobre la superficie de hojas y tallos (pulveriza también el dorso de las hojas). Las enmiendas microbióticas como el BAL también se aplican a las plantas con pulverizador foliar para protegerlas biológicamente.

Inmersión de plantones

Si riegas los plantones con el método de riego por inmersión, para que absorban el agua desde abajo (ver p. 92), puedes diluir el agua con una enmienda líquida, para que puedan usarla las raíces.

Aplicar las BAL como un pulverizador foliar (aquí, al pak choi) ayuda a evitar que los cultivos sufran enfermedades.

ESPECÍFICAS Y MULTIUSOS

Hay enmiendas líquidas que técnicamente dan beneficios nutritivos y microbióticos. El té de lombriz (ver p. 272), el extracto de compost (ver p. 272) y la JMS (ver p. 273) son algunos ejemplos, aunque el té y el extracto influyen más en lo nutritivo y la JMS, en lo microbiótico.

JMS lista para ser usada. Esta es una de las enmiendas más sencillas y eficaces que puede preparar un horticultor.

ABONOS VERDES Y CULTIVOS DE COBERTURA

Los abonos verdes y los cultivos de cobertura se usan para mejorar la salud, la estructura y la fertilidad del suelo que va a usarse para cultivos comestibles. Son métodos excelentes para mejorar zonas de la parcela de baja calidad.

CULTIVOS DE COBERTURA

Se usan básicamente para cubrir y proteger la superficie del suelo y para mejorar su estructura mediante sus sistemas y exudados radiculares. Pueden proteger el suelo durante periodos cortos o durante la mayor parte del invierno. Una vez finalizada su función, entre principios y mediados de invierno, se cortan los tallos a nivel del suelo y se usan como recurso de cortar y tirar (ver p. 62); o se añaden al suelo como abono verde a principios de o durante la temporada de cultivo.

ABONOS VERDES

Son cultivos de cobertura que se cultivan básicamente con el fin de ser cortados e incorporados al suelo, y que lo enriquecen rápidamente con materia orgánica y nutrientes. Se suelen plantar al inicio de la temporada de cultivo y se dejan crecer justo hasta que están a punto de producir semillas. Entonces se cortan y se usan como recurso de cortar y tirar, o se mezclan con los 10 cm superiores de tierra para producir el máximo rendimiento de biomasa.

BENEFICIOS

Se usan para cubrir el suelo desnudo y evitar su erosión, algo que puede ser crucial fuera de temporada o entre siembras. Pueden mantener los bancales libres de malas hierbas fuera de temporada, con lo que no tendrás que arrancarlas. Sus raíces airean y aportan estructura y carbono al suelo, lo que ayuda a prevenir la compactación y a mejorar la retención del agua. Algunos atraen insectos beneficiosos, desde polinizadores hasta depredadores de plagas, mejorando el equilibrio y la biodiversidad del huerto.

Ambos se aplican de forma parecida, pero ofrecen distintos beneficios y sus tiempos son ligeramente diferentes. Los cultivos de cobertura se siembran a finales de invierno o principios de primavera, para proteger el suelo donde van a plantarse cultivos tiernos, como la calabaza a finales de primavera; también se siembran a final de temporada para proteger el suelo durante el invierno. Los abonos verdes pueden sembrarse durante toda la temporada. Los espacios de cultivo cubiertos son adecuados para ambos, sobre todo en invierno, ya que las temperaturas más cálidas prolongan su temporada de cultivo.

Algunos no son adecuados para un huerto de permacultura, porque son demasiado complejos, específicos, caros o difíciles de eliminar, así que en este libro solo encontrarás los más útiles y prácticos. Para que el suelo aproveche al máximo los nutrientes de estos cultivos, acuérdate de cortarlos cuando empiecen a florecer.

DEJA LAS RAÍCES EN EL SUELO

Los cultivos de cobertura y los abonos verdes se usan para añadir materia orgánica al suelo. Una técnica simple es la que se usa al entresacar cultivos anuales. En vez de arrancarlos de raíz, corta la planta a nivel del suelo y deja las raíces. Estas se irá descomponiendo en nutrientes y materia orgánica, lo que ayudará a mantener una buena estructura del suelo. Las raíces de la mayoría de los cultivos anuales pueden tratarse así, a excepción de los tubérculos, como las patatas o las zanahorias.

A finales de otoño corto las facelias para que se descompongan durante el invierno. Dejo las raíces, lo que ayuda a mantener la estructura del suelo y a reducir la erosión causada por las lluvias invernales.

Aptos como cultivos de cobertura y abonos verdes

1. Facelias
2. Planta de mostaza
3. Trébol escarlata
4. Arvejas*
5. Trigo sarraceno
6. Guisantes de campo*
7. Habas de campo*
8. Lupino azul
9. Capuchinas
10. Borraja

* Resistentes al frío

CONSUELDA

¡No puedes escribir un libro sobre permacultura y no mencionar la consuelda! Es una planta perenne que se cultiva como ingrediente del abono verde y el compost. Pero a diferencia de los abonos verdes, que crecen en el sitio en el que se descomponen, la consuelda se cultiva en un lugar fijo y se cosecha tres o cuatro veces al año. La variedad más fácil de cultivar es la consuelda rusa Bocking 14: sus semillas son estériles, por lo que no se propagará ni se apoderará de tu huerto. Se propaga mediante esquejes de raíz y división de corona. Si no dispones de consuelda, envía un correo a tu grupo local de permacultura y seguro que encuentras a alguien dispuesto a compartir sus esquejes.

Crece bien en zonas parcialmente sombreadas con suelos bien drenados, aunque tolera zonas con peor drenaje. Cuando prepares el suelo para trasplantar el esqueje de raíz o la división de corona, añade un poco de estiércol bien descompuesto; y riega bien los plantones. El primer año debes mantenerla libre de hierbajos, cubrirla con una cantidad generosa de mantillo y no cortarla. Si sigues estas directrices, podrás cosechar consuelda durante muchos años sin apenas trabajo adicional.

Sus hojas son un recurso regenerador rico en nutrientes y se usan para muchas cosas: abono líquido para cultivos con frutos (ver p. 272); o se trocea y se tira a cultivos anuales.

La consuelda proporciona mucha biomasa en la temporada de cultivo, lo que permite hasta cinco cosechas de primavera a otoño.

1. *Divide la consuelda levantando la raíz y partiendo la corona con la pala.*

2. *Vuelve a plantar la consuelda ya dividida a la misma profundidad.*

Obtén esquejes de la raíz cortando trozos de 5 cm y plántalos a 5 cm de profundidad.

GALLINAZA

¡Las gallinas son unas grandes profesionales de compostaje! Tienen la costumbre de escarbar el suelo justo bajo la superficie en busca de insectos y semillas, costumbre que puede aprovecharse para producir grandes cantidades de compost de buena calidad y muy fértil.

Gracias al instinto de forrajeo de las gallinas, se genera un compost de calidad con muy poco esfuerzo. Se trata de un buen ejemplo del principio de permacultura que propone diseñar desde los patrones hasta los detalles: fijarse en los hábitos (patrón) de las gallinas y a partir de ahí diseñar un sistema de fertilidad que resulte productivo (detalle) para el huerto.

Existen muchos métodos para producir compost con gallinas, pero en todos se deja que estas escarben en busca de insectos, semillas y hojas, y aporten su propio estiércol a la mezcla. El acto de escarbar, además, acelera el proceso de descomposición.

Una de mis instalaciones de compostaje con gallinas favoritas es la de Sean Dembrosky de Edible Acres (ver Recursos, p. 280). Consiste en usar unos simples tablones para delimitar el camino y recoger el material compostable. Encontramos desde restos crudos mezclados con biocarbón sin activar (ver pp. 68-69) al principio del camino, hasta compost ya listo al final de este. El material se va volteando a lo largo del flujo de nutrientes con una horca para estiércol, dejando expuestas semillas germinadas, larvas y otras cosas que las gallinas picotean. Así, estas se mantienen sanas, gracias a la mayor diversidad de alimentos de su dieta, y se potencia su comportamiento innato. En el proceso aportan estiércol, lo que aumenta la riqueza del material y produce un compost perfecto para usar de mantillo en los bancales de cultivos anuales.

DISEÑO DE LA INSTALACIÓN

Este diseño no requiere muchas gallinas, pero es muy productivo. En un extremo se echan ingredientes crudos y en el extremo opuesto se recoge el compost. Hay una parte cubierta para almacenar y resguardar de la lluvia el compost ya listo. La horca también tiene su sitio. Este diseño tiene en cuenta que la capa de material es poco profunda y que, si no llueve, el material puede secarse, ralentizando la descomposición. Por eso incluye una manguera para poder mojarlo si hace falta. También hay un depósito que recoge el agua de la lluvia y una cubierta móvil, que las gallinas necesitarán cuando haga calor.

Al final del camino hay una pequeña zona vallada con malla gallinera para plantar consuelda. Esta planta actúa como una esponja y absorbe los nutrientes producidos por el sistema; la puedes cosechar y usarla en el huerto. En climas más cálidos también puede ser un buen sitio para cultivar tomates; en instalaciones más grandes, puedes incorporar un bosquecillo de sauces.

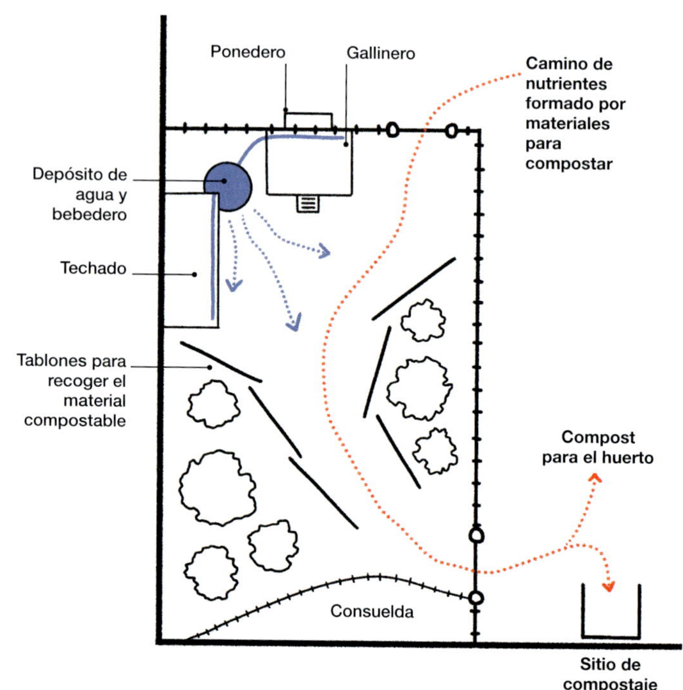

Instalación de compostaje con gallinas

Este sistema de compostaje con gallinas funciona bien junto a un huerto. Si el terreno tiene pendiente, el material rodará cuesta abajo.

Recoge el compost para el huerto y deja que las gallinas sigan buscando insectos y semillas.

EL TRUCO DE HUW

Echa la comida de las gallinas en el sistema de compostaje, y no en un comedero; así se lo pasarán en grande escarbando mientras favorecen el proceso de compostaje.

LA MADERA EN EL PROCESO DE COMPOSTAJE

La gallinaza se caracteriza por un alto contenido en nitrógeno, procedente de la materia vegetal y el estiércol, así que para aumentar la cantidad de carbono puedes incorporarle astillas, serrín y biocarbón, y luego hojas otoñales. El papel y el cartón, aunque ricos en carbono, contienen pocos nutrientes adicionales.

CULTIVAR CON POCOS NUTRIENTES

Una de las mejores formas de reducir la cantidad de compost necesaria es conocer los cultivos comestibles que requieren pocos nutrientes para dar una buena cosecha.

CULTIVOS PERENNES

En suelos más pobres, es preferible centrarse en el cultivo de plantas perennes. Basta con añadir una capa de mantillo una vez al año para que prosperen, siempre que no tengan que competir con hierbajos. Solo necesitarán algo de compost al plantarlos si el suelo es de muy mala calidad. Analiza el suelo con un kit (ver pp. 48-49) para averiguar su calidad. Si se encuentra en cualquiera de los extremos, añade al hoyo donde vayas a trasplantar una cantidad generosa de una mezcla a partes iguales de compost y capa vegetal.

Los siguientes cultivos crecen bien en suelos poco fértiles:

- Grosellas rojas, negras y blancas
- Grosellas espinosas y grosellas josta
- Moras negras
- Frambuesas
- Arándanos
- Frutales
- Hierbas perennes
- Alcachofas de Jerusalén

BIOMASA Y BIODIVERSIDAD

Si dispones de espacio suficiente como para planificar a largo plazo, piensa que los suelos pobres en nutrientes son apropiados para cultivar árboles como sauces, alisos y avellanos para producir MRF (ver pp. 66-67). Este tipo de suelos son, asimismo, perfectos para sembrar mezclas de flores silvestres aptas para tu suelo y clima. Los prados con flores silvestres, aunque sean pequeños, suponen un gran impulso para la fauna local y ayudan a mejorar la diversidad y el ecosistema.

ANUALES

En el caso de cultivos anuales, las verduras con hojas y las hierbas son las que menos nutrientes precisan, junto con las flores comestibles. Las legumbres, como las habas y los guisantes, son también una buena opción para suelos pobres. En la mayoría de los casos, los suelos pobres son excelentes para los cultivos de cobertura y los abonos verdes. Puedes incorporarlos para que aumenten su fertilidad en dos o tres temporadas; así, más adelante, tendrás más opciones.

Los frutales son una de las mejores opciones para disminuir la cantidad de compost que usas. Las hojas comestibles de la página 165 también son ideales.

Estas hojas pertenecen a plantas cultivadas en un suelo mejorado con mantillo a base de materia vegetal.

MEJORAR EL SUELO CON PATATAS

La idea de cultivar patatas para obtener una cosecha y a la vez mejorar el suelo procede en parte de Nigel Palmer. Las patatas son un vegetal único, ya que pueden crecer en un trozo de mantillo colocado sobre el césped. Yo he usado este método por su simplicidad y sé que funciona con distintos materiales. Necesitarás cartón, patatas de siembra y uno de los elementos para mantillo de la lista siguiente:

- Algas marinas
- Consuelda
- Lechos usados para animales
- Astillas y MRF (mezcladas con recortes de césped si es posible)
- Hojas otoñales (trituradas si es posible)
- Heno y paja
- Recortes de césped y malas hierbas, como ortigas, troceadas

1. Si vas a plantar en el césped, córtalo corto con una bordeadora o guadaña, pero deja los recortes en su sitio.
2. Pon un par de capas de cartón y una capa gruesa de mantillo encima (como mínimo 10 cm); déjalo por lo menos durante cuatro semanas.
3. Pasadas las cuatro semanas ya puedes plantar las patatas. Haz un agujero que atraviese el mantillo y el cartón para plantar la patata a nivel del suelo original, y cubre el agujero con más mantillo.
4. Cuando empiecen a asomar los brotes, añade 10 cm más de mantillo encima, igual o distinto al primero. Si usas heno, paja y algas, pon 20 cm para que las patatas no se pongan verdes a causa del sol.
5. Deja que las patatas se marchiten a final de temporada, cosecha los tubérculos y extiende el mantillo sobrante de forma uniforme para seguir compostando.
6. En invierno, cúbrelo con cartón o con una tela de jardín natural para evitar que crezcan las malas hierbas.
7. La primavera siguiente, rastrilla los restos de mantillo que no se hayan descompuesto y échalos al compost. Luego trasplanta los plantones o siembra directamente en el nuevo suelo ya fértil.

EL TRUCO DE HUW

Para cultivar patatas más adelante, usa una variedad resistente a las plagas como la 'Sarpo Mira'.

Agua

RIEGO Y SEQUÍA

El agua, la luz y un suelo saludable son los elementos básicos necesarios para un huerto próspero. En la temporada de mayor demanda no siempre se dispone de agua suficiente para atender las necesidades de riego. He aquí algunas estrategias para reducir la demanda de agua.

En un huerto que no resiste la sequía, la ausencia de lluvia supone un incremento en la demanda de agua e incluso con más riego las plantas no crecen a un ritmo óptimo. Por suerte, existen métodos para reducir la cantidad de agua que necesita un huerto y para proteger los cultivos de la sequía.

Un mantillo a base de paja triturada colocado sobre el suelo que rodea los pimientos ayuda a retener el agua.

AUMENTO DE MATERIA ORGÁNICA

Cualquier técnica que sirva para añadir materia orgánica al suelo, como incorporar compost, biocarbón o el método de trocear y tirar, aumentará su capacidad de almacenamiento de agua. Hablo con más detalle sobre el almacenamiento de agua de lluvia en la p. 88. Cuando descubres que la materia orgánica del suelo puede retener hasta diez veces su peso en agua, entiendes por qué es tan importante mejorar la salud del suelo.

MANTILLO

El mantillo (ver pp. 62-63) ofrece resultados inmediatos y es el recurso más eficaz a corto plazo. Los mantillos con un mínimo de 5 cm de grosor son los más indicados para reducir la evaporación del suelo. Si vas a usarlo para contrarrestar la sequía, riega generosamente el suelo a última hora de la tarde y luego cúbrelo de inmediato con el mantillo. Gracias a la temperatura nocturna, más fría, el suelo absorberá el máximo de agua. La mayoría de los mantillos presentan una gran permeabilidad al agua, así que ayudan a que el agua de la lluvia penetre poco a poco y llegue a las raíces. Mis tres mantillos de referencia para aportar humedad al suelo son los recortes de césped, las astillas y las hojas otoñales.

Las hierbas perennes como el tomillo, la lavanda, la salvia y el cebollín (todos a la izquierda) solo precisan riego cuando el clima es extremadamente seco. En Gales, donde vivo, eso se traduce en una vez cada varios años.

CULTIVO DE PERENNES

Un huerto resistente incluye un elevado porcentaje de perennes. Estas plantas tienen un sistema radicular más fuerte que las anuales, lo que les permite acceder a una mayor cantidad de agua. También se adaptan mejor gracias a su genética. Las anuales disponen de un tiempo limitado para reproducirse y si las condiciones se vuelven muy extremas, reaccionan germinando de forma prematura (echan semillas antes de tiempo), para que el linaje continúe. Las perennes, en cambio, tienen el tiempo de su parte y conservan la energía en climas extremos. Cuantas más perennes tengas, menos tendrás que regar.

INFRAESTRUCTURA DE RIEGO

En muchos casos el riego es una necesidad. Si siembras anuales, los plantones tiernos precisarán agua para conservar su calidad y su salud. Y es ahí donde tener una buena infraestructura es crucial. En las páginas siguientes hablaré sobre su instalación y su uso.

EL AGUA DE LLUVIA COMO RECURSO

La mayor parte de las precipitaciones tienen lugar en otoño e invierno, cuando menos falta hacen. Recoger toda esa agua para usarla en primavera y verano es un gran paso para lograr un huerto resistente y más productivo.

CALCULADORA DE AGUA DE LLUVIA

Una de las cosas más útiles que puede hacer un horticultor es calcular la cantidad de agua de lluvia que puede recoger al año mediante los tejados aptos para ello, ya sea de un cobertizo, un garaje, un invernadero o la casa. Para hacer el cálculo necesitas conocer la superficie total del tejado (largo x ancho) y la precipitación media anual o mensual de la zona (en milímetros). En internet encontrarás muchas páginas con datos detallados sobre las precipitaciones. Al total debes restarle un 10 por ciento, por el agua que pueda perderse por los laterales de los tejados y los canalones, y a causa de la evaporación. Puedes disminuir la pérdida de agua colocando barreras en los bordes de los tejados.

Cálculo

Superficie del tejado x precipitación media anual = X litros

Para tener en cuenta el 10 por ciento de pérdida de agua

X litros x 0,9 = total de litros potenciales

Ejemplo

Un cobertizo de jardín que mida 2 x 3 m en una zona con una precipitación media anual de 1400 mm.

6 (m^2) x 1400 (mm) = 8400 (litros) x 0,9 = 7560 (litros potenciales en total)

SISTEMA DE RECOLECCIÓN DE AGUA DE LLUVIA

Una vez sepas el agua que puede suministrarte el tejado, debes construir el sistema de recolección de agua de lluvia. Hay muchos distintos, pero yo me quedo con el más simple y barato, sobre todo por lo que se refiere al contenedor, que suele ser lo más caro. Sigue los pasos siguientes para fabricar una instalación apropiada para ti y tu huerto.

1. Ubicación

Lo ideal es colocarlo cerca de la bajante que lleva el agua desde el canalón de la casa, el garaje o el cobertizo, para que puedas canalizar fácilmente el agua desde el tejado al depósito.

EL TRUCO DE HUW

Coloca el depósito de agua en la zona más sombreada, para que no le quite espacio a la zona de cultivo prémium. Si usas una tubería larga para conectar el depósito de agua a la bajante pluvial (tubería de bajada), le darás más flexibilidad.

2. Depósito

Elige el depósito. Puede ser un bidón de plástico, un contenedor intermedio a granel (IBC), un depósito de metal e incluso un barril de madera. Con la calculadora de recolección de agua de lluvia (ver izquierda), calcula la capacidad que debe tener para aprovechar al máximo el agua de un tejado concreto; recuerda que es mejor tener dos depósitos que uno, porque si uno tiene un escape, no perderás toda el agua (ver p. 23).

3. Instalación

Coloca el contenedor en el lugar elegido. Asegúrate de que el suelo esté nivelado, para que quede estable. Ten en cuenta el acceso al agua. Por ejemplo, yo pongo el contenedor IBC sobre unos palés de madera apilados, para que quede espacio para poner la regadera debajo del grifo. Conecta la bajante pluvial (tubería de bajada) que va del tejado al contenedor con una válvula desviadora. Así, el agua seguirá bajando aunque el depósito esté lleno y este no rebosará.

4. Filtro

Es importante colocar un filtro sencillo para que restos como hojas, musgo y ramitas no acaben en el depósito. Puedes poner un filtro de malla en el extremo de la tubería. Sujétalo con alambre, para poder sacarlo fácilmente cuando haya que limpiarlo.

Aquí estoy calculando la cantidad de agua total que puedo recolectar del tejado del cobertizo, para usarlo como un elemento más de mi instalación.

Si el depósito no tiene tapa, fabrica una para que los animales no caigan dentro y para que el agua no se evapore. Yo suelo usar un tablón de madera sujeto con varios ladrillos.

5. Mantenimiento

Una vez instalado, solo tienes que asegurarte de que el sistema no tiene fugas ni nada que lo bloquee. Yo siempre reviso la instalación a finales de invierno para comprobar que todo funciona correctamente y está listo para la primavera.

COLECTOR PROVISIONAL DE AGUA DE LLUVIA

Si fijas una lona grande a cuatro postes grandes tendrás un techo provisional para recolectar agua de lluvia y llevarla hasta un depósito. Puedes ponerlo en el huerto durante uno o dos días para conseguir agua de lluvia adicional. Durante los periodos especialmente secos, ten la lona preparada y, en cuanto amenace lluvia, instálala.

EL USO DE CONTENEDORES IBC PARA ALMACENAR AGUA DE LLUVIA

Durante años, mis depósitos han sido contenedores IBC de 1000 litros. Estos enormes contenedores de plástico se usan para almacenar y transportar líquidos a granel, por lo que resultan ideales para almacenar agua. Puedes comprarlos de segunda mano, pero asegúrate de que no se hayan usado para almacenar nada repugnante. La mayoría de los vendedores especifican el uso que le han dado. Para que no aparezcan algas dentro del depósito translúcido, compra una tapa IBC o límpialo con un cepillo de mango largo en invierno. Con un contenedor puedo llenar cien veces mi regadera de 10 litros, así que puedo calcular fácilmente cuánta agua he usado y cuánta me queda.

EL SUELO COMO DEPÓSITO DE AGUA

El suelo es un recolector natural de agua de lluvia. Su materia orgánica funciona como una esponja, que absorbe y retiene el agua de lluvia, que luego las plantas pueden usar durante los periodos secos. Si aumentas su materia orgánica con mantillo y con el método de no cavar (ver p. 52), mejorarás su capacidad para retener el agua. Si se aumenta en un 1 por ciento la materia orgánica del suelo, se consiguen 18 litros adicionales de agua por cada metro cuadrado de suelo. La cantidad puede variar según el tipo de suelo y el porcentaje de materia orgánica que tenga al principio, pero, como ves, los depósitos de agua más importantes que tengo son los propios bancales elevados.

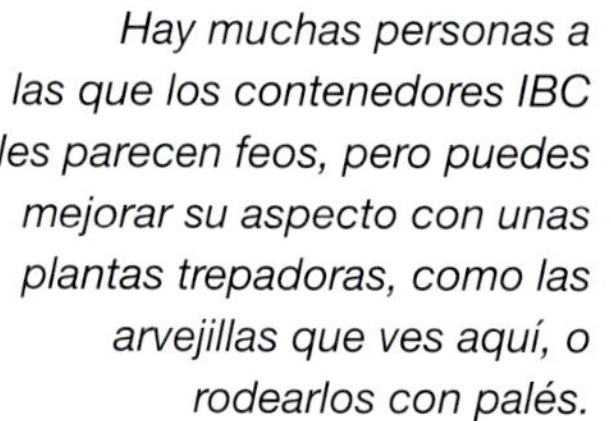

Hay muchas personas a las que los contenedores IBC les parecen feos, pero puedes mejorar su aspecto con unas plantas trepadoras, como las arvejillas que ves aquí, o rodearlos con palés.

HERRAMIENTAS PARA EL RIEGO

En un huerto hacen falta varias herramientas para el riego. Es más importante su calidad que su cantidad, así que compra menos herramientas, pero que sean duraderas. Esto es lo que incluye mi arsenal para regar.

MANGUERAS

Manguera de jardín

Yo tengo una manguera que llega desde el depósito principal hasta la última esquina del huerto; si el huerto es muy grande, tal vez necesites un alargo. Yo tengo un portamangueras de pared automático, así que se guarda rápidamente y se mantiene limpia.

Boquillas rociadoras

Con un juego de boquillas rociadoras de calidad podrás llevar a cabo cualquier tarea de riego. Asegúrate de que incluya una para regar plantones delicados y otro para plantas más maduras.

Lanza telescópica

La lanza telescópica de riego es una herramienta que está infravalorada. ¡Con ella puedes regar sin dejarte la espalda! Resulta perfecta para regar hileras de plantones, una planta solitaria y macetas medianas o grandes.

EL TRUCO DE HUW

Cuando compres las mangueras y los rociadores, escoge modelos que tengan protección contra las heladas y los rayos UVA.

MANGUERA DE RIEGO POR GOTEO

El sistema de riego por goteo es perfecto para regar macetas, pues te permite instalar un gotero en cualquier punto de la manguera. Abres el grifo y se riegan todas las macetas.

BOMBA CON BATERÍA

Si tu huerto, como el mío, no tiene acceso a la red de agua, quizá te interese instalar una bomba de agua con batería. Se acopla al depósito que recoge el agua de lluvia y permite tener 2 bares de presión, suficiente para un buen riego, o mover el agua hacia arriba, ya sea para regar o para llenar un segundo depósito. También hay bombas solares, más caras pero sin batería y son más apropiadas en el caso de huertos grandes.

Este portamangueras de pared con bomba es una herramienta de riego eficaz para huertos pequeños que no disponen de red de agua.

Estoy colocando esta manguera de remojo en un bancal del politúnel a finales de invierno para que esté lista para los cultivos con frutos estivales, como los pepinos.

REGADORA Y CUBO DE INMERSIÓN

Con una regadora resistente de 10 litros podrás regar zonas específicas de forma rápida y ágil sin necesidad de desenrollar la manguera. Si dispones de un cubo de inmersión, un cubo de basura con agua procedente de un contenedor IBC, llenar la regadera no te llevará más de dos segundos.

BANDEJA

También puedes usar una bandeja grande y honda. La llenas de agua y la usas para regar bandejas modulares, semilleros y macetas con plantones desde la base (ver p. 92).

MANGUERA DE REMOJO

Esta manguera tiene las paredes permeables, lo que permite regar de forma lenta y constante la zona que cubre. Cada metro regará más o menos un metro cuadrado de suelo. Lo mejor es colocarla sobre la superficie del bancal y luego cubrirla de mantillo; o enterrarla unos 5 cm para prevenir la evaporación y garantizar que el agua llega directa a las raíces cuando haga calor. Resulta especialmente útil en espacios cubiertos (ver p. 92).

Este cubo de inmersión siempre está lleno gracias a una válvula flotante que controla el nivel del agua, así que está listo para usar.

CÓMO REGAR

Aquí encontrarás todo lo básico que debes saber sobre el riego. En capítulos posteriores encontrarás información más detallada sobre los distintos cultivos, y sobre el método de tablones para los verduras de siembra directa.

SEMILLAS Y PLANTONES JÓVENES

Las bandejas modulares recién sembradas y los plantones jóvenes precisan un riego suave para no dañar las hojas y los tallos. En el caso de los plantones que están en macetas y bandejas modulares, la mejor opción es llenar una bandeja estanca grande con 3-5 cm de agua, sumergir las macetas en el agua y dejarlas 10 minutos. El compost absorberá el agua y las raíces podrán acceder a ella. Si los riegas desde arriba porque están en el suelo, asegúrate de que el agua llega a las raíces; comprueba con el dedo que la tierra que queda por debajo de la superficie no está seca.

CONTENEDORES

Los contenedores y macetas grandes requieren más agua que los bancales elevados, así que cúbrelos de mantillo sí o sí para ahorrar tiempo y agua. Si tienes el huerto en una terraza o balcón, te recomiendo que optes por un sistema de riego por goteo (ver p. 90). Si no, riega las anuales y las perennes cuando los 5 cm superiores de tierra estén secos.

BANCALES DEL POLITÚNEL

Los bancales con aros y los bancales elevados del politúnel no reciben agua de lluvia, así que los cultivos que cobijan deben regarse a conciencia, como mínimo una vez a la semana durante la temporada de cultivo. Si usas una manguera de remojo (ver p. 91) riega un par de horas cada dos días durante la temporada de cultivo. En invierno disminuye el riego a dos veces por semana, para evitar que salga moho, pero sin renunciar a la salud del suelo.

BANCALES ELEVADOS/PARTERRES

Riega los cultivos anuales cuando los 5 cm superiores del suelo estén secos. Las perennes casi siempre estarán cubiertas con mantillo, así que solo tendrás que regar las plantas jóvenes cuando se haya producido una clara falta de lluvia.

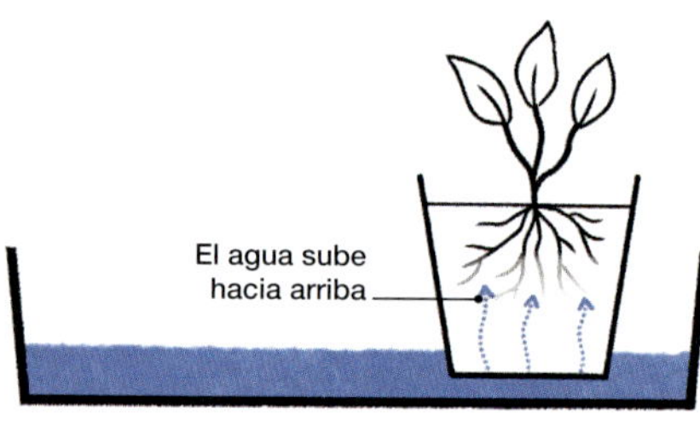

Riego de plantones
El compost de las macetas actúa como una mecha y dirige la humedad hacia las raíces.

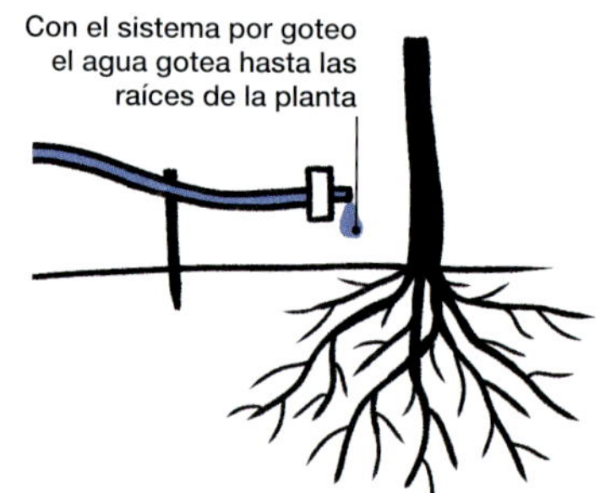

Riego de un contenedor
Los sistemas de riego por goteo dirigen el agua hacia el sistema radicular para minimizar la pérdida de agua.

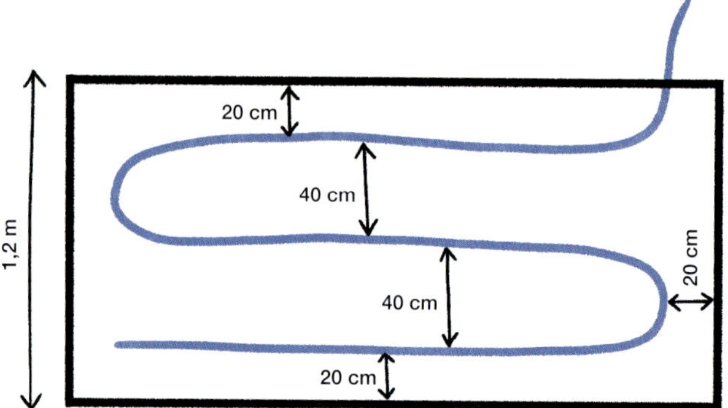

Riego de un bancal del politúnel
Esta es la disposición de mi manguera de remojo en un bancal elevado de 1,2 m de ancho, para optimizar el riego y evitar que queden puntos secos.

Cuando los plantones solo necesiten un pequeño suplemento, puedes regarlos desde arriba (arriba).

Los plantones semimaduros (arriba) responden mejor si los riegas cerca de la base.

HORARIO

Siempre que sea posible, riega los días nublados, a primera hora de la mañana (sobre todo si tu huerto tiene babosas) o a última de la tarde. Hay que evitar regar cuando el sol es intenso o alrededor de mediodía, cuando la evaporación es mayor y por tanto el riego es menos eficaz.

LOS TRUCOS DE RIEGO DE HUW

1. Riega lo más cerca que puedas de la base de la planta para que el agua llegue a las raíces. Si el agua se queda en las hojas, les llegará menos.

2. Para que el agua penetre bien en el suelo, riega una vez a fondo y hazlo de nuevo al cabo de 10-15 minutos. El primer riego condicionará la permeabilidad de la superficie para que acepte más agua.

3. Riega los bordes exteriores de los bancales un poco más a fondo que el centro, ya que se secarán más deprisa.

La jerarquía del área de cultivo

VISIÓN GENERAL DEL HUERTO

Como horticultor de permacultura, tu trabajo consiste en tener en cuenta los puntos fuertes y débiles de tu huerto para crear el sistema más resistente y productivo posible. Comprender las distintas zonas de cultivo te será de gran utilidad.

Yo organizo lo que cultivo mediante una jerarquía del área de cultivo. Es una escala de calidad. Por metro cuadrado, algunas zonas de cultivo son varias veces más productivas que otras, pero cada una de ellas ofrece beneficios específicos que te permiten diseñar el huerto de la forma más eficiente. La salud del suelo es, asimismo, una cuestión clave; lo explico en los apartados sobre macetas y contenedores (ver p. 115) y zonas a cubierto (ver p. 100). Al final del capítulo indico el lugar más adecuado para otros elementos, como el cobertizo, la zona de compostaje y los depósitos de agua.

Esta jerarquía está pensada para un clima templado, en el que pueden diferenciarse el verano y el invierno, y en el que la temporada de cultivo queda delimitada por las últimas y las primeras heladas.

LA JERARQUÍA

Este capítulo sigue la jerarquía de más a menos productiva. Es así:

1. A cubierto: estructuras grandes
2. A cubierto: estructuras pequeñas
3. Espacios verticales
4. Bancales elevados
5. Parterres sin lados
6. Márgenes flexibles
7. Macetas y contenedores
8. Sombra

Existen muchas formas de aumentar el potencial de tus zonas de cultivo: puedes convertir un bancal elevado en un bancal con aros, pintar un muro soleado con un color que refleje más la luz o instalar enrejados en los bancales para aumentar el espacio vertical.

Esta vista aérea de mi huerto muestra los elementos clave, desde las zonas a cubierto, los bancales y el espacio vertical hasta los márgenes flexibles y los depósitos de agua en una esquina sombreada.

JERARQUÍA DE LA EXPOSICIÓN AL SOL

La mayoría de los cultivos de un huerto templado requieren el máximo de sol. Los puntos más soleados son más productivos. Hay cuatro tipos de exposición al sol: a pleno sol, parcialmente sombreado, sombra moteada y sombra total (menos de cuatro horas de sol al día). Hay cultivos que pueden plantarse en zonas de sombra total (ver p. 116). En las secciones dedicadas a las plantas perennes (ver pp. 124-73) y a las plantas anuales (ver pp. 176-225) se explica dónde plantar cada cultivo.

CONFIGURACIÓN DEL TERRENO

Para poder diseñar un huerto productivo es indispensable que comprendas la configuración del terreno. ¿Se encuentra en una zona con una pendiente pronunciada, es básicamente llano o es una mezcla de ambas cosas?

Tanto los suelos llanos como los inclinados tienen sus ventajas y sus inconvenientes, que detallo más abajo. Comprender las características de tu terreno te ayudará a encontrar la mejor fórmula para tu huerto.

Tipo de terreno	Beneficios clave	Inconvenientes clave
Llano	• Mejor accesibilidad para personas y materiales • Más apropiado para estructuras como los politúneles • Una distribución más uniforme del agua por la zona	• Propenso a encharcarse • Pocos microclimas con los que trabajar • Exposición reducida al sol
En pendiente	• Pocas probabilidades de encharcamiento • Las distintas partes de la pendiente ofrecen diferentes microclimas • Mayor exposición al sol por el sur y el este	• Más trabajo para que se asiente • Más difícil de mantener • Probable distribución irregular del agua

COLOCACIÓN DE BANCALES EN UN HUERTO INCLINADO

Si tu huerto presenta una pendiente suave que se nivela en la base, la parte nivelada será la que retiene más humedad. Si esta zona se vuelve cenagosa cuando llueve fuerte o durante los meses más húmedos, usa bancales elevados. También puedes crear bancales en la pendiente y cultivar plantas más adecuadas a las condiciones húmedas en la zona nivelada, como consuelda, arándanos y sauces.

Si el huerto está en un terreno en pendiente, sitúa los bancales en horizontal (ver derecha). Si la tierra o el compost se colocan inclinados, el exceso de lluvia puede arrastrarlos y erosionarlos.

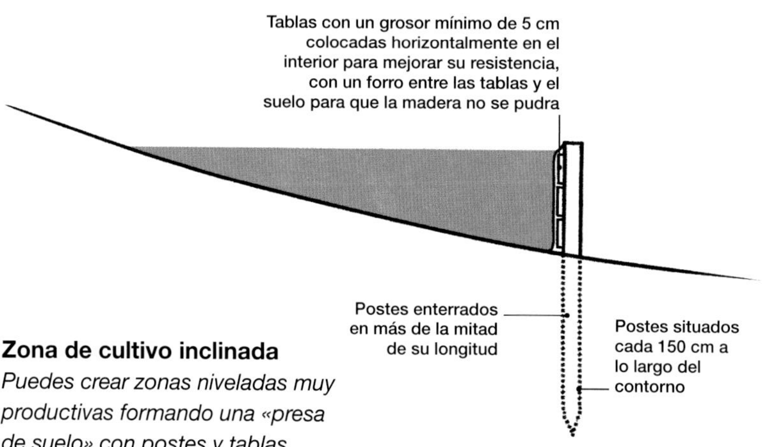

Zona de cultivo inclinada
Puedes crear zonas niveladas muy productivas formando una «presa de suelo» con postes y tablas.

Con esta estructura en forma de A señalo los contornos de un margen flexible (ver pp. 112-13).

LÍNEAS DE CONTORNO

Un contorno, o línea de nivel, es una línea específica con una misma elevación. Las líneas de nivel suelen calificarse como las huellas dactilares del terreno.

¿Cómo influye en un huerto en pendiente? Si plantas a lo largo de un contorno, en vez de cultivar en línea recta, trabajas con la configuración natural del terreno.

Además, puede ayudar a ralentizar el flujo de agua en su descenso por la pendiente, de modo que el suelo retenga más el agua. Los márgenes flexibles y los bosques lineales de alimentos suelen plantarse en los contornos; en ellos también puedes crear bancales o márgenes para obtener beneficios similares, por ejemplo, poder cosechar sin tener que subir o bajar.

Señala la línea de contorno con una estructura en A

Una estructura en forma de A es un instrumento sencillo que permite señalar las líneas de contorno sin necesidad de otros aparatos. Para fabricarla necesitas dos palos de madera de unos 1,8 m de largo, un listón recto como de 1 m y un trozo de cuerda con un peso (como una piedra) en la base. Móntalo como se muestra en el gráfico.

Coloca un nivel de burbuja en la pieza horizontal y mueve las patas hasta que quede nivelado. Luego marca con un bolígrafo el punto en el que la cuerda cuelga firme.

Pon la estructura en el punto de partida de la zona que quieres medir, mueve la pata (la más cercana al lugar hacia el que te diriges) hasta que la cuerda esté en línea con la marca del bolígrafo; usa esa pata exterior como pivote para girar 180 grados. Repite el proceso a lo largo de la línea de contorno. Cada vez que pivotes, marca la ubicación en la que está la pata con un palo. Cuando hayas terminado, los palos señalarán la línea de contorno.

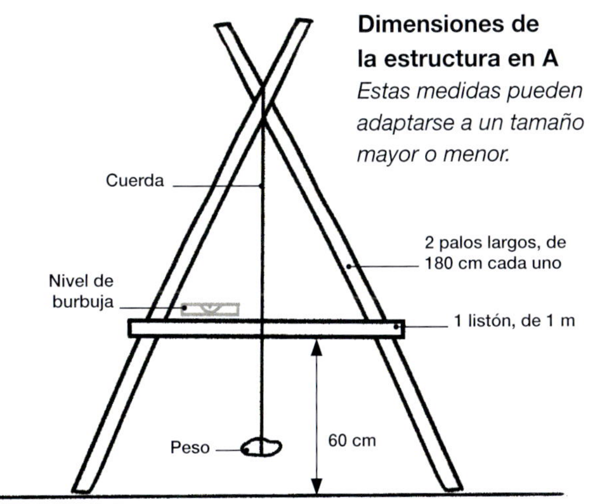

Dimensiones de la estructura en A

Estas medidas pueden adaptarse a un tamaño mayor o menor.

A CUBIERTO: ESTRUCTURAS GRANDES

Los politúneles y los invernaderos suelen ser el elemento central del huerto. ¡Ofrecen un espacio para cultivar plantones y cultivos que precisan mucho sol como los tomates, para refugiarse cuando hace mal tiempo y para acomodar a las gallinas en invierno!

Lo único para tener en cuenta cuando uses una estructura cubierta es que debes situarla a pleno sol y en un sitio que no sea zona de heladas. La orientación importa menos, siempre que esté en un lugar soleado. Al principio supondrá un desembolso importante, pero puede aportar mucho al huerto, así que es importante que planifiques bien lo que vas a cultivar en este espacio. De acuerdo con la jerarquía del área de cultivo, debes priorizar la fertilidad del suelo de los bancales a la de los contenedores.

En el caso de huertos nuevos, recomiendo los politúneles, ya que son muy rentables. Compra el politúnel más grande que quepa en tu huerto y puedas permitirte: con cada metro cuadrado ahorrarás bastante. Por ejemplo, un politúnel de 18 m^2 solo cuesta un 30 por ciento más que uno de 9 m^2 igual de ancho.

Un invernadero puede llegar a costar diez veces más que un politúnel por metro cuadrado de espacio cubierto. Así, con unos dos mil euros podrías comprar aproximadamente 5,5 m^2 de espacio de cultivo en invernadero, pero 55 m^2 en politúnel. De todas formas, si prefieres construir un invernadero o si ya tienes uno, el método de cultivo es el mismo en ambos casos.

FERTILIDAD DEL SUELO A CUBIERTO

Yo espero más de las zonas de cultivo que están a cubierto y es donde suelo plantar los cultivos que precisan más nutrientes, como tomates y pepinos. Para que el suelo sea el máximo de productivo, añado una capa gruesa de compost (4-5 cm) todos los años, mejorado con biocarbón activado (ver pp. 68-69), y más materia orgánica cuando trasplanto los plantones; puedes usar materia compostada previamente (ver pp. 70-71) o añadir unos puñados directamente.

El mantillo es esencial para los cultivos a cubierto. En los politúneles y los invernaderos las temperaturas son más altas y, por tanto, la evaporación también. Si combinas el mantillo (ver pp. 62-63) con las mangueras de remojo mantendrás el suelo húmedo y biológicamente activo.

APROVECHAMIENTO MÁXIMO DEL ESPACIO

Otra ventaja es que dispondrás de espacio para una gran cantidad de plantones. Puedes empezar antes y así tendrás plantones semimaduros listos para ser trasplantados en cuanto las condiciones exteriores sean favorables. Puedes aumentar el número de plantones incorporando estantes y llenándolo de bandejas modulares; o maximizar la productividad con una plataforma de malla provisional libre de bichos suspendida sobre un bancal elevado.

En invierno puedes poner un banco en una esquina del politúnel o el invernadero, y usarlo de oficina o de rincón de lectura. La idea de multifuncionalidad es fundamental en permacultura (ver p. 27); la estacionalidad de las zonas de cultivo a cubierto te permite ser creativo y usar el espacio de muchas maneras distintas.

EL TRUCO DE HUW

¿Norte-sur o este-oeste? La orientación de un politúnel es cosa tuya. La orientación este-oeste optimiza las temperaturas invernales, ya que el lado que da al sur disfrutará de más sol. Si la orientación es norte-sur en verano recibirá el mismo sol por ambos lados, pero resultará menos eficaz para los cultivos de invierno. La mayoría de mis estructuras tienen orientación este-oeste.

DOS MESES EXTRA

Una capa de protección, como la que supone un politúnel, te proporciona al menos cuatro semanas adicionales para cultivar tanto al principio como al final de la temporada. Además, crea una temperatura ambiental que permite que sobrevivan cultivos que no resistirían en el exterior, como las hojas de ensalada, los brotes de guisantes, las zanahorias y la remolacha.

VENTILACIÓN

Uno de los principales problemas es la falta de ventilación, que puede traducirse en estancamiento del aire o, en pleno verano, en recalentamiento. Las cuatro semanas anteriores y posteriores a la primera helada dejo las puertas cerradas por la noche, pero durante el día dejo una abierta si hace fresco y las dos si hace buen tiempo. Desde mediados de junio (diciembre en el hemisferio sur) suelo dejar las puertas abiertas por la noche. En septiembre (o marzo en el hemisferio sur), cuando bajan las temperaturas, empiezo a cerrar las puertas por la tarde. Alrededor de la última helada, las puertas se cierran de forma permanente por la noche y se abren todo lo que se puede durante el día, para airear.

En los huertos de zonas con climas templados, el politúnel se convierte en el espacio de cultivo más valioso.

A CUBIERTO: ESTRUCTURAS PEQUEÑAS

Existen muchos espacios de cultivo cubiertos y todos ellos ofrecen muchas ventajas. Aportan un espacio adicional para sembrar semillas, permiten alargar la temporada de cultivo y ofrecen un espacio de hibernación.

BANCAL CON AROS Y TAPA

Con un bancal con aros puedes transformar un bancal elevado estándar en un minipolitúnel. Dispone de un armazón hecho con aros que se acopla al bancal y se cubre con plástico (para la construcción de un bancal con aros, ver pp. 276-77). Ofrece los mismos beneficios que un politúnel grande, con limitaciones en cuanto a la altura de las plantas; en vez de cultivar tomates en cordón cultivarás tomates en arbusto, por ejemplo.

Suele ser un elemento permanente, que alarga la temporada de cultivo y ofrece una temperatura ambiente más cálida durante los meses invernales. Si todos o algunos de tus bancales elevados miden lo mismo, puedes mover la tapa de uno a otro desatornillando las bisagras.

El diseño de los bancales con aros permite intercambiar la cubierta. Normalmente, uso plástico de politúnel, pero puedes cubrirlo con otros materiales, como malla de sombreo si tu huerto tiene pocas zonas sombreadas y quieres cultivar hojas de ensalada durante el verano, o malla antiinsectos, para proteger las brassicas de la blanquita de la col o las zanahorias de la mosca de las zanahorias.

Ventilación de un bancal con aros

Para ventilar el bancal levanta la tapa con la ayuda de un puntal, unos 5 cm cuando haga frío y unos 30 cm cuando haga calor.

Un bancal con aros puede ventilarse fácilmente apuntalándolo con un poste.

Aquí creo un miniinvernadero colocando un marco frío encima de un bancal elevado, para proteger los cultivos para ensalada durante el otoño y parte del invierno.

MARCO FRÍO

Un marco frío es un cajón vivero ligero y versátil, de forma cuadrada o rectangular, hecho de cristal o policarbonato. Protege de la lluvia, ofrece aislamiento y deja pasar la luz. La parte superior puede abrirse para ventilar y para acceder a los cultivos (ver Bancal con aros, en la página opuesta, para la ventilación).

Los marcos fríos rectangulares suelen usarse para endurecer los plantones tiernos. Este proceso permite que los plantones de cultivos como la calabaza y el tomate se acostumbren gradualmente a la luz del sol y las temperaturas diurnas más frías del exterior, para que no sufran al trasplantarlos fuera una o dos semanas después. Yo no suelo usar este método con plantones de cultivos más resistentes como la remolacha y las brassicas, y aun así consigo excelentes resultados (y ahorro mucho tiempo). Los plantones sufren un poco, pero, según mi experiencia, enseguida se recuperan.

Yo uso el marco frío para otras cosas. Es un espacio protegido adicional para los plantones que están en bandejas modulares o para los que no caben en el politúnel. Además, funciona más o menos igual que un bancal de aros con tapa, pero cabe en una zona más pequeña. Como pesa poco, puedes trasladarlo de un lado a otro del huerto para que las semillas se desarrollen antes, así que es perfecto para una siembra temprana de zanahorias o de hojas de ensalada. También coloco esta estructura sobre los viveros cuando quiero crear una zona de cultivo protegida y retener el calor (ver pp. 274-75).

MINIINVERNADERO (ESTANTES CON PLANTONES)

Un miniinvernadero permite cultivar un montón de plantones en un espacio reducido. Se trata de una estructura vertical con varios estantes y una tapa. Las noches frías puedes aumentar su aislamiento poniendo plástico de burbujas alrededor de las macetas y las bandejas modulares. Si lo colocas fuera, es esencial que la base esté estable, para que el viento no lo vuelque, y que elijas un lugar soleado y protegido. Para ventilarlo, abre la parte delantera cuando haga buen tiempo.

ESPACIOS VERTICALES

He puesto algunos elementos verticales sobre los bancales elevados porque en espacios pequeños los cultivos verticales son increíblemente valiosos; como en una ciudad, donde los edificios tienen que crecer hacia arriba a causa de la falta de espacio.

El término «vertical» abarca desde un muro, una valla, el lateral de un compostador y los enrejados, hasta otros métodos de cultivo a pequeña escala, como las cestas colgantes o los huertos en canalones. El mayor reto en el caso de los canalones y las cestas colgantes es que las plantas precisan mucho alimento y disponen de poca tierra; además, el agua se evapora más rápido de los contenedores que no están en el suelo. En un huerto de permacultura se prioriza el cultivo vertical en el suelo, luego los contenedores grandes y, finalmente, los canalones y cestas colgantes.

MARGEN ORIENTADO AL SUR

Los márgenes orientados al sur proporcionan una solana ideal para cultivos que aman el calor y el sol. Los frutales en cordón, abanico y espaldera y los frutos blandos suelen ser las mejores opciones en el caso de plantas perennes, mientras que las variedades de tomates de exterior suelen funcionar mucho mejor aquí que en los bancales elevados del centro del huerto. Para obtener mejores resultados, construye un bancal elevado a los pies del margen; así dispondrás de una buena cantidad de suelo para plantar.

Muros falsos

Puedes añadir más márgenes orientados al sur confeccionando muros de madera pintados con tonos claros. Estas microsolanas ofrecen espacio adicional de primera para frutos enanos, frutos blandos entrenados y verduras amantes del sol; además, dan algo de sombra, muy apreciada en zonas expuestas.

Mi primera calabaza 'Jumbo Pink Banana' de la temporada; las cultivo delante del margen orientado al sur.

BANCALES ELEVADOS EN CASCADA

Esta bonita y práctica estructura hecha con bancales elevados consta de varios pisos a diferentes niveles. Así, puedes maximizar el cultivo vertical y de plantas que se desbordan. Y se logra que una mayor superficie del bancal quede expuesta al sol, de modo que el suelo estará más caliente, algo que es bueno para las plantas por la noche. A mí me gusta poner una planta preciosa e impactante en el nivel superior (como girasoles enanos), cultivos que cuelguen en los bordes exteriores (como tomates cherry colgantes), y cultivos de alto rendimiento en el espacio restante (como hortalizas de raíz).

ESTRUCTURA EN A CON CONTENEDORES

Algunas parcelas tienen zonas de hormigón donde no se pueden colocar bancales elevados. Con esta estructura creas un espacio productivo formado por varios contenedores distribuidos en dos o tres pisos y orientados de manera que la exposición al sol sea mayor. Son lo bastante grandes para albergar la mayoría de los cultivos. Podrás ofrecerles las condiciones que prefieran.

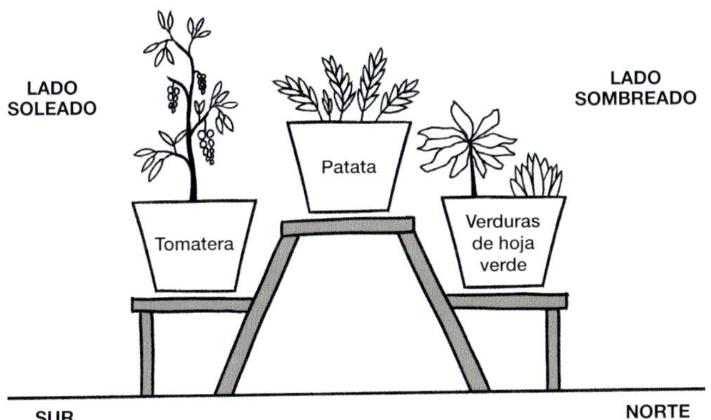

Cultivos en contenedores sobre una estructura en A

La patata del centro ayuda a crear un microclima cálido y protegido para la tomatera. Las verduras de hoja verde crecen en el lado parcialmente sombreado.

ELEMENTOS TIPO ENREJADOS

El segundo elemento vertical más común son los enrejados para cultivos trepadores. Otras opciones son las estructuras en A, los tipis, los obeliscos, los palés y las pirámides, que pueden clavarse en el suelo (ver pp. 180-81). Cuando añades un elemento vertical, creas un microclima: una solana en el lado sur y un espacio sombreado en el norte. Tenlo en cuenta cuando elijas lo que vas a plantar alrededor de la estructura. Los enrejados aumentan además el interés visual del huerto, así que lo tengo en cuenta cuando decido su colocación a principio de temporada.

Soportes verticales, en el sentido de las agujas del reloj desde arriba a la izquierda: valla de cañas de bambú y malla; tipi de cañas de bambú; armazón de ramas de avellano y cuerda.

BANCALES ELEVADOS

Los bancales elevados son la mejor opción para el cultivo intensivo de verduras anuales en huertos pequeños y medianos. No precisan lados (ver pp. 110-11 para bancales sin lados), aunque estos ofrecen muchas ventajas que mejoran el rendimiento.

PROS Y CONTRAS DE LOS BANCALES CON LADOS

Los bancales con lados ofrecen muchas ventajas:

- Un tamaño permanente que facilita la planificación; y no tendrás que preocuparte por si aparecen malas hierbas o hierbajos en los bordes.
- Un asiento para el horticultor; estarás más cerca de las plantas y no tendrás que inclinarte tanto.
- Lados sólidos en los que puedes acoplar numerosos accesorios, como enrejados y aros.
- Quedan por encima del nivel del suelo, lo que evita la saturación de agua cuando llueve intensamente, pero permite que las raíces se extiendan libremente.
- Permiten aumentar la superficie de cultivo de un modo parecido a los bancales en cascada.
- Es más fácil aplicar el mantillo y queda mejor puesto, especialmente con el compost, ya que los lados evitan que el material se salga.
- El borde físico te permite compartimentar el huerto, es decir, centrarte únicamente en el bancal que tienes delante, sin distraerte ni agobiarte.

Básicamente hay dos contras: las babosas y el precio. Las babosas se esconden entre el lado del bancal y la tierra. Para mí es la oportunidad perfecta para poner trampas especiales para babosas (ver p. 262). Además, según mi experiencia, en los climas húmedos las babosas prefieren esconderse debajo del mantillo, la hierba alta, las piedras y la leña.

El precio sí es un buen argumento, pero los bancales pueden hacerse con distintos materiales y algunos pueden conseguirse por poco dinero o incluso gratis (ver página siguiente).

Los armazones de los bancales elevados de metal (arriba) pesan menos y son más fáciles de transportar que los de los bancales de madera (derecha), pero salen más caros.

Bancales de distinto material pueden crear buen contraste visual, como aquí, donde se mezclan los de metal y los de madera.

MATERIALES PARA BANCALES ELEVADOS

Madera

Es la opción más corriente para confeccionar los lados del bancal. Funcionan mejor los tablones, pero los troncos quedan más bonitos. Yo la compro por internet a un distribuidor que ofrece versiones más gruesas de tablones para andamios, ya que sin tratar duran hasta diez años. También dispongo de dos contactos locales que me venden madera de alerce a muy buen precio. Los palés son una opción fantástica para huertos pequeños. Las traviesas de tren contienen sustancias químicas perjudiciales, así que úsalas solo para plantas ornamentales (nunca para las comestibles).

Piedra

La piedra incluye materiales como los ladrillos y los bloques de hormigón, que pueden conseguirse de algún proyecto de construcción, especialmente una reforma o una demolición. Ofrecen una estética original. En los ladrillos hay que poner cemento, pero con los bloques de hormigón no hace falta.

Metal

Si los tienes que comprar, los bancales de metal son los más caros, pero duran mucho más que los de madera. Si tienes herramientas para cortar metal corrugado, te saldrán bastante más asequibles; puedes atornillar las planchas a postes de madera (pon uno en cada esquina). Tendrás que cambiar los postes de vez en cuando, pero aun así te saldrá más rentable que un bancal de madera.

Contenedor IBC

Con unas simples herramientas eléctricas puedes transformar estos contenedores (ver p. 88) en bancales elevados. Córtalos a la altura deseada y usa la parte superior como cubierta para proteger los plantones. Haz varios agujeros al contenedor para que drene bien.

EL BANCAL ELEVADO IDEAL

Para mí el tamaño ideal de los bancales para una producción anual intensiva es de unos 1,2 x 3 m. Su anchura me permite llegar sin problemas al centro desde los dos lados. Además, se prestan a la utilización de enrejados, soportes verticales, arcos y cubiertas de malla. Si el suelo es blando, la profundidad del bancal será de 30 cm, mientras que si se trata de un suelo duro, la profundidad será de 60 cm.

RELLENOS PARA BANCALES

Opción 1: Tierra vegetal y compost

Llénalo con una mezcla al 50 por ciento de abono multiusos sin turba y tierra vegetal tamizada local. Puedes mezclarlos antes de llenar el bancal o echar primero la tierra vegetal y luego el compost encima. Ambas formas funcionan bien, pero creo que el primer año la versión mezclada es mejor para muchos cultivos; los años siguientes irás añadiendo capas de materia orgánica o compost. Si tu presupuesto es ajustado, el primer año basta con que incorpores una capa de 5 cm de compost a los 5 cm superiores de tierra.

Opción 2: Material y compost

Llena dos terceras partes del bancal con material que se descomponga fácilmente, como lechos de animales usados, hojas y algas, o madera ramial fragmentada; también puedes llenarlo con materiales como los que usarías para llenar el compostador, como cartón, restos vegetales, etc. (ver p. 54). Luego llena la parte restante de compost. Con el tiempo, el material que está debajo se descompondrá y, aunque el nivel de la tierra bajará un poco, tendrás un bancal muy fértil.

Opción 3: Poco compost el primer año

De un modo parecido a cuando se mejora el suelo con patatas (ver p. 70), puedes llenar el bancal de material orgánico y plantar patatas directamente. O puedes hacer un agujero cada metro cuadrado, añadir un par de paladas de compost y plantar calabazas de verano o de invierno. A final de temporada la mayor parte del material se habrá descompuesto y podrás añadir más mantillo durante el invierno. El segundo año puedes tratarlo como un bancal normal.

Ve llenando los bancales a medida que obtengas compost.

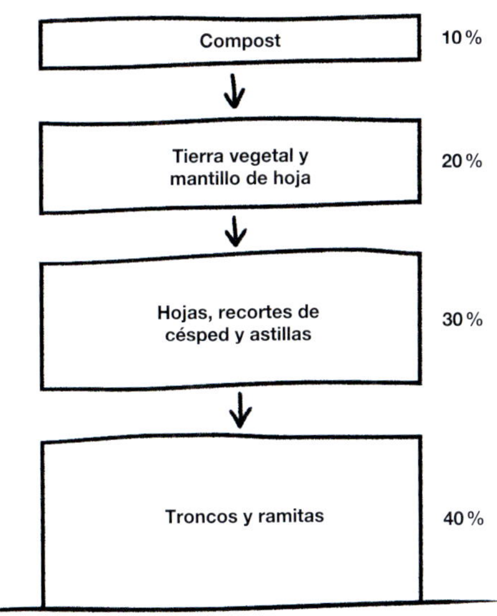

Capas de Hügelkultur

Aquí se detallan las distintas capas de materiales (y las proporciones) con las que se llena el bancal elevado.

El método Hügelkultur

El método Hügelkultur, o «cultivo en montículo» lo desarrolló originalmente Sepp Holzer, un especialista en permacultura austriaco. Consiste en crear montículos fértiles para cultivar alimentos (ver arriba). La gente ha adaptado dicho método para poder usarlo en los bancales. Funciona, y sirve para crear un medio de cultivo rico y alto en carbono; con el paso del tiempo el nivel de dicho medio bajará, así que llénalo de más y a final de temporada añade una cantidad generosa de material orgánico para contrarrestar la pérdida.

TRUCO DE HUW

Al llenar los bancales, incorpora 1-3 litros de biocarbón a los 15 cm superiores de tierra por cada metro cuadrado (ver pp. 68-69).

BANCALES SIN LADOS

Los bancales elevados sin lados físicos suelen ser montículos de tierra y materia orgánica que descienden suavemente hasta el suelo por los bordes. Estos bordes ayudan a reducir la erosión, sobre todo cuando hay lluvias intensas o durante la cosecha.

La forma ligeramente elevada de estos bancales ayuda a proteger los cultivos del encharcamiento, algo esencial en climas húmedos o en huertos con el terreno llano. Más abajo describo distintas formas de confeccionar bancales sin lados; piensa en los senderos y los márgenes (derecha) antes de decidir cuál es la más indicada en tu caso.

BANCALES EN EL SUELO

En los huertos con una ligera pendiente, que permite evacuar el exceso de agua, estos bancales son perfectos para cultivos básicos a granel, como patatas o calabazas de invierno, y cultivos perennes comestibles. Antes de confeccionarlos espera que esté tres o cuatro días sin llover; así te será más fácil trabajar el suelo. Retira el césped (puedes colocarlo al revés y crear montículos para plantar o usarlo como capa base en los bancales elevados con lados), y luego rastrilla los 30 cm superiores, para deshacer los grumos grandes y retirar las piedras grandes. Después incorpora una capa de 5-10 cm de compost o estiércol bien degradado a los 20 cm superiores de tierra. Añade biocarbón si dispones de él (ver pp. 68-69). Rastrilla una última vez el bancal y listo.

Bancales sin labranza

Crear un bancal sin labranza es fácil. Pon tres o cuatro capas de cartón, sin ningún resto de la cinta adhesiva, riégalo bien y luego coloca encima una capa gruesa (10-15 cm) de compost o estiércol bien degradado. Con el rastrillo, repasa los bordes. El bancal está listo para sembrar o plantar. Si vas a construir varios bancales, puedes fabricar un armazón de madera y usarlo para que el material no se desparrame al llenar el bancal. También puedes invertir en uno de metal.

Cajón de patatas

Puedes usar el método de las patatas (ver p. 81) para crear nuevos bancales en el suelo. Al año siguiente puedes apilar el material y poner cartón para los senderos, perfilar los bancales y luego añadir las astillas.

Bancales de hierba volteada

Existe un modo muy sencillo de crear bancales individuales en el suelo: en otoño arranca la hierba y dale la vuelta *in situ*, pon encima una capa de mantillo de 5-7 cm y tápalo con una lona para evitar que salgan malas hierbas. En primavera, retira la lona y planta en el bancal. Al dejar que la hierba se descomponga *in situ* aumentas la fertilidad del suelo.

BORDES Y SENDEROS

Como los bancales no disponen de lados físicos debes controlar que la hierba no los invada, así que, una vez al año, repasa los bordes con la pala. Para evitar que la hierba invada los bancales a largo plazo puedes crear senderos de astillas alrededor del perímetro (y entre) los bancales.

Senderos de astillas

Pueden construirse tanto sobre tierra como sobre hierba. Ayudan a que el área de cultivo quede más pulcra y sea más eficiente, y aumentan la salud del suelo de los bancales. Estos senderos, ricos en carbono, retienen bien la humedad y favorecen una comunidad microbiana próspera, que puede extenderse hasta los bancales de ambos lados.

Si confeccionas más de un bancal, primero cubre con cartón toda la zona, luego usa dos armazones de madera a modo de contenedores para poder llenar los bancales 1 y 2 de compost sin que el material se desparrame y, a continuación, añade una capa de 5-7 cm de astillas entre los dos bancales; retira uno de los armazones y úsalo para crear el bancal 3; luego haz el sendero entre los bancales 2 y 3, etc. Haz un camino de astillas siguiendo el perímetro exterior de la zona de bancales. Así solo tendrás que eliminar las hierbas del borde de los senderos y no de los senderos enteros, que es lo que tendrías que hacer si fueran de hierba.

En sentido horario, desde arriba a la izquierda: bancales sin lados en un politúnel; cosechando en bancales exteriores; y bancales en el suelo con senderos de astillas.

MÁRGENES FLEXIBLES

Un margen flexible es un conjunto de cultivos comestibles o plantas útiles que se plantan en línea en el suelo para delimitar lindes y zonas, y a la vez aumentar la productividad del huerto.

En un margen flexible pueden plantarse frambuesas o alcachofas de Jerusalén; en huertos pequeños pueden ponerse plantas útiles como la consuelda, y en espacios más grandes, un bosquecillo de sauces. Estos márgenes pueden usarse asimismo para proteger del viento y para añadir interés visual.

En estos márgenes siempre se ponen plantas perennes que requieran poco mantenimiento. La idea es plantar una vez y disfrutar de la cosecha todos los años. Bastará con una poda anual y con controlar el mantillo. Si el margen está en una zona de césped, podrás usar los recortes como mantillo adicional para aumentar la fertilidad del suelo.

SELECCIÓN DE LAS PLANTAS

Las plantas más adecuadas para estos márgenes son los frutos blandos, los frutales enanos, algunas hierbas perennes como el romero y la melisa, verduras perennes como alcachofas de Jerusalén, el ruibarbo y la col rizada, la consuelda y los árboles que pueden cortarse a nivel del suelo o desmocharse, como el sauce, el avellano y el tilo norteño (de hojas comestibles).

Al ubicar los márgenes, considera qué plantas son más indicadas. Es ideal poner la consuelda cerca de la zona de compostaje, mientras que el sauce puede ocupar la esquina más húmeda. Las grosellas crecen bien en sitios parcialmente sombreados, pero el romero prefiere estar a pleno sol.

Frambuesas de otoño

Mi fruta preferida para los márgenes es la frambuesa de otoño (ver p. 157). Fructifica en el crecimiento de la temporada actual, es decir, que para podarla tan solo tienes que recortar los brotes a principios de invierno. Tiene tendencia a propagarse, lo cual es excelente en el caso de márgenes densos; si tienes brotes no deseados, puedes cortarlos cuando cortes el césped.

Consuelda

La consuelda es excelente para márgenes flexibles de bajo crecimiento. Como se planta en línea recta es fácil de cosechar de un extremo a otro con una guadaña o una hoz; luego apílala con un rastrillo de heno o una herramienta similar y pásala con una horca a una carretilla, para poder llevarla de un lugar a otro.

Rosales como márgenes flexibles

Si deseas una estética más formal u ornamental, puedes poner rosales, concretamente *Rosa rugosa*. Crece de forma vigorosa, es fácil de podar, proporciona escaramujos y flores comestibles, y es preciosa, especialmente si se agrupa por colores, texturas o formas.

CULTIVO DE MÁRGENES FLEXIBLES

Lo más fácil es crear bancales estrechos en el suelo. Funciona con todo menos con los frutales enanos, que hay que plantar en hoyos individuales (ver pp. 162-64). Corta y retira la capa superior de césped de unos 30 cm de ancho. Haz el margen todo lo largo que quieras. Con un rastrillo grande desmenuza la capa superior del suelo. Luego, o bien incorpora 5-7 cm de compost o de estiércol bien degradado a los 20 cm superiores, o bien añade un puñado generoso de compost a cada planta cuando la plantes.

La Rosa rugosa *produce unos escaramujos más grandes que los de otras rosas, así que son los más adecuados para usar en la cocina.*

BOSQUES DE ALIMENTOS LINEALES

Los márgenes flexibles pueden convertirse en bosques de alimentos lineales altamente productivos y funcionales (se tratan más a fondo en el capítulo de Los policultivos, ver pp. 240-41). Cuando eso no es posible (por ejemplo si los árboles proyectan demasiada sombra), puedes poner dos o tres plantas para maximizar la productividad. Un ejemplo sería plantar fresas en el lado orientado al sur, con romero detrás, y detrás de este, consuelda (derecha). No hay reglas; basta con entender las características y necesidades de cada planta.

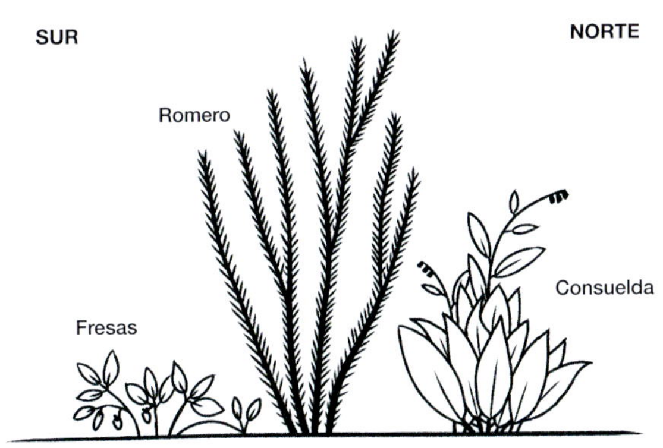

MACETAS Y CONTENEDORES

Las macetas y los contenedores pueden ser muy productivos, pero requieren algo más de dedicación que los bancales, sobre todo en cuanto al riego. Cuesta crear un buen suelo en un espacio pequeño como una maceta, así que es crucial aumentar su fertilidad.

Los contenedores y las macetas permiten cultivar alimentos en espacios donde no es posible construir bancales elevados ni cultivar directamente en el suelo. En huertos pequeños, o de balcón, el valor de los contenedores es mucho mayor que cuando se utilizan simplemente como complemento en espacios más grandes.

Pon las plantas con la maceta dentro del contenedor y busca una disposición que te guste. Luego sácalas de la maceta y plántalas en el lugar escogido.

SELECCIÓN DEL CONTENEDOR

En pro de la eficiencia y la productividad, usa los contenedores y macetas más grandes que te permita el espacio de que dispones. En lugar de tener muchas macetas, cada una con una hierba perenne, usa un contenedor más grande y planta todas las hierbas juntas. Te facilitará el riego (y mejorarás la retención del agua), pero además conseguirás un suelo biológicamente más diverso y activo.

Los cajones de patatas grandes y los maceteros de tela son apropiados para cultivar muchas plantas en un solo espacio. Los de tela cuadrados o rectangulares pueden ponerse uno al lado del otro y son una opción fantástica en viviendas de alquiler o para cultivar plantas sobre superficies duras, como una terraza o un balcón.

El suelo requiere una cantidad suficiente de tierra para que su ecosistema funcione de forma equilibrada. Te acercarás mucho más a un ecosistema diverso si usas un contenedor grande con varios cultivos que si usas una maceta en la que la planta queda encajonada.

Pon en la base de la maceta o contenedor una capa de 10 cm de mantillo de hoja o astillas compostadas. Funcionará como un banco de carbono y como una esponja que absorbe el agua, lo que aumentará su fertilidad a largo plazo. Llena el espacio restante con una mezcla al 50 por ciento de compost y marga/tierra. También puedes añadir biocarbón, hasta un 10 por ciento del volumen total.

Tras ahuyentar una plaga de babosas en primavera, puse un riego por goteo y recortes de césped como mantillo en todas las plantas de pimiento que tenía en macetas a cubierto.

MANTILLO Y RIEGO DE LOS CONTENEDORES

Todos los años debes añadir a los contenedores un mínimo de 5 cm de compost a modo de mantillo, para reponer nutrientes y favorecer un buen medio para los microorganismos. También puedes usar otros materiales, como recortes de césped y lana, para retener mejor el agua, algo que recomiendo en el caso de perennes plantadas en contenedores. Para no estresarte, instala un sistema de riego por goteo (ver p. 90). Escoge un modelo que te permita poner puntos de riego donde quieras; así te bastará con abrir el grifo para regar todas las macetas, contenedores y cajones.

SELECCIÓN DE CULTIVOS

Las hierbas, las flores, las verduras, los frutos blandos e incluso los frutales enanos se pueden cultivar en contenedores.

Altura del contenedor	Cultivos aptos
~30 cm	Casi todas las hierbas y verduras anuales, y las fresas
~50 cm	Hierbas perennes, patatas y tomates, tubérculos perennes
~70 cm	Arbustos de frutos blandos y frutales enanos

En un huerto grande hay que considerar caso por caso el interés o propósito. Yo recurro a los barriles de whisky para mejorar la estética de determinados rincones y planto en ellos una combinación de flores impactantes. También uso contenedores para cultivar una parte de mi cosecha de patatas; así puedo plantarlas antes en el politúnel y, cuando el tiempo mejora, sacarlas fuera.

Contenedores para cultivos «invasivos»

Algunos cultivos tienen la tendencia de propagarse en exceso y luego cuesta controlarlos. La menta, las alcachofas de Jerusalén y las fresas son algunos ejemplos. Si cultivas la menta en un contenedor grande sobre una superficie que no sea de tierra, como en adoquines, te será más fácil controlarla. Las alcachofas de Jerusalén pueden crecer a partir de pequeños trozos de tubérculo que se quedan en el suelo, así que una solución es plantarlas en cajones de patatas. Las fresas producen una gran cantidad de estolones capaces de enraizar, pero si las cultivas en un contenedor te será fácil localizarlos y retirarlos; si lo deseas puedes usarlos para su propagación (ver p. 129).

SOMBRA

En el huerto, las zonas sombreadas son tan importantes para la productividad como las soleadas. Las soleadas son mejores para los cultivos más sabrosos, pero las sombreadas desempeñan un rol de apoyo fundamental.

CULTIVOS PARA ZONAS SOMBREADAS

Estoy gratamente sorprendido con la cantidad de plantas que he podido cultivar en zonas en las que, según la horticultura tradicional, era imposible. En general, si puedes ver el cielo (encima no tienes ni un árbol ni un edificio), puedes plantar.

Te aconsejo que pruebes con distintos cultivos y observes cuáles se adaptan bien y cuáles no en tu huerto. Yo he podido cultivar muchas hierbas perennes, grosellas rojas y grosellas espinosas, ruibarbo, ajo de oso, alcachofas de Jerusalén, verduras de hoja verde, consuelda e incluso remolacha en lo que normalmente se consideraría sombra casi permanente. No serán tan productivos como si los cultivas en un lugar soleado, pero obtendrás una cosecha más que decente, lo suficiente como para que el esfuerzo merezca la pena.

INFRAESTRUCTURAS

El sol es muy importante para un huerto, especialmente en climas templados donde hace más frío, así que el objetivo es tener el mínimo de elementos en las zonas de cultivo más preciadas. Los depósitos de agua, el compostador y el lugar para guardar las herramientas deben colocarse en las partes más sombreadas. Si dispones de una parcela muy soleada, colócalos en el margen orientado al norte o al oeste.

Te recomiendo que crees una zona para sentarse en la sombra, aunque se trate de un simple banco, para que puedas descansar cuando el sol estival apriete más. Si colocas un banco de trabajo en la sombra, dispondrás de un lugar fresco para sembrar, poner en macetas y procesar las cosechas durante la temporada de cultivo.

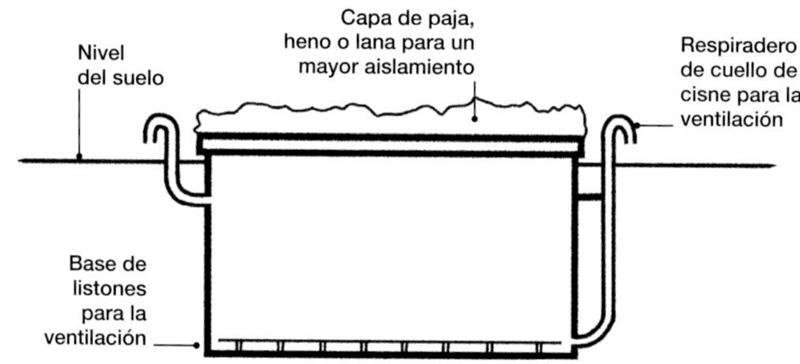

ARCÓN CONGELADOR VIEJO PARA ALMACENAJE DE TUBÉRCULOS

Arcón congelador como bodega subterránea

Otra forma de aprovechar un lugar sombreado es creando un espacio de almacenaje adicional para las cosechas. Puedes usar un arcón congelador viejo; proporciona un lugar de almacenaje fresco y estanco relativamente fácil de instalar si se entierra en el suelo. Pide a un profesional que retire el compresor y el refrigerante. La ventilación es importante para mantener los alimentos frescos durante más tiempo. Una vez instalado, puedes usarlo para almacenar hortalizas de raíz y tubérculos en sacos de yute (ver p. 198) durante los meses invernales.

Zona de artículos varios

Un huerto necesita una zona para guardar cosas que solo usas de vez en cuando, como malla antiinsectos, ciertas macetas, vellón hortícola y madera. Puedes guardar los objetos que pueden estar al aire libre en palés sobre tela de jardín o en un espacio protegido de las inclemencias meteorológicas. Ver pp. 118-19 para almacenaje de herramientas.

Este rincón sombreado es una zona vital para el almacenaje de agua y de herramientas, para el compostaje y para preparar enmiendas líquidas.

ALMACENAR LAS HERRAMIENTAS

En esta página tienes mi lista de herramientas básicas dividida por categorías según sus usos en el huerto. Es importante tener un sistema de almacenaje sencillo que ocupe poco espacio.

HERRAMIENTAS

En cuanto a herramientas, la calidad es más importante que la cantidad. Hay muchas herramientas que sirven para distintas tareas. Por ejemplo, las tijeras de podar pueden usarse para podar, cortar cuerda, propagar esquejes y eliminar flores secas.

Cortar
Tijeras de podar*
Navaja
Cuchillo bushcraft
Cúter
Tijera bordeadora
Podadora de mango largo*
Tijeras para setos
Sierra de podar

Suelo y compost
Rastrillo de jardín*
Rastrillo de asfalto
Horca
Horca para estiércol
Horca de jardín*
Azada para cavar*
Pala
Carretilla

Arrancar hierbajos
Azada oscilante*
Azada para empujar y tirar
Azada de mano
Rastrillo de mano

*Herramientas esenciales

Sembrar y plantar
Desplantador*
Plantador*
Palo y cuerda*
Lápiz*
Bolígrafo resistente al agua*

ALMACENAJE CREATIVO

Un cobertizo para herramientas es caro y ocupa mucho espacio de cultivo. Te ofrezco en su lugar tres alternativas para guardar las herramientas y tenerlas ordenadas y siempre a mano.

Buzón americano

Puedes instalar un buzón típico americano sobre un poste y guardar en él las herramientas de mano. Colócalo en un punto central para facilitar el acceso.

Almacenaje vertical

Si dispones de poco espacio, puedes instalar una barra en una valla o muro y fabricar ganchos para colgar las herramientas con clavos y alambre. Lo ideal es colocarlo en el lado contrario a aquel por donde sopla el viento predominante.

Politúnel

Yo guardo las herramientas pequeñas debajo del banco de trabajo que tengo en el politúnel y las que tienen el mango largo, apoyadas en uno de sus lados. Así lo tengo todo en el mismo sitio.

Durante la temporada de cultivo pongo las herramientas de mango largo en un organizador, para tenerlas a mano. Durante el invierno las guardo en lugar cubierto.

CUCHILLO DE JARDÍN HORI HORI

Es una excelente herramienta hortícola japonesa que se usa para muchas cosas, como arrancar las malas hierbas, plantar bulbos, trasplantar plantones, dividir plantas perennes, cosechar, cortar y tirar (ver p. 62) y otras muchas tareas del huerto. Conozco a muchos horticultores que no pueden pasar sin ella.

ENCAJAR TODAS LAS PIEZAS

Este diseño, que combina la jerarquía del área de cultivo y usa distintas zonas para garantizar la máxima eficiencia (ver pp. 42-43), muestra que cada elemento tiene un lugar específico, pero funciona de forma armónica con el resto de los elementos.

Un huerto de permacultura consta de varias partes que funcionan conjuntamente para lograr unos objetivos. En la página opuesta se muestra el diseño de un huerto suburbano para una familia que pretende producir la mayor cantidad de los alimentos que consumen. Presenta cuatro zonas diferenciadas. La zona 1 incluye la huerta, la zona de ocio y el gallinero. Estas son las zonas más frecuentadas y por tanto las más cercanas a la casa. El vivero y el politúnel constituyen otra parte importante de la producción anual y ofrecen la posibilidad de instalar aros en los bancales elevados para los meses invernales. Los márgenes flexibles de frutos, verduras perennes y hierbas aumentan la diversidad y el rendimiento de la zona con el mínimo esfuerzo.

Los bancales en el suelo de la zona 2 forman la parte del huerto dedicada a los cultivos básicos, que solo requieren atención algunos días a la semana; la instalación para el compostaje con gallinas es la responsable principal de la fertilidad de dichos bancales y de la huerta. Junto a la zona de las gallinas hay unos compostadores adicionales para almacenar el compost ya listo y para compostar todo aquello que no es apto para las gallinas. Gracias a los senderos de hierba y las zonas con césped, habrá material de sobra para cubrir con mantillo todos los contenedores y perennes, incluidas las macetas y los frutales situados en el lado orientado al sur de la casa y el garaje. El agua, uno de los recursos más importantes, se almacena en varios sitios, incluido un estanque que se alimenta del agua procedente del tejado de la casa.

En el jardín delantero (zona 3), un par de bosques de alimentos lineales, que incluyen frutales enanos y verduras perennes, producirán alimentos todo el año.

No hay zona 4; no todos los huertos precisan las cinco zonas; de hecho, en muchos casos no es posible ni práctico. Se deja una esquina como zona 5 para la vida silvestre.

Un huerto productivo está formado por varios elementos que funcionan conjuntamente para optimizar el espacio. Aquí hay bancales elevados, un vivero, un politúnel y un margen con una fuente de agua al lado.

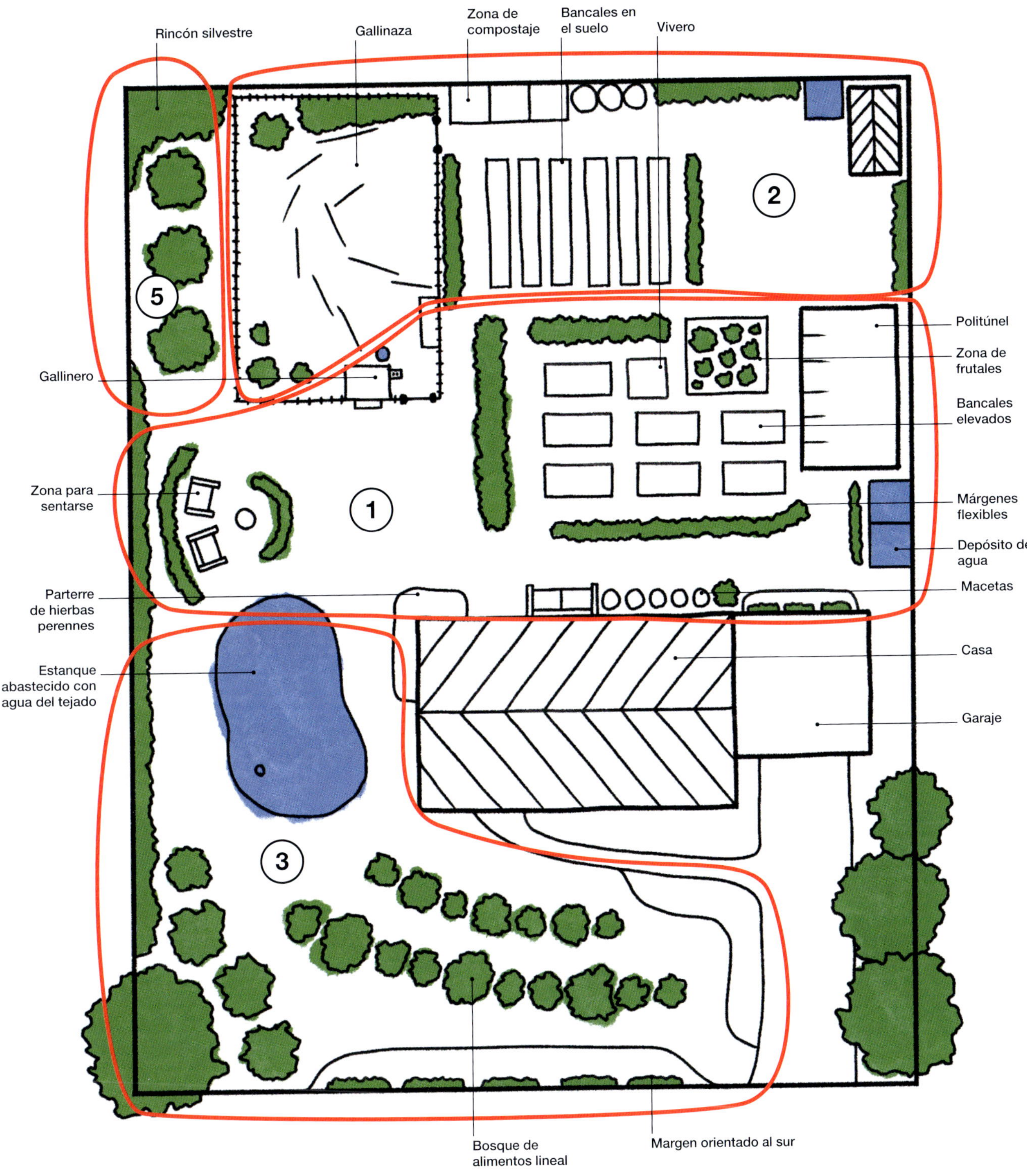

Diseño de permacultura

Ejemplo de diseño de permacultura con zonas diferenciadas, que aparecen marcadas con líneas rojas y números.

Perennes

¿POR QUÉ PLANTAR PERENNES?

Son muchos los cultivos perennes que puedes plantar en un huerto de permacultura, desde la efímera col silvestre hasta las vides que pueden vivir más de cien años.

Las plantas perennes tardan más en madurar que las anuales, pero producen cosechas consistentes durante muchos años. En mi huerto cada vez desempeñan un papel más importante. Los beneficios que describo a continuación te ayudarán a comprender por qué.

MENOS COMPOST

Las plantas perennes no necesitan compost, así puedes usar todo el que produzcas para las plantas anuales. Es cierto que en el caso de las perennes puede utilizarse como mantillo; de hecho, la mayoría rendirán mejor con un mantillo de compost que con un mantillo hecho con otro material orgánico, pero no es indispensable y, aunque no lo uses, obtendrás cosechas más que decentes. En resumen, si dedicas más superficie de tu huerto a las perennes, disminuirás la cantidad de compost que debes producir o comprar.

RESISTENCIA

Los cultivos perennes tienden a ser más resistentes que los anuales porque suelen formar entramados de raíces más profundos y extensos, lo que les facilita el acceso al agua cuando el tiempo es seco. También alteran mucho menos el suelo, lo que favorece su salud a largo plazo, especialmente porque muchas plantas perennes forman relaciones simbióticas con hongos, incrementando todavía más la superficie de su entramado de raíces.

EQUILIBRIO EN LA CARGA DE TRABAJO

Las plantas perennes, una vez plantadas, requieren muy poca dedicación. Basta con añadirles mantillo y podarlas. La poda se lleva a cabo principalmente durante el periodo de inactividad, cuando no hay mucho que hacer con los cultivos anuales; en primavera y principios de verano, cuando las anuales exigen tu atención, puedes olvidarte de las perennes.

VARIEDAD DE SABORES

La variedad de sabores debe ser una prioridad en cualquier huerto. Las perennes ofrecen una gran cantidad de sabores y muchas de ellas no pueden comprarse, razones por las que vale la pena incluirlas en tu parcela. Hay infinidad de sabores que explorar. Solo en Europa se cultivan más de 2500 variedades de manzanas, cada una con su sabor característico.

BUENO PARA LA FAUNA

Las plantas perennes potencian enormemente la biodiversidad y la salud de tu huerto. Los polinizadores apreciarán la floración primaveral de frutales y hierbas. Y otros insectos, invertebrados y microorganismos también estarán encantados con un espacio rico en perennes.

PROPAGACIÓN

Muchas perennes se propagan fácilmente mediante esquejes, tubérculos o divisiones. Todos esos procesos clonan el ADN de la planta madre, de modo que las nuevas plantas son idénticas a la original (ver p. 128). En el caso de las anuales hay que guardar unas cuantas semillas, algo que requiere tiempo y que puede resultar complejo si quieres que sean fieles a las características de la planta madre (ver pp. 222-23). Gracias a lo fácil que es propagar perennes, ahorrarás dinero y siempre tendrás plantas nuevas para reemplazar a las viejas. O para intercambiar y vender.

En la dirección de las agujas del reloj, desde arriba a la izquierda: alcachofas, peras, uvas, cebolletas, frambuesas, moras, manzanas.

MANTENIMIENTO DE PERENNES

Al cultivar perennes el objetivo es lograr el mayor rendimiento con el mínimo de esfuerzo. Si sigues las indicaciones básicas relacionadas con el mantillo, la poda y la protección tendrás la recompensa de una buena cosecha.

MANTILLO

Las perennes y el mantillo forman un binomio ideal. El mantillo mejora el rendimiento de las perennes (ver pp. 62-63). Puedes usarlo varias veces al año, pero como mínimo ponle una cantidad generosa a finales de invierno/principios de primavera para mantener las malas hierbas a raya. Recuerda, no debes tapar los tallos con mantillo; deja un par de centímetros a su alrededor para que circule el aire y no se pudran. Si usas cartón como mantillo, puede tocar el tallo; pon encima estiércol o astillas de madera para que no se vuele.

Recorte estival

A mediados de verano es posible que algunas malas hierbas se abran camino a través del mantillo que colocaste antes de que empezara la temporada de cultivo. Yo las corto por la base con unas tijeras para setos y las dejo ahí (ver p. 62). Podría añadir más mantillo, pero no hace falta; además, el material que he cortado y tirado funcionará a modo de mantillo.

INFORMACIÓN BÁSICA SOBRE LA PODA

Muchas perennes, como las hierbas, las brassicas y los tubérculos, solo requieren atención cuando hay que ponerles mantillo o durante la cosecha. Pero en el caso de los frutales y las plantas con frutos blandos la poda hace que sean más productivos. La poda consiste en eliminar (o contener) determinadas partes de la planta con el fin de conseguir el máximo rendimiento con el espacio disponible. Podar los manzanos en forma de copa u obligar a un ciruelo a crecer en forma de abanico por una pared, aumenta su productividad dentro del espacio disponible y, además, resulta estéticamente beneficioso.

Puede que la poda te agobie, pero tengo buenas noticias. El principio de Pareto o regla del 80/20 (ver p. 46) funciona a la perfección en el caso de la poda. Hay una regla que puede aplicarse a todos los árboles o arbustos frutales: si una rama está muerta, dañada o enferma, hay que eliminarla. Esta regla puede combinarse con la regla de podar las ramas que se entrecruzan, tienen forma rara o son débiles. Las entrecruzadas pueden provocar fricción y crear puntos por donde penetre la enfermedad, así que una de las ramas debe eliminarse. Las ramas raras son las que crecen formando un ángulo extraño o fuera de la forma que quieres darle; elimínalas para mejorar el equilibrio visual de la planta si es importante para ti. En caso de duda, corta las ramas débiles para favorecer la aparición de otras más fuertes. Además, una rama débil corre el peligro de romperse con el peso de los frutos.

Los gráficos de poda que aparecen junto a cada fruto recogen todo lo que necesitas saber para obtener buenas cosechas. Usa siempre herramientas limpias y afiladas (como un cuchillo o tijeras de podar); aléjate un par de pasos cada cierto rato para comprobar la forma de la planta y, en caso de duda, no cortes.

PROTECCIÓN FRENTE A LAS PLAGAS

Los pájaros son un peligro para la mayoría de los frutos. La mejor opción es poner una estructura permanente cubierta de malla antipájaros con puerta. Dispondrás de un espacio bonito y elevado, y no tendrás que retirar la malla para cosechar. Es la opción más cara, pero te permitirá ahorrar mucho tiempo.

En huertos pequeños donde no quepa una de estas estructuras, puedes construir tu propia estructura con unos pocos arbustos de frutos blandos; para acceder a los frutos bastará con levantar la malla por uno de los lados. Es muy barata y, si la tratas con cuidado, te durará varias temporadas; también puedes retirarla y volver a montarla al año siguiente.

Aquí trato de domar un rosal trepador que sobresale por encima del margen.

La última opción, la menos atractiva, consiste en cubrir las plantas con malla y sujetarla por la base con troncos o piedras. También puedes usar tuberías o cañas de bambú y malla para confeccionar una estructura provisional. Los pájaros podrán alcanzar los frutos que estén más cerca de la malla, pero la mayor parte estarán protegidos. Dado que es la opción menos segura, recomiendo mirarla al menos una vez al día para comprobar que ningún pájaro se ha quedado atrapado en ella. Para más información sobre plagas y enfermedades que pueden afectar a los cultivos anuales y perennes, ver pp. 262-67.

Protección frente a las plagas en plantas a cubierto
Si cultivas frutos como las uvas dentro de un invernadero o un politúnel, puedes hacer una estructura interior con malla como las descritas más arriba. Yo uso una hecha con malla metálica y restos de madera con puerta. Así dispongo de una puerta interior a prueba de pájaros que puedo cerrar cuando abro la del politúnel porque hace calor y quiero ventilar.

PROPAGACIÓN SIMPLIFICADA

La mayoría de las perennes son muy fáciles de propagar, así que puedes ser totalmente autosuficiente en una gran variedad de plantas. Los tubérculos, las hierbas y los frutos blandos se multiplican de forma muy sencilla.

Antes de hablar de cultivos concretos voy a explicarte los métodos de propagación más habituales. A lo largo del capítulo indicaré cuál es el más indicado para cada planta.

DIVISIÓN

La división consiste en desenterrar la planta madura y dividirla en partes más pequeñas (con una pala afilada) con algo de masa radicular y un nudo de crecimiento. Una vez plantadas, las partes se convertirán en plantas maduras nuevas. La mejor época es a principios de invierno y principios de primavera, es decir, al principio y al final del periodo inactivo.

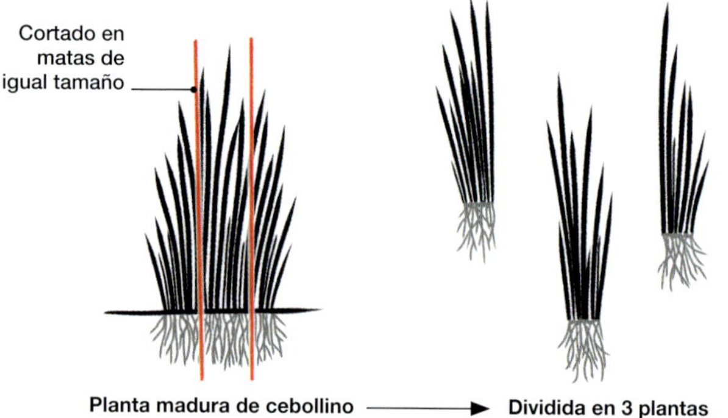

ESQUEJES

Un esqueje es un fragmento de tallo de una planta madre. Si se introduce en la tierra o el compost, desarrolla raíces y acaba formando una planta independiente.

Los esquejes de madera blanda se cortan durante la temporada de cultivo, normalmente en primavera o a mediados de verano, cuando los tallos están tiernos y la planta tiene hojas. En el caso de plantas como las hierbas, lo ideal es que midan unos 10 cm de largo; empezarán a enraizar a las pocas semanas y podrás trasplantarlas la siguiente temporada. La menta es tan fácil de propagar que el esqueje enraizará en agua (también puedes hacerlo con la albahaca). En el caso de otros esquejes tendrás que poner una bolsa transparente sobre la maceta para que conserve la humedad. Los esquejes semimaduros se parecen a los anteriores, pero se cortan de tallos leñosos desde finales de verano a mediados de otoño. Los esquejes de madera dura se cortan durante el periodo de inactividad; como no tienen hojas no precisan humedad. Un ejemplo sería la grosella negra. Pueden medir 20-30 cm de largo y empezar a enraizar a principios de primavera, pero no se trasplantan hasta el invierno siguiente.

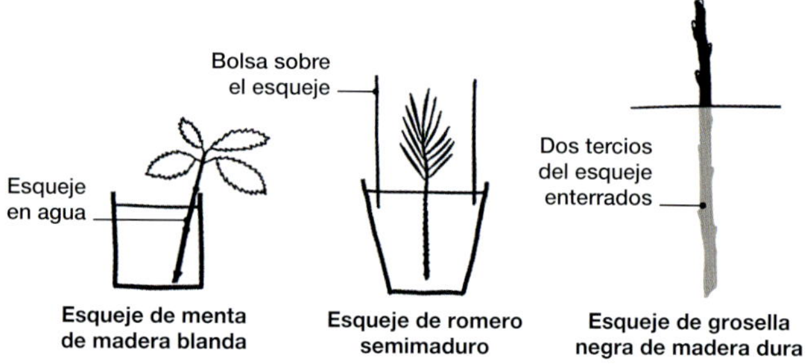

TUBÉRCULOS

Los tubérculos son los cultivos más fáciles de propagar. Durante la cosecha, selecciona los ejemplares más sanos y plántalos en cualquier sitio, para que salgan plantas nuevas. Algunos tubérculos, como la oca, la capuchina bulbosa y el yacón, son más sensibles a las condiciones meteorológicas invernales: el clima templado y húmedo puede pudrirlos y las heladas intensas pueden hacer que se ablanden. Coséchalos a principios de invierno y guárdalos en un lugar fresco, seco y oscuro; luego, en primavera, vuelve a plantarlos. Las alcachofas de Jerusalén son los tubérculos más resistentes, así que no precisan estos cuidados adicionales.

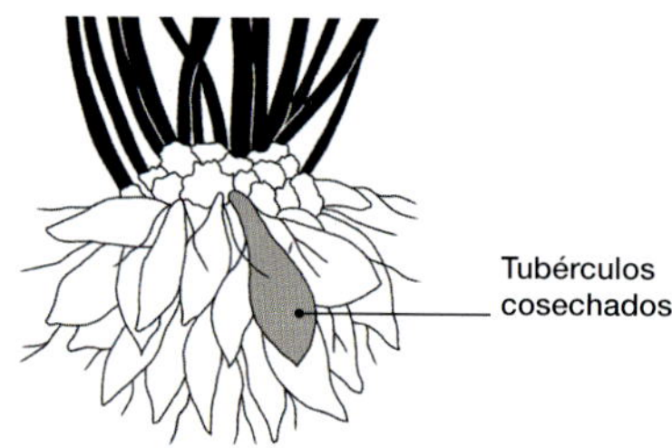

INJERTOS

La técnica del injerto (empalme) es la más usada para propagar frutales. Es el método de propagación más complejo, ya que requiere mucha precisión; no es fácil lograr que un recorte se convierta en una nueva planta (llamada portainjerto). Un manzano cultivado a partir de semillas se convertirá en un árbol grande que no se parece a la planta madre. Esta técnica te permite cultivar manzanas idénticas a la planta madre y controlar el vigor del árbol. El vigor se controla con un portainjerto; este le proporciona un sistema radicular que influye en el crecimiento del material injertado (injerto) (ver también p. 161). El portainjerto y el injerto permanecen atados hasta que crecen lo suficiente.

Esta técnica se usa también con algunos cultivos anuales. El tomtato, en el que se injerta un tomate en una patata, te permite cultivar ambos a partir de la misma planta. En el sector comercial, muchos tomates se injertan en portainjertos como el Maxifort, el Beaufort y el Estamino, que se caracterizan por una mayor resistencia a determinadas enfermedades y favorecen un crecimiento más vigoroso.

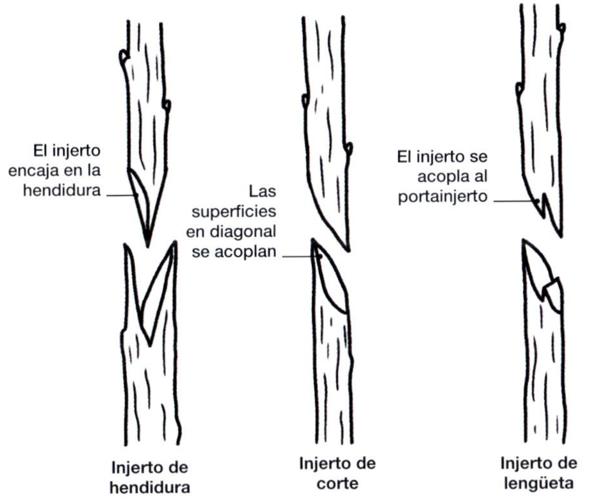

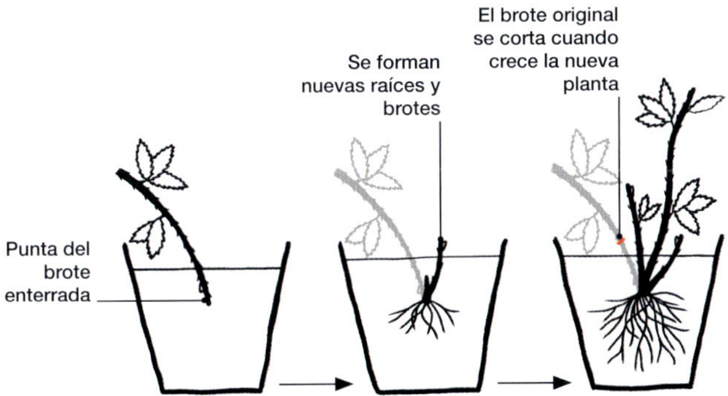

PROPAGACÍON DE FRESAS POR ESTOLONES

Muchas variedades de fresa se propagan por estolones, unos brotes laterales que produce la planta madre con el fin de propagarse; en estos brotes no salen frutos hasta que la nueva planta se ha enraizado y desarrollado. En eso se diferencia de la propagación por capas de la grosella, por ejemplo, ya que en las capas sí salen frutos. Para trasplantarlas, sepárala de la planta madre cuando produzca hojas nuevas (ver abajo).

POR CAPAS

La propagación por capas aprovecha un proceso que se da de forma natural en algunas plantas: cuando un punto de crecimiento de una rama toca el suelo, desarrolla raíces y produce una nueva planta en ese lugar. La planta madre le proporciona los nutrientes que necesita hasta que su sistema radicular se ha desarrollado del todo y ya puede sobrevivir de forma independiente. Funciona con las bayas trepadoras. De hecho, las zarzas usan este tipo de propagación junto con la propagación por chupones (plantas que salen de las raíces de la madre) para imponerse rápidamente si no se controlan.

TUBÉRCULOS

Un tubérculo es la parte gruesa de un tallo subterráneo y funciona como reserva de energía para los brotes nuevos. Algunos tubérculos son deliciosos; al comerlos, aprovechamos dicha reserva de energía para nuestro propio sustento.

Para un rendimiento óptimo, este grupo de cultivos requiere una temporada entera y un suelo rico en materia orgánica. Coséchalos de finales de otoño en adelante. La época típica para comer tubérculos perennes en un clima templado es el periodo inactivo, a menos que sea en conserva. El follaje no resiste las heladas, así que empieza a plantarlos dos semanas antes de la fecha de la última helada. Todos los tubérculos mencionados sobrevivirán a una helada leve en dicho periodo.

Para alargar la temporada de cultivo, puedes iniciar su cultivo a cubierto, en macetas de 10 cm, a principios de primavera, y después trasplantarlos cuando el riesgo de heladas haya pasado. Prefieren estar a pleno sol, pero crecen bien en un lugar parcialmente sombreado. Guarda algunos tubérculos al cosechar, para plantarlos más adelante.

ALCACHOFA DE JERUSALÉN

Las alcachofas de Jerusalén (*Helianthus tuberosus*), también conocidas como tupinambos, pertenecen a la misma familia que los girasoles y destacan por su altura. A principios de otoño producen un precioso despliegue de florecillas, ideales como telón de fondo estacional. Si están en un sitio donde sopla el viento, a mediados de verano puedes recortarlas hasta dejarlas en 1,2-1,5 m. Las plantas responderán echando nuevos brotes, pero será menos probable que puedas disfrutar del despliegue floral. Existe una alcachofa de Jerusalén enana (60 cm), que produce unos asombrosos tubérculos de color granate. Son increíblemente productivos y cocidos tienen un sabor dulce, cremoso y anuezado.

Separación entre plantas 30 cm

Profundidad de siembra 15 cm

Altura 3 m en un lugar soleado

CAPUCHINA BULBOSA

La capuchina bulbosa (*Tropaeolum tuberosum*) es una de las verduras más hermosas que puedes cultivar. Es una trepadora, así que aporta valor estético, y es adecuada para huertos pequeños. Crece increíblemente rápido y proporciona hojas en verano, flores en otoño y tubérculos en invierno, todo comestible. Los tubérculos se comen asados o hervidos, y saben a repollo dulce. Las puedes cultivar en dos cajones para patatas y poner entre ellos un enrejado en forma de arco, para crear un espectacular arco lleno de vida. Trepará aunque no haya ninguna estructura.

Separación entre plantas 30 cm

Profundidad de siembra 5 cm

Altura 4 m si crece por un enrejado

YACÓN

El yacón (*Smallanthus sonchifolius*) ha sido un cultivo básico durante mucho tiempo en Sudamérica. Puede comerse crudo o cocinado. Si vas a comerlo crudo, déjalo en un lugar soleado y cálido una o dos semanas (como el banco de un politúnel), para que se transforme en un fruto dulce, jugoso y crujiente. Del yacón se come todo. Precisa muchos nutrientes, así que apreciará que le pongas una capa de mantillo de 10 cm hecho con una mezcla de estiércol bien degradado y astillas compostadas todos los años. Según el clima, disfrutarás de sus bonitas flores amarillas en otoño. Si quieres guardar algunos para plantarlos más adelante, escoge los rojos y pequeños. Para comer, usa los tubérculos bulbosos más grandes que estén enterrados a más profundidad.

Separación entre plantas 50 cm

Profundidad de siembra 10 cm

Altura Hasta 1,8 m

OCA

La oca (*Oxalis tuberosa*) se conoce como ñame de Nueva Zelanda pero, como muchos cultivos tuberosos, es originaria de la región de los Andes, en Sudamérica. Es una de mis verduras perennes preferidas. Sus hojas ofrecen una hermosa textura visual, así que es perfecta como planta comestible ornamental. Además, produce una buena cosecha de pequeños tubérculos sabrosos y anuezados. Puedes cultivarla en macetas grandes y cajones de patatas. Los tubérculos pueden ser de distintos colores dependiendo de la variedad; la mayoría son blancos, rojos o amarillos. Hacia el final de la temporada de cultivo produce un bonito despliegue de pequeñas y delicadas flores amarillas.

Separación entre plantas 20 cm

Profundidad de siembra 5 cm

Altura 30 cm

ALCACHOFA CHINA

Los pequeños tubérculos blancos de la alcachofa china (*Stachys affinis*) pueden comerse crudos, encurtidos o cocinados. La parte herbácea se parece a la menta.

Separación entre plantas 30 cm

Profundidad de siembra 7 cm

Altura 50 cm

ÑAME CHINO

El ñame chino (*Dioscorea polystachya*) tiene unas bonitas hojas en forma de corazón, flores blancas y fragantes, y unos tubérculos que son comestibles si se cocinan y saben parecido a la castaña. Le gustan los suelos especialmente profundos.

Separación entre plantas 50 cm

Profundidad de siembra 10 cm

Altura 4 m

CACAHUETE

El cacahuete (*Apios americana*), una asombrosa trepadora que fija el nitrógeno y produce hermosas flores, es originaria de Norteamérica. Para los mejores resultados, cosécharlo a partir del segundo año.

Separación entre plantas 30 cm

Profundidad de siembra 5 cm

Altura 3 m

ESCARAVÍA

La escaravía (*Sium sisarum*), una verdura que fue muy popular en Europa antes de que llegara la patata, tiene un sabor parecido al de la zanahoria. Es preferible propagarla por división de plantas que tengan dos años.

Separación entre plantas 40 cm

Profundidad de siembra 5 cm

Altura 90 cm

BRASSICAS PERENNES

Estas plantas altamente productivas crecen bien a pleno sol o con sombra parcial. Son perennes, así que harán que el huerto esté lleno de vida en invierno y podrás cosecharlas todo el año, incluso en la temporada de carestía.

A estas brassicas les gustan los suelos ricos en materia orgánica, aunque también toleran otros más pobres. No suelen tener problemas de babosas, así que son las más apropiadas para lograr un huerto resistente y productivo. Pueden cultivarse a partir de semillas (y de esquejes, ver abajo). Las plantas nuevas pueden necesitar algo de protección contra las babosas. Una vez maduras, ocúpate de que el suelo esté bien cubierto de mantillo. La blanquita de la col (ver p. 264) puede mostrar interés, así que estate pendiente.

EL TRUCO DE HUW

Estas brassicas resisten hasta unos -6°C. En las noches más frías protégelas con vellón. Otra opción es cultivarlas en contenedores grandes y meterlas en el politúnel. Si cortas los esquejes en otoño y los dejas a cubierto en invierno es mucho más probable que no se estropeen.

ESQUEJES DE TALLO

Todas las brassicas perennes listadas aquí pueden propagarse fácilmente mediante esquejes de tallo. A mediados de otoño y entre principios y mediados de primavera, corta esquejes de los brotes laterales más pequeños (arráncalos del tallo principal de manera que arrastres parte de dicho tallo) y plántalos en macetas con compost; las cuatro primeras semanas evita que les dé el sol intenso del mediodía, para evitar que se sequen. No hace falta ponerles una bolsa transparente para retener la humedad, pero arráncales todas las hojas excepto las tres o cuatro superiores.

BERZA AMARILLA DE ASTURIAS

La berza amarilla de Asturias (*Brassica oleracea* 'Asturiana') es la brassica perenne menos longeva. Vive unos tres años y puede cultivarse fácilmente a partir de semillas o esquejes. Crece muy rápido y las hojas pueden comerse crudas cuando son pequeñas o cocinadas si son más grandes. A principios de primavera le salen un montón de tallos florales tiernos y muy dulces. ¡Son parecidos a los del brócoli morado de brotes, pero más sabrosos! Cosecha todos los tallos florales y sobrevivirá otra temporada de cultivo. Es una de mis favoritas, y la siembro todos los años.

Separación entre plantas 50 cm

Altura 1 m

BRÓCOLI PERENNE DE NUEVE ESTRELLAS

El brócoli perenne de nueve estrellas (*Brassica oleracea* 'Nueve estrellas') demanda muchos nutrientes y agua, así que precisa una cantidad generosa de mantillo a base de compost o estiércol bien degradado. Es más resistente que el resto de las brassicas perennes. Sus hojas son comestibles, pero se cultiva por sus floretes tipo coliflor, que aparecen a principios de primavera. Deben cosecharse para que la planta siga creciendo. A partir del segundo año dará hasta 10 floretes al año. Apúntalo para protegerlas de tormentas.

Separación entre plantas 80 cm

Altura 1 m

COL RIZADA TAUNTON DEANE

Esta enorme planta de rápido crecimiento (*Brassica oleracea* var. *acephala*) se conoce también como col de los campesinos. Una sola planta puede suministrarte hojas suficientes para todo el año. Cosecha las hojas más jóvenes y tiernas, y cocínalas; saben genial. Cualquiera que apueste por la autosuficiencia debe incluir brassicas perennes como la Taunton Deane en su huerto.

Separación entre plantas 1 m

Altura 2 m

COL DE DAUBENTON

Existen dos variedades de col de Daubenton (*Brassica oleracea* var. *ramosa*): una de hojas jaspeadas y otra de hojas lisas. La variedad jaspeada es una planta realmente impactante que queda espectacular en un jardín ornamental. Es un arbusto pequeño que funciona muy bien en márgenes y lugares expuestos. Sus hojas son deliciosas.

Separación entre plantas 1 m

Altura 1 m

COL RIZADA MORADA ARBÓREA

Las hojas de esta planta (*Brassica oleracea* var. *acephala*) son de color morado verdoso con marcados nervios púrpura. Durante los meses más fríos, las hojas se vuelven más moradas. Crece de forma vertical, así que suele precisar apuntalamiento. Hay una variedad verde que se conoce como repollo de Jersey o repollo de palo, ya que su largo tallo se usaba para hacer bastones para andar. ¡Todavía pueden verse en algunos museos!

Separación entre plantas 1 m

Altura 1,8-2,5 m

VERDURAS DE HOJA Y OTRAS HORTALIZAS PERENNES

Hay muchas verduras de hoja perenne que son comestibles y, además, bonitas. Aquí tienes mis preferidas, para que las pruebes. Son fáciles de cultivar, no requieren muchos nutrientes y crecen a pleno sol, con sombra parcial o con sombra moteada.

ACELGA MARINA

La acelga marina (*Beta vulgaris* subesp. *maritima*), una variedad perenne de acelga, te proporcionará hojas la mayor parte del año. En suelos con buen drenaje, es un cultivo muy resistente y productivo que producirá cosechas año tras año. Retira los tallos florales para centrarte en la producción de hojas, y recórtala/pódala a finales de verano para potenciar su crecimiento. Puede propagarse por división (ver p. 128) si tienes cuidado.

Separación entre plantas 40 cm

Altura 60 cm

ESPÁRRAGO DEL REY ENRIQUE

Este cultivo (*Blitum bonus-henricus*, también conocido como *Chenopodium*) produce unas hojas parecidas a las espinacas. Si te parecen demasiado amargas, déjalas en remojo con agua y sal alrededor de una hora; luego lávalas y cocínalas. Produce unas hermosas espigas, que también pueden recolectarse y cocinarse. Muere en invierno. Es muy fácil de cultivar a partir de semillas o por división (ver p. 128).

Separación entre plantas 50 cm

Altura 70 cm

ESPINACA CAUCÁSICA

Esta trepadora de hojas verdes (*Hablitzia tamnoides*) precisa una zona parcialmente sombreada y, a poder ser, suelo húmedo, así que el mantillo es vital. A principios de primavera da brotes comestibles y, acto seguido, unas hojas deliciosas parecidas a las espinacas. Las más viejas pueden dividirse fácilmente con una pala (ver p. 128).

Separación entre plantas 30-40 cm

Altura 3 m

MALVA ALMIZCLERA

La malva almizclera (*Malva moschata*) es muy resistente y muere durante el invierno. Sus hojas son comestibles y son muy bonitas, pero las auténticas protagonistas son sus flores rosas comestibles. Puede cultivarse fácilmente a partir de semillas o de esquejes basales de unos 10-15 cm de largo cortados entre finales de primavera y principios de verano: corta el tallo de los nuevos brotes justo por debajo del suelo y trátalos como esquejes normales de madera blanda.

Separación entre plantas 50 cm

Altura 90 cm

ACEDERÓN

Es una perenne muy resistente (*Rumex patientia*). Sus hojas jóvenes se cosechan y se cocinan; tienen un sabor parecido a las de la acedera. Puedes añadirlas a guisos, curris o usarla como verdura de guarnición. Produce unos tallos florales gigantes que causan un increíble impacto visual, pero a costa de la producción de hojas. Si no quieres el tallo floral, elimínalo; y arranca las hojas viejas a mediados de verano para que le salgan una segunda tanda antes de morir en invierno. Reaparecerá a principios de la primavera siguiente. Es mejor propagarla por división (ver p. 128).

Separación entre plantas 50 cm

Altura 2,5 m

ALCACHOFA GLOBO

La alcachofa globo (*Cynara cardunculus* Scolymus Grupo) es una planta asombrosa que se cultiva por sus botones florales comestibles, que se consideran un manjar. Cada planta puede producir hasta 12 botones durante el verano un mínimo de cinco años. Crece bien en lugares soleados y le gusta recibir una cantidad generosa de materia orgánica. Debido a su forma, no deja que la luz llegue al suelo de debajo, así que si a finales de invierno lo cubres con una cantidad generosa de mantillo, tipo compost, astillas o estiércol, cuando empiecen a salir los nuevos brotes, no aparecerán malas hierbas. Durante el invierno es mejor que el mantillo de la corona (ver p. 139) sea a base de paja u hojas, ya que las heladas pueden dañar o aniquilar estas plantas.

Es un cultivo sabroso que requiere poco mantenimiento, genial para llenar una zona infrautilizada. Las variedades como la 'Violeta de Provenza' aportan belleza con sus botones florales morados. Si cultivas muchas plantas, o cuando sean los últimos ejemplares de la temporada, déjalos florecer. Sus grandes flores tipo cardo son un imán para abejas, abejorros y mariposas. Para que sigan produciendo, divide las plantas más viejas. Las plantas maduras producen chupones; puedes eliminarlos para que no compitan por el mismo espacio.

Separación entre plantas 90 cm

Altura 1,5 m

ORTIGAS

Este no es un libro sobre forrajeo, pero debes saber lo increíbles que pueden ser las ortigas si se tratan como una verdura perene silvestre. ¡Si tienes muchas, considéralas un cultivo valioso! Recolecta las hojas jóvenes y los brotes tiernos; si los cocinas al vapor o los hierves, eliminarás su efecto urticante y podrás usarlos como alternativa a las espinacas. Dispondrás de ellas durante todo el periodo de carestía.

OTRAS PERENNES QUE PUEDES PROBAR

Solo he mencionado algunas de las muchas que merece la pena cultivar. Aquí tienes algunas otras verduras perennes recomendables:

- Puerro de Babington (*Allium ampeloprasum* var. *babingtonii*)
- Ortiga bulbífera (*Laportea bulbifera*)
- Mizu (*Elatostema umbellatum*)
- Cebolla perpetua (*Allium cepa perutile*)
- Hierba de ajo (*Peltaria alliacea*)
- Cedro japonés (*Cryptotaenia japonica*)
- Apio coreano (*Dystaenia takesimana*)
- Acedera 'Abundancia' (*Rumex acetosa*)
- Bunia oriental (*Bunias orientalis*)
- Nardo japonés (*Aralia cordata*)

Quizá te cueste encontrar muchas de las perennes descritas en este capítulo en los centros de jardinería de tu localidad. Yo suelo comprarlas por internet en Incredible Vegetables. También me ha sorprendido descubrir que muchas semillas y plantas raras pueden encontrarse en eBay y Etsy. Te aconsejo que uses el nombre científico en latín de la planta, ya que muchas veces se venden como ornamentales y no por su nombre común.

Flores de apio coreano situadas en sombra moteada (arriba) y ortiga bulbífera junto a capuchinas y coles rizadas moradas arbóreas (izquierda).

RUIBARBO Y ESPÁRRAGOS

Estas dos apreciadas perennes brotan en primavera y producen cosechas en el periodo de carestía (ver pp. 220-21). El ruibarbo aparece primero; además, puede forzarse (ver abajo) para que crezca antes. El espárrago brota unas semanas más tarde.

RUIBARBO

El ruibarbo (*Rheum rhabarbarum*), un cultivo básico del periodo de carestía, es muy popular. Según la variedad, dispondrás de un suministro constante desde principios de primavera hasta mediados de verano. Crece a partir de coronas. Le gusta estar a pleno sol y en lugares parcialmente sombreados o con sombra moteada, así que puede cultivarse bajo los frutales como la consuelda (ver p. 230). La clave para una cosecha abundante es poner mucho mantillo e incluso abono líquido. A finales de otoño cubre la zona que rodea las coronas con una cantidad generosa (10 cm) de estiércol, algas marinas, una mezcla de recortes de césped y hojas, o compost; repítelo a principios de primavera si es posible.

Hay muchas variedades entre las que elegir. Para las primeras cosechas yo uso la 'Timperley Early'. La 'Victoria' es una variedad muy popular como cosecha principal; es fácil de conseguir y funciona bien. Cosecha los tallos cortándolos por la base y añade las hojas al compost. De vez en cuando produce un brote floral que consume la energía de tallos y hojas. Córtalo con un cuchillo afilado y ponlo en el compost. Termina de recolectarlo a mediados de verano, para que la planta pueda mandar energía suficiente a las raíces antes de que las hojas mueran en invierno; reaparecerá la primavera siguiente.

Separación entre plantas 75 cm

Profundidad de siembra Parte superior de la corona justo debajo de la superficie del suelo

Altura 60 cm

A principios de primavera levanto el contenedor para patatas para ver cómo están los tallos forzados de ruibarbo.

Forzar el ruibarbo

Se trata de una técnica que favorece el crecimiento temprano de las plantas evitando que les llegue la luz; la falta de luz hace que los tallos sean más largos y tengan un sabor más dulce. Para forzarlo basta con poner un contenedor para patatas o un cubo grande boca abajo encima de la corona desde finales de invierno. Si la corona es muy grande, puedes usar un cubo de la basura. Comprueba lo que ha crecido cada pocos días; cuando estén listos, retira el contenedor y cosecha los tallos.

División del ruibarbo

Para conservar su productividad, divide las coronas cada cinco o seis años. A finales de invierno, antes de que empiece a crecer, levanta con cuidado la planta y con una pala afilada divide la corona en dos, tres o cuatro trozos. Planta el trozo más grande en el mismo sitio y el resto en otros lugares; o véndelos.

Si tienes dos zonas con ruibarbos divídelos con dos o tres años de diferencia. Así no sufrirás una caída de la productividad el año siguiente a la división.

EL TRUCO DE HUW

En la época victoriana la gente ponía hojas de ruibarbo en los bancales. A la mañana siguiente cogían todas las babosas que se habían reunido debajo de ellas. Si tienes gallinas o patos, echa las hojas con las babosas en su recinto.

ESPÁRRAGOS

Los espárragos (*Asparagus officinalis*) son uno de los cultivos más deliciosos y pueden obtenerse durante el periodo de carestía. La forma más típica de plantar espárragos es mediante las coronas (ver gráfico de abajo). Cultivar espárragos requiere paciencia, ya que pasan cuatro temporadas de cultivo desde que se planta la primera corona hasta que se obtiene una planta madura y productiva. Puedes sembrar semillas de espárrago, pero tendrás que esperar otro año más hasta que la planta alcance la madurez.

Los espárragos se arrancan o se cortan justo por la base. Córtalos a final de temporada, cuando los tallos se hayan vuelto amarillos. En invierno puedes ponerles mantillo, una capa de 5-7 cm de astillas compostadas, estiércol bien degradado, algas marinas o compost. Existen muchas variedades, pero entre las más fiables están la 'Connover's Colossal', la 'Backlim' y la 'Purple Passion'.

Separación entre plantas 40 cm

Profundidad de siembra Justo por debajo de la superficie; ver corte transversal, abajo

Altura 120 cm

División de los espárragos

Las coronas más viejas, de seis o siete años, pueden dividirse en dos o tres coronas a finales de invierno. Ten cuidado al hacerlo porque las raíces se rompen fácilmente: es mejor usar un cuchillo afilado que una pala.

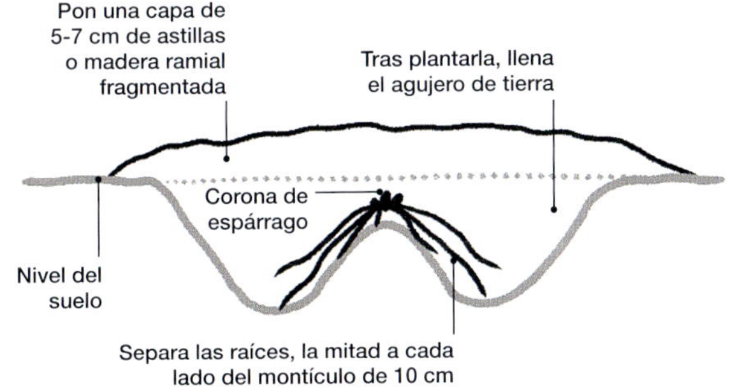

Corte transversal de una corona de espárrago plantada justo bajo el nivel del suelo, con las raíces extendidas sobre un montículo de tierra.

¿QUÉ ES UNA CORONA?

Tanto el ruibarbo como el espárrago crecen a partir de coronas, que son un conjunto de rizomas (las partes subterráneas del tallo) con nudos que producen brotes. Esto crea un método de rebrote en el que es mejor tener un grupo de tallos que tener uno solo. Otra planta que crece a partir de coronas es la consuelda (ver p. 77).

EL TRUCO DE HUW

¡Para disfrutar al máximo de un espárrago lo mejor es comérselo crudo recién cogido! Su sabor es sublime. Jamás olvidaré la primera vez que comí un espárrago crudo de mi huerto. Es un sabor que espero con ansia cada primavera.

Espárragos que salen de la corona, listos para ser cosechados.

PLANTAS HERBÁCEAS PERENNES

Las hierbas perennes engloban una gran variedad de plantas cuyas hojas, semillas y/o flores se usan como alimento, condimento, medicina o perfume. Muchas dan múltiples cosechas y tienen diversos usos. Cuando florecen son un imán para los insectos beneficiosos.

Los huertos suelen tener una parte dedicada a las hierbas o al menos un bancal específico para ellas. Los huertos de permacultura pueden tener una zona dedicada a las hierbas (ver p. 232), pero lo habitual es repartirlas por todo el espacio, allí donde tiene especial sentido: la menta en una esquina sombreada, los cebollinos bajo los frutos blandos, la melisa debajo de un manzano, la bergamota en el bancal de las hojas de ensalada, para aportar colorido. El capítulo dedicado a los policultivos analiza la integración de perennes y anuales (ver pp. 244-47). La mayoría de estas herbáceas crecen bien a pleno sol o en una zona algo sombreada, y en suelos con buen drenaje, aunque con algunas plantas esta regla no funciona.

CEBOLLINOS

Los cebollinos (*Allium schoenoprasum*) tienen un delicioso sabor a ajo; yo uso tanto las hojas como las flores. Es una de las hierbas que más utilizo en la cocina. Los cebollinos mueren en invierno y salen a principios de primavera. Tras la floración, puedes cortar las flores para que vuelvan a florecer. Sus flores moradas son muy apreciadas por los insectos polinizadores. La planta resiste bien el invierno. Puede propagarse mediante semillas o por división (ver p. 128).

Separación entre plantas 30 cm

Altura 30 cm

CEBOLLINOS CHINOS

Los cebollinos chinos (*Allium tuberosum*), que se han ganado una popularidad más que merecida, son una hierba resistente que brota a principios de primavera y da unas hojas suculentas. Saben a (lo has adivinado) cebollino con un toque de ajo y se usan igual que los cebollinos normales. Sus espectaculares y delicadas flores blancas también son comestibles. Los polinizadores las adoran. Pueden propagarse mediante semillas y por división (ver p. 128).

Separación entre plantas 20 cm

Altura 40 cm

CEBOLLETA

La cebolleta (*Allium fistulosum*) es una cebolla arracimada originaria de China y Siberia. Se comen las hojas y las flores, y sabe a cebolla blanca. Para cosecharla, recolecta algunos tallos por macizo. Córtalos con un cuchillo por la base o retuércelos con cuidado asegurándote de no dañar los circundantes. Al cabo de poco tiempo aparecerán nuevos tallos. Se propaga por semillas o división (ver p. 128).

Separación entre plantas 30 cm

Altura 40 cm

AJO DE OSO

El ajo de oso (*Allium ursinum*) puede cultivarse como hierba. Le gustan los sitios parcialmente sombreados y los suelos húmedos. Brota a finales de invierno y florece hasta finales de primavera, así que es perfecto para cubrir el suelo bajo un árbol. Con los años se propagará de forma natural. Se comen las hojas, los brotes, las flores y las cabezuelas con semillas. Se propagan por división (ver p. 128).

Separación entre plantas 10 cm

Altura 30 cm

AJO SILVESTRE

El ajo silvestre (*Tulbaghia violacea*, abajo) huele y sabe a ajo, pero no hace que te huela el aliento. Usa las hojas como el cebollino; sus flores también son comestibles. Es indispensable si se tiene alergia a los ajos, ya que no pertenece a la familia allium. Puede propagarse por división (ver p. 128).

MENTA

Hay más de 30 variedades de menta (*Mentha*), desde la marroquí, con la que se prepara un té refrescante, hasta la menta de limón, una gran alternativa a la albahaca para cocinar, ya que el calor elimina la mayor parte del sabor a menta, pero retiene el sabor a albahaca. La menta se propagará fácilmente, así que si tienes un huerto pequeño es mejor que la plantes en maceta para controlarla. Recolecta las hojas según las necesites. Se propaga por esquejes de madera blanda y por división (ver p. 128).

Separación entre plantas 40 cm

Altura 40 cm

HIERBA GATERA

Esta planta herbácea (*Nepeta*), que adoran los gatos, da flores en primavera y verano. Tiene preciosas hojas plateadas, y es una buena planta ornamental y atrae a insectos beneficiosos. Con las flores se prepara un té delicioso y las hojas jóvenes quedan genial en una ensalada. Se propaga por semillas y por división (ver p. 128).

Separación entre plantas 40 cm

Altura 40 cm

MENTA COREANA

La menta coreana (*Agastache rugosa*), con sus hojas de sabor anisado y sus increíbles espigas florales moradas, no puede faltar en ningún huerto que se precie. Aporta colorido durante todo el verano y parte del otoño, por lo que es una planta ideal para un margen. Se propaga mediante semillas y por división (ver p. 128).

Separación entre plantas 50 cm

Altura 90 cm

BERGAMOTA

La bergamota silvestre (*Monarda*) pertenece a la familia de la menta. Sus flores tubulares, que pueden ser de distintos colores según la variedad, florecen durante un periodo prolongado, por lo que resulta realmente llamativa. Usa las hojas y las flores para preparar infusiones, aceites y vinagres, y para hacer ramos. Se propaga por división (ver p. 128).

Separación entre plantas 40 cm

Altura 90 cm

MELISA

La melisa (*Melissa officinalis*), una hermosa planta herbácea, es ideal para cubrir el suelo de un bosque de alimentos. La variedad jaspeada resulta espectacular. Rebrota cada primavera y es una de las plantas herbáceas más fáciles de cultivar. En huertos pequeños es mejor plantarla en una maceta para que no se descontrole.
Se propaga por división (ver p. 128).

Separación entre plantas 50 cm

Altura 80 cm

ROMERO

No puedes tener un huerto y no plantar romero (*Salvia rosmarinus*). Sus hojas de aguja son espectaculares y tiene muchos usos culinarios. Sus flores comestibles, que aparecen a principios de primavera, son una importante fuente de néctar para los abejorros. Crece bien junto a un margen soleado siempre que el suelo tenga buen drenaje. Se propaga por esquejes de madera blanda y semimaduros (ver p. 128).

Separación entre plantas 50 cm

Altura 1 m

HIERBALUISA

El sabor cítrico de la hierbaluisa (*Aloysia citrodora*) es mucho más intenso que el de la melisa. Es una de las mejores plantas herbáceas para preparar infusiones o aceites vegetales. Necesita protección durante los meses más fríos: puedes usar paja a modo de mantillo o cultivarla en macetas para poder trasladarla al politúnel. En invierno corta los tallos para que le salgan otros más fuertes. Se propaga mediante esquejes de madera blanda (ver p. 128).

Separación entre plantas 40 cm

Altura 1 m

LAVANDA

En la cocina solo suelen usarse las flores para condimentar alimentos como las galletas y el helado, pero la lavanda (*Lavandula*) es una planta aromática preciosa que vale la pena cultivar. Precisa un buen drenaje, así que las macetas son la mejor opción en climas húmedos. Se propaga mediante esquejes de madera blanda (ver p. 128).

Separación entre plantas 40 cm

Altura 40 cm

TOMILLO

El tomillo (*Thymus vulgaris*) es una de mis plantas herbáceas preferidas. Existen muchas variedades. Mi favorita es el tomillo cítrico, que reúne dos sabores excepcionales y que uso en los guisos de carne o verduras. Es ideal para cubrir el suelo bajo perennes más altas, como el romero o las grosellas. Se propaga por esquejes de madera blanda y por capas (ver pp. 128-29).

Separación entre plantas 30 cm

Altura 20 cm

MEJORANA Y ORÉGANO

Estas dos hierbas (*Origanum majorana* y *O. vulgare*) se parecen entre sí, pero la mejorana tiene un sabor más dulce y suave que el orégano. Las abejas adoran sus flores. Sus hojas se usan para adornar la pizza o aportar sabor a los asados. Se propagan por esquejes de madera blanda y por división (ver p. 128).

Separación entre plantas 30 cm

Altura 30 cm

CILANTRO VIETNAMITA

El cilantro vietnamita (*Persicaria odorata*), una de las hierbas perennes más tiernas, es también una de las más llamativas. Forma un macizo de hojas verdes y cada hoja tiene una mancha morada en forma de herradura. Yo cultivo esta hierba aromática en el borde de un contenedor o de un bancal elevado, para que el follaje caiga por los lados. Arráncalo con las raíces a finales de otoño, plántalo en macetas y ponlo a cubierto; al año siguiente, replántalo tras la última helada. Prefiere los suelos húmedos, pero le gusta estar a pleno sol. Se propaga por esquejes semimaduros (ver p. 128).

Separación entre plantas 50 cm

Altura 50 cm

ESTRAGÓN

El estragón (*Artemisia dracunculus*), conocido como el «rey de las hierbas» en Francia, es una planta fácil de cultivar. Se usa en platos de pescado y de pollo, y también en muchas salsas, entre ellas la bearnesa. El estragón francés sabe mejor que el ruso. Se propaga por esquejes semimaduros y por división (ver p. 128).

Separación entre plantas 80 cm

Altura 40 cm

SALVIA

La salvia (*Salvia officinalis*) es una preciosa planta herbácea que tiene muchos usos en la cocina. Uno de mis mejores recuerdos es el de la primera vez que comí hojas de salvia fritas. ¡Todo el mundo debería probarlas! Existen muchas variedades, como las de hojas jaspeadas o moradas. Se propaga por esquejes de madera blanda (ver p. 128).

Separación entre plantas 50 cm

Altura 50 cm

SALVIA DE GROSELLA NEGRA

La salvia de grosella negra (*Salvia microphylla*) está entre mis hierbas perennes preferidas. Las hojas desprenden un increíble aroma a grosella, perfecto para bebidas frías en verano. A las abejas les encantan sus flores comestibles color rosa oscuro, que alegran el huerto. Se propagan por esquejes semimaduros (ver p. 128).

Separación entre plantas 40 cm

Altura 80 cm

HINOJO

El hinojo (*Foeniculum vulgare*) es una de las plantas herbáceas más impactantes y útiles. Se reproduce todos los años. Se cosechan las hojas, las flores y las semillas. Los imponentes tallos florales son muy apreciados por los insectos beneficiosos; si está muy expuesto, puede necesitar algún tipo de soporte. El hinojo bronce tiene las hojas moradas de joven y verde grisáceas más adelante. El hinojo se propaga por semillas (ver pp. 178-83).

Separación entre plantas 50 cm

Altura 2 m

FLORES PERENNES

La mayoría de las flores perennes no son comestibles, pero desempeñan otras funciones clave en el huerto, como proporcionar el sustento a todo un ecosistema de insectos y aportar belleza al espacio.

No hay que subestimar el valor de la estética; hay que crear un huerto que te inspire y que te apetezca visitar en cuanto tengas un momento libre, y las flores hacen que resulte más atractivo. Uno de los errores más típicos en permacultura es pensar que *todo* debe tener más de un propósito. Yo creo que nada es más importante que tener un espacio que te haga feliz y te estimule. Un horticultor inspirado cuenta con una fuerza que resulta fundamental. A continuación encontrarás algunas de mis flores perennes preferidas, que casualmente también son las favoritas de los polinizadores.

1. Equinácea

Es un grupo de flores parecidas a las margaritas que incluye distintos tipos de *Echinacea* (en la foto) y *Rudbeckia*, ambas de la familia Asteraceae. Son fáciles de cultivar, a los polinizadores les encantan y producen unos largos tallos florales, perfectos para ramos de flores frescas o secas.

Separación entre plantas 30 cm

Altura 60-150 cm, según la variedad

2. Lupino

Los lupinos (*Lupinus*), una de mis flores estivales preferidas, pueden ser de distintos colores y producen unas espigas florales que quedan espectaculares en un margen. Sus hojas palmeadas añaden interés visual.

Separación entre plantas 45 cm

Altura 60-90 cm, según la variedad

3. Dalia

Las dalias (*Dahlia*) son unas plantas tuberosas cuyas flores presentan una gran variedad de colores, diseños y formas. Son una de las flores más populares en jardines y huertos por una razón: ¡lo más difícil es decidir qué variedades vas a cultivar!

Separación entre plantas 40-50 cm

Altura 30-150 cm, según la variedad

4. Milenrama

La milenrama (*Achillea*) es una planta que suele plantarse en los márgenes. Produce unas duraderas flores dispuestas en racimos planos que atraen a los polinizadores. Las hay de muchos colores y son muy fáciles de cultivar. Divídelas cada cuatro o cinco años.

Separación entre plantas 30-45 cm

Altura 30-90 cm, según la variedad

5. Verbena

La variedad *Verbena bonariensis* es un imán para las mariposas y queda espectacular si se planta en macizos o a lo largo de un margen. Quedan geniales en un ramo. Se propagan sin problema mediante esquejes semimaduros; déjalos todo el invierno en el politúnel.

Separación entre plantas 45-60 cm

Altura 1,8 m

PRADOS

Los prados naturales son uno de los hábitats más importantes para insectos y aves. Si dispones de una parcela grande, deja una zona silvestre y disfruta de todas las flores que crezcan en ella de forma espontánea. También puedes sembrar mezclas de flores silvestres perennes propias del lugar. Para tener un prado que no parezca abandonado (a veces a los vecinos no les gusta que haya zonas «descuidadas»), haz un camino ondulado que lo atraviese con el cortacésped.

6

7

8

10

9

6. Salvia

La *Salvia*, que pertenece a la rama ornamental de la familia de las lamiáceas, ofrece un precioso despliegue de color que dura hasta bien entrado el otoño. Estas flores son un paraíso para los polinizadores. Existen muchas clases, entre ellas anuales, bienales y perennes. Las hay desde color azul oscuro a rojo intenso.

Separación entre plantas 30-45 cm

Altura 1,2-1,5 m

7. Cardo marino

Para mí el cardo marino (*Eryngium*), con sus hojas verdes plateadas y sus llamativas flores azules, es la versión ornamental del cardo común. Sus flores suelen secarse y usarse en arreglos florales.

Separación entre plantas 30-45 cm

Altura 40-100 cm, según la variedad

8. Colombina

La *Aquilegia* fue una de las primeras flores ornamentales perennes que incluí en mi huerto. Sus flores acampanadas (o tubulares) son preciosas y muy apreciadas por las abejas. Se autosiembra fácilmente, pero no es invasiva.

Separación entre plantas 40-50 cm

Altura 45-90 cm, según la variedad

9. Margarita común

Esta flor silvestre perenne (*Leucanthemum vulgare*) florece durante todos los meses estivales y atrae a las moscas de las flores, las abejas y las mariposas. Se propaga fácilmente por división (ver p. 128) y queda preciosa si se planta en macizos.

Separación entre plantas 30 cm

Altura 60 cm

10. Amapola

La amapola oriental (*Papaver orientale*) queda genial en cualquier huerto y ofrece una gran cantidad de polen a los insectos polinizadores. Una vez conté 14 abejas en una amapola del jardín de mi madre. Pueden propagarse por división (ver p. 128).

Separación entre plantas 50 cm

Altura 50-100 cm, según la variedad

Bonito despliegue de tulipanes a principios de primavera.

BULBOS

Esta amplia categoría de flores incluye desde las flores de allium hasta los tulipanes. Existen bulbos para todas las estaciones, así que céntrate primero en los que florecen desde finales de invierno hasta mediados de primavera, cuando la mayor parte del huerto está hibernando. Entre los bulbos que florecen tras el periodo primaveral están los alliums, los agapantos y los lirios.

DESCABEZADO FLORAL

El descabezado floral es una técnica que se usa para prolongar la floración y mejorar el aspecto de las flores. Siempre que una flor se marchite, o no necesites que la planta produzca semillas, es mejor cortar la cabezuela floral, o la espiga floral en el caso de flores como el lupino. Pero por el bien de la fauna, es mejor dejar todas las cabezuelas con semillas que puedas, para que los pájaros puedan alimentarse en otoño e invierno. A las aves les gustan las equináceas, los cardos marinos y las amapolas.

ROSALES

Los rosales son mis plantas de flor preferidas. Entre otras cosas porque son comestibles. Los pétalos se comen y los escaramujos se usan para preparar alimentos y bebidas, desde deliciosa mermelada a vino estival.

Al principio la gran cantidad de rosales que hay puede resultar un tanto abrumador, pero hay algunas características básicas que te ayudarán a decidir los más indicados. Son las siguientes:

- **Longevidad** ¿Florece por un periodo breve? ¿Da una segunda floración? ¿Tiene flores toda la temporada?
- **Hábito** ¿Es un arbusto o una trepadora?
- **Resistencia** ¿Qué tal resiste las plagas y enfermedades típicas de los rosales?
- **Fragancia** Cuanto mejor huela la rosa, más sabrosa será cuando la comamos o la tomemos en infusión.
- **Polinizadores** ¿Atrae a los insectos polinizadores?

ROSALEDA CULINARIA

Tengo una rosaleda con variedades cuidadosamente seleccionadas por sus usos culinarios. Incluye una colección de rosales trepadores y arbustivos con una amplia variedad de fragancias y sabores, además de variedades elegidas por el gran tamaño de sus escaramujos. Para reducir el trabajo al mínimo, pongo mantillo alrededor de la base de los rosales dos veces al año; para el mantillo uso recortes de césped o estiércol bien degradado. Con una desbrozadora corto la hierba en caso necesario. Se propagan fácilmente mediante esquejes de madera blanda o semimaduros (ver p. 128).

PODA DE ROSALES

La poda de los rosales es importante; ayuda a que crezcan sanos y vigorosos, y a darles la forma deseada, ya sea por razones estéticas, para mejorar el rendimiento o por ambas cosas. Suele realizarse durante el periodo de inactividad. Si no has podado nunca, es una buena idea que empieces con los rosales.

Usa unas tijeras de podar afiladas y limpias y recuerda que la regla de oro de la poda es mantener la planta sana: corta siempre justo por encima de la yema y en bisel, para que el agua de la lluvia no se acumule sobre el brote ni gotee en la yema de debajo, ya que podría pudrirse.

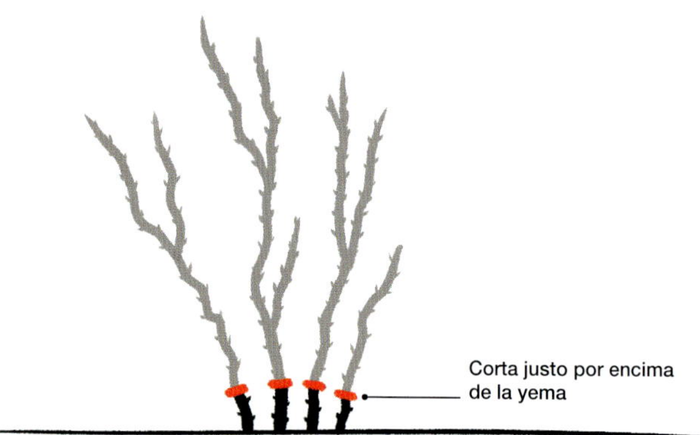

Rosal arbustivo, primer año

Corta todos los tallos 5-10 cm sobre el nivel del suelo.

Rosal arbustivo, consolidado

Reduce el arbusto como a la mitad de su tamaño original.

Aquí estoy cortando distintas variedades de rosas para hacer un ramo comestible para la cocina.

ROSALES A RAÍZ DESNUDA

La forma más rentable de comprar rosales, y otros árboles y arbustos perennes, es a raíz desnuda. Las plantas a raíz desnuda solo pueden adquirirse durante el periodo inactivo; no precisan maceta ni compost para ser transportadas, por eso salen más baratas. Pueden apretujarse entre sí y llevan las raíces envueltas para que no se sequen.

En cuanto llegue el rosal, puedes plantarlo de inmediato como en el caso de los frutales (ver pp. 162-65), pero sin apuntalar; entierra unos 5 cm los tallos. Si no puedes plantarlo, haz un hoyo en el suelo, mete en él las raíces y cúbrelas con la tierra excavada. Escoge una zona que drene bien para que no se pudran las raíces, sobre todo en invierno, cuando llueve más y la evaporación es más lenta. Sácalo justo cuando vayas a plantarlo.

ROSA RUGOSA

La *Rosa rugosa* es una variedad fantástica para un huerto de permacultura. Produce unas preciosas y delicadas flores rosas durante un largo periodo y luego unos escaramujos de excelente tamaño. Es un rosal silvestre y constituye un complemento ideal en cualquier margen, seto o bosque de alimentos. La rosa canina (*Rosa canina*) es otro bonito rosal silvestre; es un rosal trepador originario del Reino Unido.

GROSELLAS Y GROSELLAS ESPINOSAS

Las grosellas y las grosellas espinosas son un cultivo básico en cualquier huerto. Son muy fáciles de cultivar, no necesitan contar con suelos especialmente fértiles, ofrecen un buen rendimiento y se enraízan fácilmente a partir de esquejes de madera dura.

Las grosellas y las grosellas espinosas prefieren los lugares soleados, pero también toleran los parcialmente sombreados. Por eso pueden cultivarse bajo los frutales, en el lado meridional del tronco. Las grosellas pueden ser negras, rojas, blancas o rosas; las grosellas espinosas son verdes, amarillas o rojas. La grosella josta es un cruce de grosella negra y grosella espinosa. Casi todas las variedades de este fruto se cosechan a mediados de verano y todas necesitan protección frente a los pájaros (ver p. 264). Pueden congelarse, por lo que constituyen una valiosa fuente de fruta durante los meses invernales. Se propagan por esquejes de madera dura (ver p. 128).

GROSELLA NEGRA

La grosella negra (*Ribes nigrum*), la más popular y la más fácil de podar, suele vivir un mínimo de 20 años. Los frutos tienen un sabor fuerte parecido al de la uva, pero con un toque ácido.

Separación entre plantas 1,5 m

Altura 1,5 m

GROSELLA JOSTA

La grosella josta (*Ribes × nidigrolaria*), que forma un arbusto increíblemente vigoroso y productivo, produce unos frutos negros del tamaño de las grosellas espinosas, pero con un sabor más dulce e intenso que las grosellas espinosas.

Separación entre plantas 2 m

Altura 1,5 m

PODA DE GROSELLAS NEGRAS Y GROSELLAS JOSTA

Se podan para que crezcan más vigorosas y para facilitar la recolección. Estas dos plantas producen tallos que aparecen desde debajo del suelo. Ambas plantas pueden podarse de un modo parecido cada invierno.

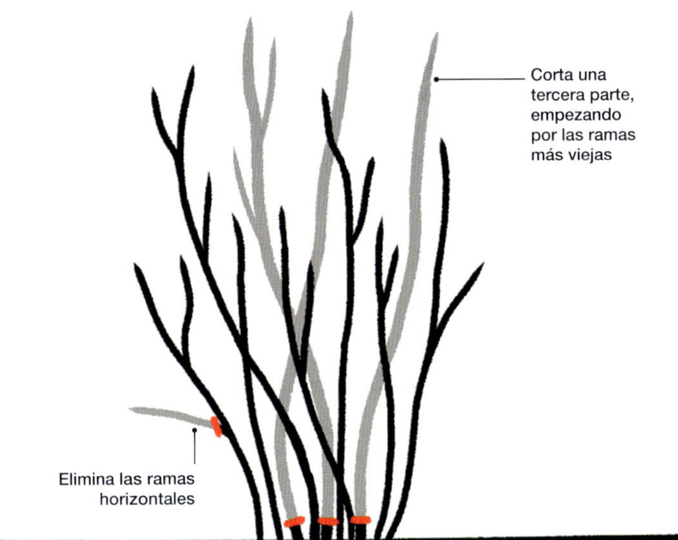

Hay que eliminar una tercera parte de los tallos de la base, empezando por los más viejos. Elimina las ramas que se tocan, las que están dañadas o las que no crecen bien.

GROSELLA ROJA

Las grosellas rojas (*Ribes rubrum*), mis favoritas pero también las de los mirlos, con sus llamativas bayas transparentes, son deliciosamente dulces e increíblemente productivas.

Separación entre plantas 1,5 m

Altura 1,5 m

GROSELLA BLANCA

Las grosellas blancas (*Ribes rubrum* cultivars), menos comunes que las rojas y las negras, también son menos vigorosas, pero están deliciosas y, por su color, suelen pasar inadvertidas a los pájaros.

Separación entre plantas 1,2 m

Altura 1,2 m

GROSELLA ROSA

Más inusual, muchos horticultores no han oído hablar nunca de las grosellas rosas (*Ribes rubrum* cultivars). Suelen crecer con el mismo vigor que las blancas, pero hay que protegerlas de los pájaros.

Separación entre plantas 1,2 m

Altura 1,2 m

GROSELLA ESPINOSA

La grosella espinosa (*Ribes uva-crispa*) es un fruto blando conocido por su acidez. Tiene variedades rojas y amarillas notablemente más dulces. ¡Cuando las recolectes, vigila con las espinas!

Separación entre plantas 1,5 m

Altura 1,5 m

PODA DE GROSELLAS ROJAS, BLANCAS Y ROSAS, Y DE GROSELLAS ESPINOSAS

Se podan para que tengan un solo «tronco» y una serie de ramas que salen de él en forma de copa. Se podan durante el periodo inactivo. También pueden podarse en cordones para ahorrar espacio (ver abajo).

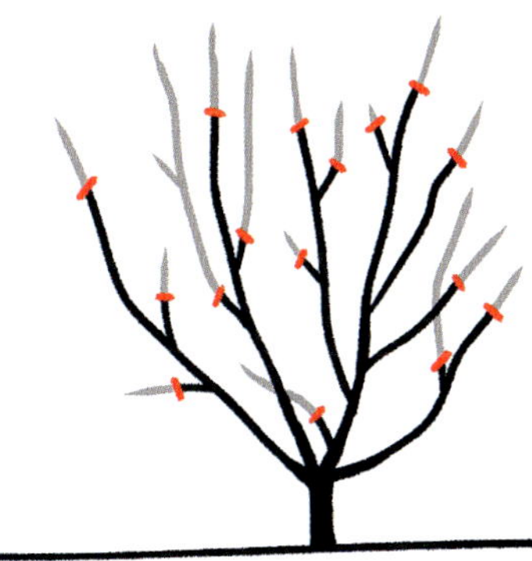

Si quieres que tenga forma de copa, corta una cuarta parte de las ramas principales y deja solo 3 o 4 yemas en las laterales.

Entutorado en cordones

Las grosellas rojas y las espinosas pueden cultivarse en cordones, es decir, con un único tronco que se entutora a una estaca. Se escoge un tallo principal y antes de la primavera se cortan el resto de los brotes laterales hasta dejar una sola yema. En verano, cuando tenga siete u ocho hojas, deja solo cuatro o cinco, y poda los brotes laterales en desarrollo hasta dejar una sola hoja. El invierno siguiente y los posteriores, corta como la mitad de los nuevos brotes del tronco principal hasta dejar solo una yema, y poda todos los brotes laterales hasta dejar una o dos yemas; no olvides repetir la poda estival todos los años. También puedes entutorarlas en forma de abanico.

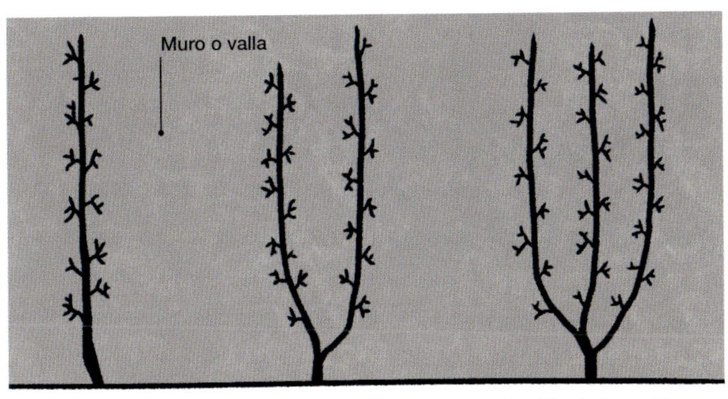

Puedes entutorar las grosellas y las grosellas espinosas en cordones de uno, dos o tres tallos.

UCHUVA

La uchuva (*Physalis peruviana*) es una planta de la familia de las solanáceas (no está emparentada con la grosella espinosa) que crece como perenne en su hábitat original en Chile y Perú. En climas fríos, hay que protegerla durante el invierno. La forma más fácil de cultivarla es a partir de semillas y dentro del politúnel. cada primavera. Puede alcanzar 1,8 m de altura y más de 1 m de ancho. Los frutos están listos para ser recolectados cuando el «cáliz» verde se vuelve de color amarillo claro y adopta una textura papirácea. ¡Las uchuvas caseras saben mil veces mejor que las que ponen los restaurantes en sus postres!

FRAMBUESAS Y BAYAS COLGANTES

Si tu huerto dispone de un muro o una valla soleados, aprovecha para cultivar algunas bayas colgantes, o una hilera de frambuesas.

BAYAS COLGANTES

Estas bayas incluyen las moras (*Rubus fruticosus*) y muchas de sus variedades, como la tayberry, la silvanberry, la boysenberry y la loganberry. A las bayas colgantes les gustan los suelos profundos y ricos, pero una vez consolidadas no precisan mucha fertilidad. Son vigorosas y producen largos tallos colgantes. Es mejor cultivarlas junto a un enrejado, valla o muro, para facilitar la recolección y el entutorado. Los frutos aparecen en los tallos de dos años. Se propagan fácilmente por capas (ver p. 129).

Separación entre plantas 2 m

Altura y envergadura 2,5 m de alto y 3-4 m de ancho

Entutorado y poda de las bayas colgantes

Se entutora y se poda a la vez. Primero recorta los tallos de dos años que acaban de fructificar a nivel del suelo; son fáciles de identificar porque son los que parecen menos frescos. Luego ata los tallos nuevos por varios puntos a un muro o valla con cuerda de jardinería. Empieza a atarlos a 60 cm del suelo y deja unos 15-30 cm entre un tallo y el siguiente. Cuando hayas usado todo el espacio disponible, corta los tallos sobrantes o úsalos para formar nuevas plantas con la técnica de propagación por capas (ver p. 129). Si no atas los tallos, se caerán al suelo.

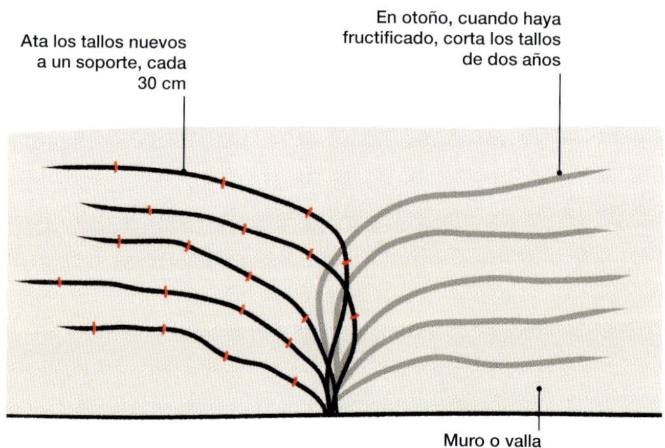

En cuanto haya fructificado, corta los tallos viejos. Al año siguiente le saldrán tallos nuevos en su lugar. Los frutos saldrán un año en unos tallos y al siguiente en los otros.

Chupones

El único inconveniente de estas bayas es que pueden producir chupones. Los chupones son brotes nuevos que aparecen a unos pasos de la planta. Si los cortas por debajo del nivel del suelo en cuanto los detectes, podrás mantenerlos bajo control.

Frambuesa otoñal 'Joan J'.

Frambuesa estival 'Golden Everest'.

FRAMBUESA

Las frambuesas (*Rubus idaeus*) son uno de los frutos más sabrosos que puedes cultivar. Es un placer comerlas directamente de la planta. Existen dos tipos básicos: las que dan frutos en verano y las que los dan en otoño. Cada tipo se poda de un modo (ver derecha). Las frambuesas rojas son las más típicas, pero existen variedades doradas igual de sabrosas, y atraen menos pájaros. Dicho esto, he descubierto que a los pájaros les interesan mucho menos las frambuesas rojas otoñales que las fresas, las grosellas rojas o las frambuesas estivales. Propágalas por capas o por división de macizos maduros de dos años (ver pp. 128-29).

Separación entre plantas 40 cm

Altura y envergadura Las de verano, 1,8 m de alto; las de otoño, 1,2-1,5 m

Poda de las frambuesas

Las frambuesas estivales se parecen a las bayas colgantes, ya que fructifican el segundo año. Cuando podes en invierno, debes cortar todos los tallos viejos y dejar solo los nuevos que salieron la primavera anterior. Las frambuesas otoñales son más fáciles de podar, ya que los frutos salen en los tallos nuevos que aparecen cada primavera: en invierno corta todos los tallos nuevos a nivel del suelo.

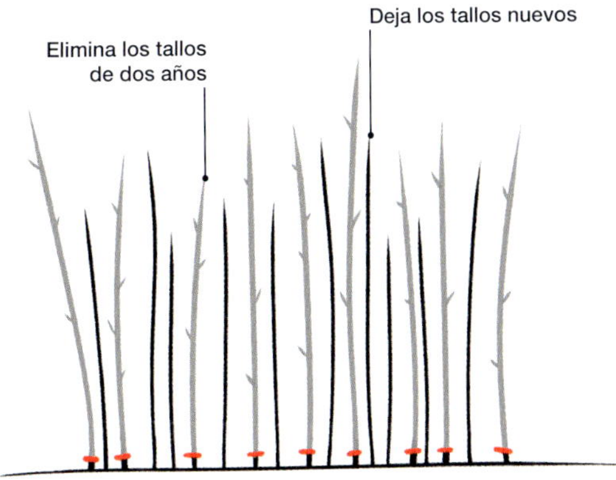

Poda de frambuesas estivales
Corta los tallos de dos años con frutos por la base y deja los nuevos, que darán frutos el año siguiente.

Soporte

En el caso de las frambuesas estivales basta con poner unos simples alambres para evitar que se caigan. En zonas más resguardadas pueden cultivarse sin ningún soporte. Las frambuesas otoñales son más bajas, así que no me molesto en poner ningún soporte, ni siquiera en zonas expuestas.

FRAMBUESAS JAPONESAS

Las frambuesas japonesas (*Rubus phoenicolasius*, derecha) son cada vez más populares y con razón. No solo son increíblemente dulces, sino que tienen unos preciosos tallos rojos que alegran la vista en invierno. ¡Si quieres aportar sabor e interés a tu huerto, consigue un ejemplar!

OTRAS BAYAS

Una baya es un fruto carnoso simple muy jugoso. Existen muchas opciones deliciosas fáciles de cultivar. Más abajo encontrarás mis favoritas.

FRESA

Las fresas (*Fragaria × ananassa*) son perfectas para cubrir el suelo y para cultivar debajo de las grosellas o los frutales. Crecen mejor en suelos fértiles y a pleno sol. No necesitan mantillo, pero puedes cubrir el suelo de paja si quieres obtener fresas con un aspecto perfecto. Cúbrelas con una malla para evitar que se las coman los pájaros. Puedes cultivarlas en el politúnel para obtener cosechas más tempranas, pero no descuides el riego.

Hay muchas variedades (ver abajo). La principal temporada de cosecha es entre principios y mediados de verano. Empiezan a perder vigor y productividad a partir del tercer año, así que a principios de otoño separa los estolones con raíces (ver p. 129) de la planta madre, desecha la planta madre y replanta los estolones. Los dos primeros años, cuando no hace falta que hagas una gran replantación, pon cada estolón en una maceta y luego plántalos en otro sitio, intercámbialos o véndelos.

Separación entre plantas 30 cm

Altura y envergadura 20 x 30 cm

Fresas de ciclo único y de ciclo continuo

Existen dos tipos básicos de fresas. Las fresas de ciclo único o de junio (diciembre en el hemisferio sur) suelen producir una cantidad abundante de frutos a principios de temporada, lo que es genial cuando necesitas muchas fresas para preparar mermelada y otras recetas. Las fresas de ciclo continuo proporcionan un suministro constante todo el verano. Si dispones de espacio suficiente, vale la pena que tengas un bancal de cada.

Fresa silvestre

Las fresas silvestres producen pequeños frutos durante el verano; son una opción preciosa si te gusta disfrutar de su sabor intenso. Crecen bien en un bancal con plantas herbáceas situado en un lugar parcialmente sombreado. Algunas variedades no producen estolones, sino que forman macizos que pueden dividirse cada dos o tres años (ver p. 128).

ARÁNDANO

Los arándanos (*Vaccinium corymbosum*) tienen que ser uno de los puntos fuertes del huerto. Precisan un suelo más ácido que la mayoría de los cultivos. Yo suelo usar el mismo compost para todas las plantas, excepto para los arándanos. Compro compost ericáceo (para plantas que adoran la acidez) porque así sé que tendré buenas cosechas durante años. Pueden cultivarse en el suelo siempre que prepares el lugar de forma adecuada. Debes excavar un hoyo grande, que mida como mínimo 50 cm de ancho y de profundidad, y llenarlo de compost ericáceo. También puedes comprar gránulos de azufre para mejorar el suelo y añadir a las plantas una cantidad generosa de mantillo a base de compost ericáceo cada dos o tres años. Si el suelo de tu huerto es de tierra arcillosa pesada y tiene un pH neutro (ver p. 48), es mejor que cultives los arándanos en contenedores grandes con compost ericáceo. Hay variedades de distintos tamaños, desde algunas que miden 50 cm de alto hasta otras que alcanzan 1,5 m de alto.

Separación entre plantas 90 cm

Altura 50-150 cm

Poda de los arándanos

Empieza a podar la planta cuando tenga dos años. La mejor época para podar los arándanos es a finales de invierno, ya que entonces es fácil distinguir las yemas vegetativas (pequeñas y planas) de las florales (gruesas). Por regla general deben dejarse las ramas que tienen muchas yemas florales y están unidas a un tallo fuerte y sano. Para más información general sobre la poda, ver p. 126.

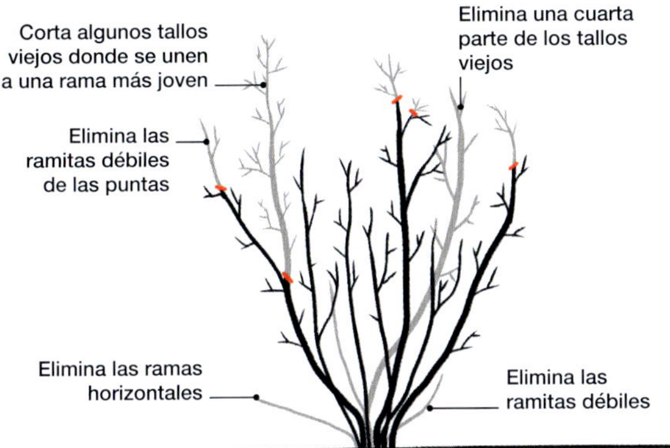

Intenta que el arbusto tenga un tercio de tallos viejos, un tercio de tallos de 2-3 años y un tercio de tallos más jóvenes.

MADRESELVA AZUL

La madreselva azul (*Lonicera caerulea*), o madreselva comestible, tiene un sabor entre ácido y dulce. Es más fácil de cultivar que el arándano, ya que no requiere un suelo tan específico. La poda también es sencilla y solo se realiza en plantas mayores de tres años. A mediados de verano, una vez hayan fructificado, elimina las ramas débiles o que se tocan; luego recorta la punta de los brotes de forma que elimines unas pocas yemas, para que den más frutos en el futuro.

Separación entre plantas 90 cm

Altura 50-150 cm

BAYAS DE GOJI

Las bayas de goji (*Lycium barbarum*) son resistentes y empiezan a fructificar a los dos o tres años. Puedes entutorarlas atando los tallos a un muro o valla soleados. Si quieres que tenga un aspecto más natural, puedes cultivarlas en una estructura tipo caja (ver p. 187). Los frutos salen en los tallos del año anterior, así que, al podarla, no los cortes. En invierno sigue las 3 D de la poda (ver p. 126) y sanea la planta eliminando los tallos viejos, débiles o que se tocan. Ata los tallos cuando haga falta. Las hojas pueden cocinarse y comerse.

Separación entre plantas 2 m

Altura 3 m

POLINIZACIÓN DEL ARÁNDANO Y LA MADRESELVA AZUL

Algunos frutos requieren la polinización cruzada con otras plantas (y variedades) para desarrollarse correctamente. Si las flores no se polinizan adecuadamente, no producen frutos. La madreselva azul y la mayoría de los arándanos (salvo las variedades autopolinizantes) precisan de otras plantas cercanas para ser polinizadas. Por eso la madreselva azul debe plantarse en tríos y los arándanos en parejas de dos variedades distintas.

ÁRBOLES FRUTALES

Los árboles frutales son muy beneficiosos para un huerto de permacultura. Pueden cultivarse en espacios pequeños o incluso en un balcón.

Los árboles frutales añaden una dimensión vertical y ofrecen puntos en los que pueden posarse las aves, interés visual en invierno y flores en primavera. Además, crean microclimas dentro del huerto. A veces el huerto está tan expuesto al sol que es necesario plantar algunos árboles para aportar algo de sombra. Así se pueden cultivar plantas que prefieren menos sol y se crea una zona donde personas y animales pueden refugiarse del calor del mediodía. Los árboles actúan como cortavientos naturales que protegen los cultivos anuales más frágiles. Y producen frutos deliciosos.

Algunas variedades se rigen por la vecería: alternan un año muy productivo con otro menos productivo.

UBICACIÓN

Debes tener en cuenta que, de entre todas las perennes que aparecen en el libro, los árboles son los más permanentes y visibles. ¡No tengas prisa en plantarlos, ya que, una vez lo hagas (ver pp. 162-64) no podrás moverlos! En el capítulo dedicado a los policultivos encontrarás más ideas sobre dónde plantarlos y cómo usar los microclimas que crean, por ejemplo con la asociación de cultivos (ver pp. 230-31).

A los frutales les gustan los lugares soleados y resguardados con un buen drenaje. El sol es crucial para la maduración. Que estén resguardados es esencial para proteger el propio árbol y sus flores. Un buen drenaje es básico porque si tienen los «pies mojados» sucumbirán a las enfermedades o morirán. En caso de duda, realiza la prueba de percolación.

Los manzanos, una vez consolidados, producirán frutos durante varias generaciones. Yo todavía cosecho manzanas de un árbol que plantó mi padre cuando yo era un bebé.

Prueba de percolación

Si quieres saber si tu suelo es adecuado para los frutales, una mañana, tras un par de días sin lluvia, cava un hoyo de 30 cm de ancho y 30 cm de profundidad, y llénalo de agua (ver derecha). A la mañana siguiente, vuelve a llenar el hoyo de agua y con una cinta métrica o una regla mide la velocidad de drenaje; coloca un palo atravesado sobre el agujero como punto de referencia. Mide la profundidad del agua cada hora. Lo ideal es una velocidad de drenaje de 5 cm por hora. Menos de 2,5 cm por hora es demasiado lenta y más de 10 cm por hora, demasiado rápida. Si la velocidad es demasiado lenta, prueba a plantar los frutales en bancales elevados profundos. Si es demasiado rápida, plántalos en un hoyo el doble de grande y añade una cantidad generosa de compost, preferiblemente de astillas descompuestas. Si el huerto es muy grande, puedes realizar la prueba en distintas zonas, para ver si alguna es más adecuada que otra.

A cubierto

En climas templados donde hace más frío y hay menos sol, los politúneles son una buena opción. Frutos como los melocotones, las nectarinas y las granadas son sorprendentemente resistentes, pero si los árboles están en el exterior y no hace suficiente calor, les cuesta dar frutos. El politúnel soluciona este problema.

PROPAGACIÓN Y PORTAINJERTOS

La mayoría de los árboles se propagan injertando un injerto (un tallo de un año de la variedad que quieres) en un portainjerto adecuado. El portainjerto proporciona las raíces de una especie distinta y controla el vigor del árbol. Los portainjertos de especies enanas permiten tener frutales en un balcón. De hecho, los árboles enanos son muy productivos porque emplean toda su energía en producir frutos y no en crecer.

Cada fruto tiene su portainjerto, y debes usar el correcto. Un portainjerto de membrillo es apto para un manzano, pero no para un cerezo. Dependiendo del portainjerto, esta técnica puede mejorar la resistencia de un árbol a las enfermedades comunes o su capacidad de adaptación a los suelos pobres. Encontrarás más información debajo de cada frutal.

Los árboles se venden ya injertados en un portainjerto con distintas cualidades; también puedes injertarlos tú; es un método de propagación más complejo que el de los esquejes, pero es más sencillo de lo que la gente cree. Si dispones de una superficie de cultivo extensa y buscas un método barato para crear distintos frutales, puedes comprar los portainjertos por internet e injertar injertos procedentes de la poda de tus frutales. Para más información sobre injertos de manzanos, perales y ciruelos, ver p. 129.

PRUEBA DE PERCOLACIÓN

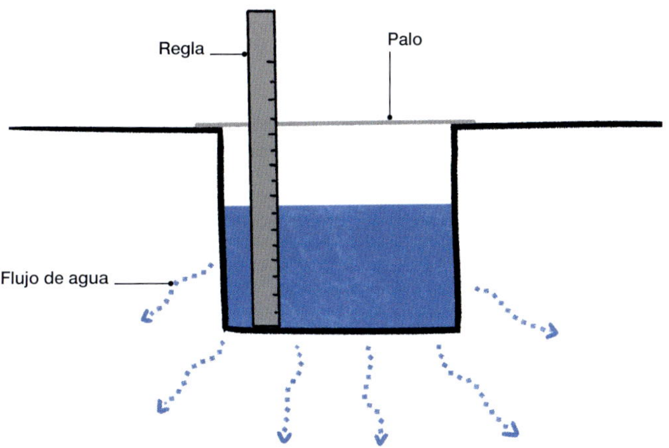

Comprobación del drenaje

Comprueba la velocidad de drenaje: mide la profundidad del agua cada hora para ver lo rápido que se filtra en el suelo.

POLINIZACIÓN

La polinización es un aspecto muy importante en el caso de los frutales. Los árboles que no son autopolinizadores (solo necesitan su propio polen), precisan un socio de polinización (una variedad distinta que crezca cerca y que florezca a la vez). Estos últimos, si no tienen un socio de polinización cerca, no producen frutos. Si plantas un único cerezo o un único albaricoquero, debes elegir variedades autopolinizadoras para que tengan frutos.

Algunas variedades de manzano son autopolinizadoras, pero otras muchas precisan otro manzano (de otra variedad) para que se produzca la polinización. El principal reto con los manzanos es que existen distintos grupos de polinización. Cada grupo está formado por variedades que florecen más o menos a la vez, así que son compatibles para la polinización cruzada. Manzanos del grupo 3 son polinizados por los grupos 2 y 4, etc.

La buena noticia es que, si vives en una zona suburbana o cerca de otras parcelas, es muy probable que tengas otros manzanos cerca que se encargarán de la polinización por ti. Si no, puedes plantar un manzano silvestre, que florece durante un periodo muy largo y resolverá el problema.

PLANTAR UN FRUTAL

Un árbol frutal constituye una pieza clave del huerto y, una vez plantado, requiere muy pocos cuidados. Por eso es importante empezar con buen pie y plantarlo con mucho mimo y esmero.

Mi técnica preferida para plantar frutales es el método de cero fertilidad, en el que no se usan nutrientes adicionales. Así, el árbol se ve obligado a extender las raíces en busca de alimento. Cuanto mejor sea su sistema radicular, más resistente será el frutal.

ÁRBOLES A RAÍZ DESNUDA

Se compran y se plantan durante el periodo inactivo (entre finales de otoño y principios de primavera) y son mucho más baratos (y fáciles de conseguir) que los frutales que vienen en macetas con compost.

Necesitarás

- Pala
- Frutal a raíz desnuda
- Estaca (y un mazo o apisonador para postes)
- Regadera
- Brida de fijación para árbol
- Estructura protectora (opcional pero recomendada)
- Madera ramial fragmentada (opcional)

1.
Escoge el lugar donde vas a plantar el árbol; debe ser soleado y estar resguardado; el suelo debe tener buen drenaje.

PLANTAR UN FRUTAL CON MACETA

Sigue los mismos pasos que se muestran aquí y planta el árbol a la misma profundidad a la que está en la maceta. Si las raíces estaban apretadas y daban vueltas alrededor del borde de la maceta, desenrédalas un poco antes de poner el cepellón en el hoyo. Los frutales que están en macetas pueden trasplantarse en cualquier momento del año, pero es mejor hacerlo entre octubre y abril (abril y octubre en el hemisferio sur).

2.
Recorta un trozo cuadrado de césped el doble de ancho que el sistema radicular y ponlo sobre las raíces mientras trabajas. Cava un hoyo 5 cm más hondo que el sistema radicular desde el cuello de la raíz (el cambio de color entre la corteza y la raíz).

3.
Si precisa una estaca (dependerá del portainjerto; el proveedor también puede informarte), colócala en la esquina más cercana al viento predominante. Así, cuando haga viento el árbol no chocará con la estaca y sus ramas no sufrirán daños.

4.
Pon en el hoyo un poco de la tierra excavada y luego el árbol en posición vertical; coloca un mango o palo sobre el agujero y comprueba que el cuello de la raíz está a nivel del suelo.

5.
Sigue llenando el hoyo con la tierra excavada; sacude el árbol suavemente para que la tierra rellene el espacio entre las raíces y no se formen bolsas de aire.

6.
Presiona la tierra suavemente. Luego dale la vuelta al trozo de césped que has recortado al principio y colócalo alrededor de la base del árbol; a lo mejor tienes que cortarlo para que cubra bien toda la base.

7.
Pisotea con cuidado la zona que rodea el tronco para anclar bien la planta; luego riégala de forma abundante.

8.
Coloca la brida de fijación para que quede bien atado a la estaca; el espaciador protege el tronco. Puedes poner una estructura protectora alrededor del tronco.

9.
Cubre la base con compost, recortes de césped, heno o astillas para retener la humedad y evitar los hierbajos.

MADERA RAMIAL FRAGMENTADA

A estos árboles, como al resto de las perennes, les gustan los suelos ricos en hongos. De hecho, forman asociaciones simbióticas con hongos micorrícicos, en las que intercambian nutrientes. Si cubres el suelo que rodea a los frutales con madera ramial fragmentada (ver pp. 66-67) aumentarás la cantidad de hongos del suelo sin gastar mucho dinero y crearás un entorno más favorable para el árbol.

ÁRBOLES Y ARBUSTOS PLANTADOS POR SUS HOJAS

¿Quién dice que los árboles no se comen? Recomiendo estos árboles y arbustos a todo aquel que quiera conseguir una gran cantidad de hojas comestibles con el mínimo esfuerzo.

MORERA BLANCA

Las hojas jóvenes de la morera blanca (*Morus alba*) pueden comerse si se cocinan y se tratan de un modo parecido a las hojas de ortiga. En huertos pequeños puedes cortar la morera a ras del suelo para que crezca más vigorosa y produzca más hojas.

TILO NORTEÑO

El tilo norteño (*Tilia cordata*), indispensable en cualquier bosque de alimentos o margen flexible, tiene unas hojas jóvenes con una agradable textura y un ligero sabor a limón. Pueden recolectarse y comerse crudas como las hojas de lechuga. El mejor método para que produzca muchas hojas es cortarlo a ras del suelo. Como es perenne, tendrás hojas para tu ensalada sin necesidad del compost ni del mantenimiento que precisan las hojas de ensalada anuales. Sus flores jóvenes pueden comerse crudas o secarse para preparar una infusión de tilo.

ARBUSTO SALADO

El arbusto salado (*Atriplex halimus*) es una planta ornamental muy popular que ofrece un ingrediente para las ensaladas. Sus hojas pueden comerse crudas y tienen un toque salado. Le gustan los suelos con buen drenaje y crece muy bien en un politúnel.

Como es perenne, puede cosecharse todo el año. Si crece en exceso, responderá bien a una buena poda.

VIDES

Las hojas de las vides (*Vitis*, ver también p. 171) pueden comerse crudas. Existen grandes diferencias de sabor y textura entre las distintas variedades. Martin Crawford (ver recursos, p. 280) descubrió que las hojas jóvenes de la variedad 'Chardonnay' eran comestibles y tenían un toque a limón y un punto jugoso. Recomienda las variedades *Vitis vinifera* por sus hojas. La variedad 'Rondo' de *Vitis vinifera* es apropiada para climas más fríos y húmedos.

EL TRUCO DE HUW

A principios de primavera puedes recoger hojas jóvenes de haya común (*Fagus sylvatica*) y espino blanco (*Crataegus monogyna*) para comerlas crudas en ensaladas primaverales.

MANZANOS Y PERALES

En los huertos vallados de las casas de campo siempre hay manzanos y perales. No obstante, no hace falta disponer de mucho espacio para cultivarlos: pueden incorporarse en huertos de todos los tamaños.

En Europa hay más de 2500 variedades de manzanos (*Malus domestica*) y 500 de perales (*Pyrus*), cada una con su propio sabor, textura y peculiaridades. Muchas de estas variedades son originarias de una zona geográfica específica. También solía ser así con las verduras, aunque muchas de ellas se han perdido para siempre.

Para saber cuáles son las variedades más apropiadas para tu zona, puedes visitar los huertos, jardines y parcelas locales. Compra siempre los frutales en viveros de la zona o especializados en árboles frutales donde puedan informarte sobre polinización, portainjertos, poda y cuidados específicos de cada variedad.

Precioso despliegue de manzanas de la variedad 'Pig Aderyn'.

PORTAINJERTOS

Los frutales enanos viven menos que los más grandes, pero alcanzan su productividad máxima antes. Los portainjertos más grandes pueden tardar siete años en alcanzar su producción máxima, mientras que los muy enanos solo tardan dos.

Portainjertos para manzano

Abajo tienes un gráfico con los portainjertos de manzano más comunes y con el tamaño final del árbol, para ayudarte a decidir los más apropiados para tu huerto. Si tu huerto es pequeño, te recomiendo que evites variedades más enanas y optes por el M26 en cordones. El M26 es un árbol arbustivo ideal para huertos pequeños y el MM106 para huertos medianos.

Portainjertos para peral

Los perales no usan los mismos portainjertos que los manzanos. Los más comunes son el Quince C, que alcanza los 2,5-3 m de alto; el Quince A, que llega a medir 3-4 m de alto, y el Pyrodwarf, que puede alcanzar unos 4-5 m de alto.

ELECCIÓN DE PORTAINJERTOS

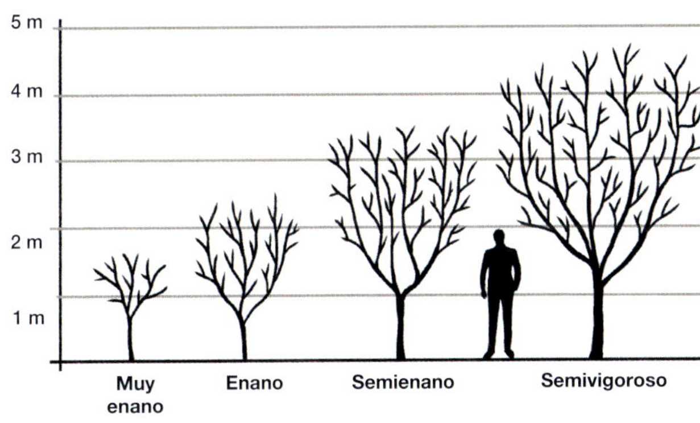

Altura	1,5-2 m	2-3 m	3-3,5 m	4-4,5 m
Tipo de portainjerto (manzano)	M27	M9	M26	MM106 & M116
Tipo de portainjerto (peral)	N/A	Quince C	Quince A	Pyrodwarf
Separación entre árboles	2 m	3 m	4 m	5 m

El gráfico muestra el tamaño de los portainjertos y la tabla correspondiente de manzanos y perales.

Propagación mediante tus propios portainjertos

En el caso de algunos perales, la compatibilidad de los portainjertos puede resultar confusa. Sin embargo, usar tus propios portainjertos para producir manzanas es muy fácil. Planta los portainjertos elegidos, tipo M26, en el suelo y déjalos crecer durante un año. El invierno siguiente córtalos a 5 cm del suelo y cúbrelos con 30-40 cm de serrín. La poda severa hará que le salgan más tallos y se enraícen en el serrín. El invierno siguiente retira con cuidado el serrín y corta los tallos enraizados por donde se unen al tallo original. Ya tienes portainjertos listos para ser injertados (ver p. 161).

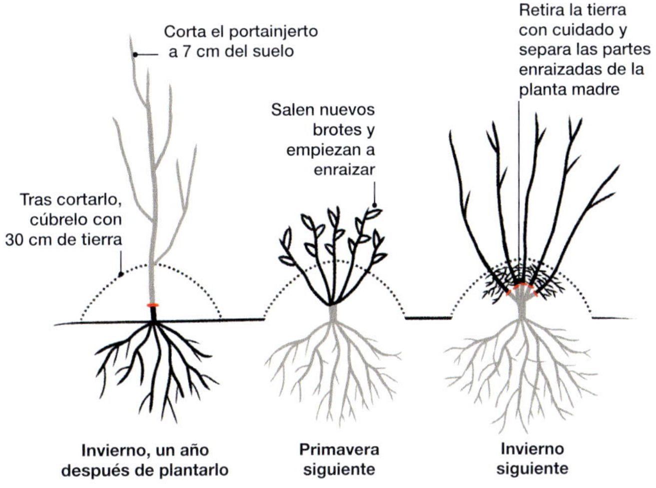

Las peras son un delicioso tentempié.

PODA DE MANZANOS Y PERALES

La poda es útil por varias razones. Garantiza una buena aireación y una mayor cantidad de luz, reduce el riesgo de enfermedades y mejora la maduración. También facilita la recolección de los frutos.

Poda después de plantar

Poda durante el periodo inactivo. Cuando plantas un manzano o un peral, tienes que podarlo. Al plantarlo será un árbol joven, con un solo tronco, o un arbusto. Si es un árbol joven, el objetivo es establecer el primer paso de la poda formativa, que es cuando animas a la planta a ramificarse, en vez de a crecer hacia arriba. Para lograrlo, corta el árbol hasta que quede entre un tercio y la mitad de alto, justo por encima de una yema, y luego frota dicha yema y las dos siguientes (cuanto más largo lo dejes, más alto será el tronco). Así, las nuevas ramas crecerán hacia fuera en vez de verticales.

Si el árbol ya tiene forma de arbusto, sigue los pasos de abajo los tres primeros años, para conferirle una estructura fuerte. Los años sucesivos, sigue las consignas del tercer año.

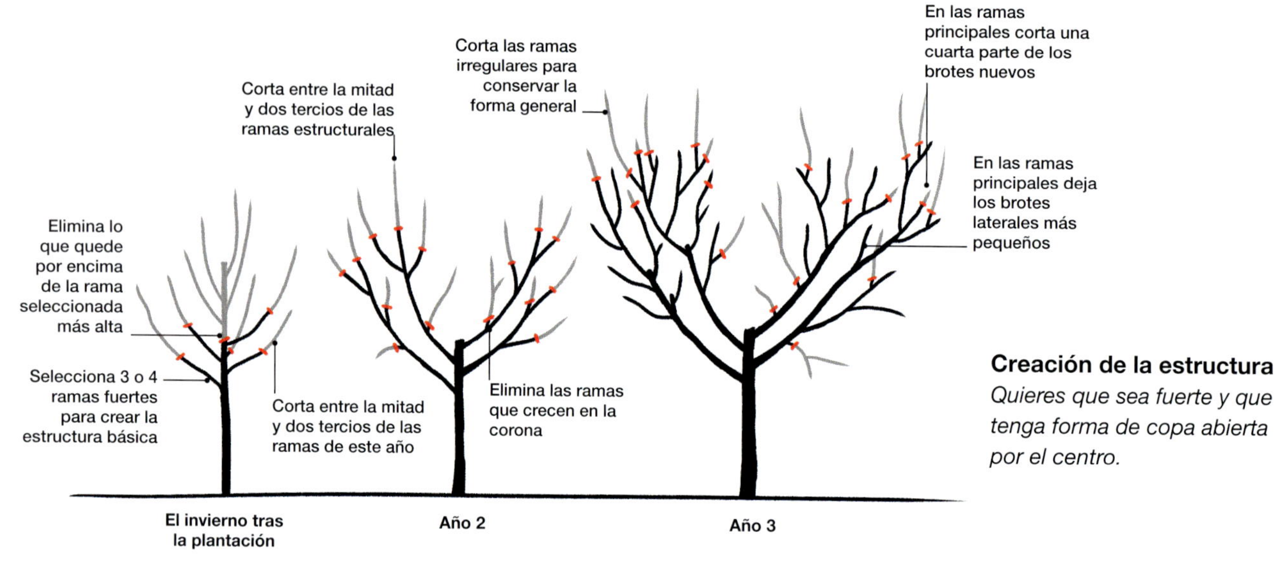

Creación de la estructura
Quieres que sea fuerte y que tenga forma de copa abierta por el centro.

Poda de árboles con yemas laterales y terminales

La mayoría de los manzanos y perales tienen yemas laterales. Eso significa que hay yemas frutales (bajas y rechonchas) a lo largo de las ramas, donde aparecerán los frutos. Algunas variedades presentan yemas terminales, es decir, los frutos solo se forman en la punta de los brotes del año anterior. En este caso, a partir del tercer año de poda formativa, deberás podarlos de un modo ligeramente diferente. Lo más fácil es dejar las ramas del año anterior que midan menos de 20 cm para que dé frutos la siguiente temporada; corta las que midan más de 20 cm hasta dejar solo cinco yemas. Los árboles con yemas terminales parciales pueden podarse como los de yemas laterales. En los manzanos hay muchos estilos de poda; yo explico la que funciona mejor si tienes unos pocos árboles y deseas espacio para plantar algún cultivo asociado debajo.

Aclarado de frutos

Cuando un manzano o un peral está muy cargado de frutos, es aconsejable aclararlos para favorecer la aparición de frutos más grandes y de buena calidad. Aclara los frutos a mediados de verano, que es cuando los manzanos se desprenden del exceso de frutos. Así será menos probable que el árbol produzca fuera de temporada (producción bienal) el año siguiente y que las ramas se partan a causa del peso, lo que puede provocar malformaciones o enfermedades. Deja los dos frutos más fuertes y sanos de cada racimo y elimina los más pequeños y deformes. En caso de espacios más silvestres, como un bosque de alimentos, no hace falta aclarar.

SOPORTES PARA RAMAS SOBRECARGADAS

Incluso tras el aclareo, algunas ramas pueden precisar un soporte debido al peso de los frutos. Los palos ahorquillados de avellano ofrecen un soporte rústico pero eficaz; coloca la base en el suelo y la horquilla arriba, y deja que la rama descanse en ella.

Poda de cordones

Los manzanos y perales en cordones son una opción fantástica para los huertos de permacultura pequeños que buscan incluir el máximo de perennes (aunque este método no es adecuado para los árboles con yemas terminales). A estos árboles puedes darles distintas formas, como de abanico o escalonada, pero los cordones son fáciles de manipular y permiten cultivar muchas variedades en un espacio pequeño; deja 60 cm entre ellos y colócalos en posición oblicua. Los cordones funcionan muy bien junto a un margen soleado. Existen muchos soportes para cordones, desde una simple estaca clavada en el suelo hasta alambres horizontales puestos cada 30-40 cm en una pared (ver p. 170). Puedes ir atando las ramas a medida que crezcan.

Los cordones, a diferencia de los arbustos, siguen un régimen de poda estival: alrededor de mediados de verano los perales y a finales de verano los manzanos.

Durante los dos o tres primeros inviernos de la vida del cordón, recorta un tercio de las ramas del verano anterior que salgan del tronco principal, para aumentar la producción de frutos y brotes debajo.

Cordones en U

Si quieres llevar el entutorado al siguiente nivel, prueba los cordones en U y en doble U. Serán menos vigorosos en crecimiento vegetativo, pero más productivos a la hora de dar frutos.

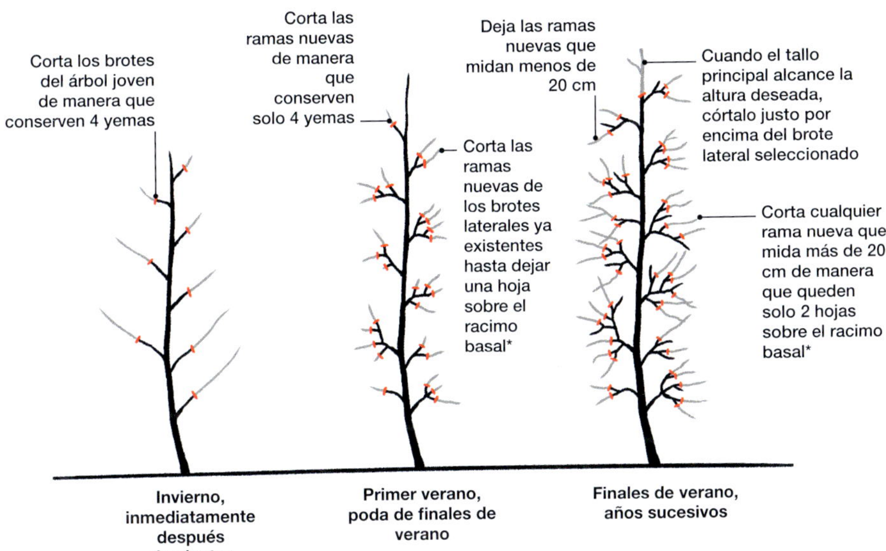

Dar forma a un cordón

Sigue esta guía para dar forma a este cordón con un tallo principal y ramas cortas con frutos. El dibujo de abajo muestra por dónde hay que podar las nuevas ramas en verano.

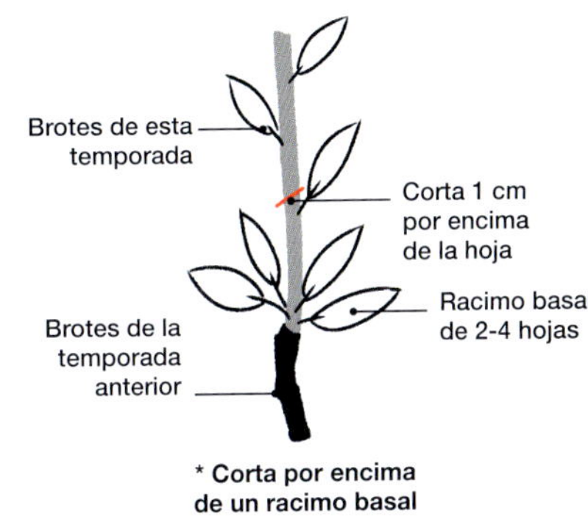

* Corta por encima de un racimo basal

MANZANO SILVESTRE

El manzano silvestre (*Malus sylvestris*, derecha) es una planta de seto que ha sido domesticada. Actualmente existen cientos de variedades, que suelen elegirse por el valor ornamental de sus flores, que duran toda la primavera, y por el despliegue de manzanas, que permanecen en el árbol hasta bien entrado el invierno y presentan una gran variedad de colores, desde amarillo chillón a rosa intenso. Todas las manzanas silvestres son comestibles. Algunas son un poco ácidas pero otras, como la variedad 'Butterball', presentan un delicioso equilibrio entre dulce y ácida, y se usan en muchas recetas.

Podarlo es muy fácil: elimina las ramas muertas, enfermas o dañadas, y aclara las ramas horizontales o que congestionan. Cuando dos ramas se entrecrucen, da un paso atrás y decide cuál aporta más estructura al árbol; corta la otra.

CIRUELO

La mayoría de las variedades de ciruelo y ciruelo silvestre son autofértiles o autógamas. Sus frutos son deliciosos.

Los ciruelos (*Prunus domestica*) se podan como los manzanos y los perales arbustivos (ver pp. 168-69). La única diferencia es la época: hasta los tres años es mejor podarlos a mediados de primavera y luego a principios de verano. Así se disminuye el riesgo de infección a causa del hongo asesino de árboles, que es más probable que penetre por los cortes de poda en invierno. A veces les salen chupones en la base del tronco. Es una parte natural del crecimiento del portainjertos. Cuando aparezcan, arráncalos con cuidado.

Con ciruelas silvestres y manzanas puede prepararse un delicioso chutney casero.

ENTUTORADO DE CIRUELOS COMO CORDONES

Los ciruelos funcionan bien si se entutoran como cordones en un muro o valla, o con una estaca permanente. Los cordones pueden ser verticales u oblicuos (ángulo de 45 grados). Los verticales quedan genial en barreras altas o espacios pequeños, ya que ocupan menos anchura, pero crecen con más brío y precisan una poda mayor. Si quieres un arco llamativo, los cordones verticales son la mejor opción, ya que pueden alcanzar los 3 m de alto. Los oblicuos siguen el mismo sistema de poda, pero su crecimiento vegetativo será menor, ya que el árbol dedicará más energía a la producción de frutos.

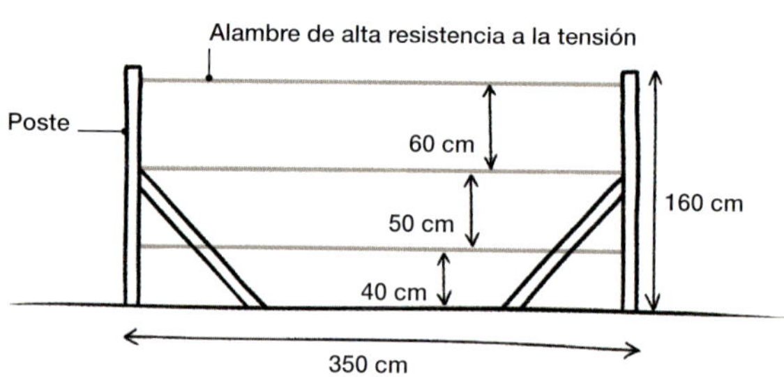

Soportes para cordones
Esta estructura sirve para entutorar todo tipo de cordones.

Valla para cordones

También puedes hacer una estructura con postes y alambre. Lo ideal es que los cordones vayan de este a oeste para crear un margen orientado al sur; así tendrán más sol, lo que redundará en su salud y productividad. Necesitarás postes resistentes en ambos extremos y alambre de alta resistencia a la tensión.

CIRUELO SILVESTRE

El ciruelo silvestre (*Prunus insititia*) es una subespecie del ciruelo con frutos más pequeños. Produce cosechas espectaculares. Los frutos se conservan muy bien, sobre todo congelados. ¡Úsalos para postres invernales o para preparar un delicioso chutney!

VID

Una vid no es un árbol, pero puede llegar a ser enorme. ¡El tallo principal de la vid que tiene mi padre en el politúnel ocupa los 7 m que mide el techo de punta a punta ida y vuelta!

Casi todas las vides (*Vitis*) son autógamas y se adaptan bien a los politúneles, donde la poda permite controlar su tamaño. Yo recomiendo plantar una vid en la esquina más septentrional del politúnel y entutorarla a lo largo de la pared posterior, para que no proyecte su sombra sobre el resto de los cultivos. O entutórala por una zona del techo del politúnel y crea un espacio sombreado que ayude a regular la temperatura interior durante los calurosos días estivales. Puedes plantar cultivos que prefieren sombra parcial bajo el «túnel de uvas». Si quieres cultivar vides en el exterior debes plantarlas en lugares soleados y lejos de cualquier zona de heladas. Fuera o dentro, precisan soporte permanente, como una valla o una estructura con alambres (como los cordones, ver p. 169). Puedes podar las vides de forma «estándar». Produce hojas comestibles (ver p. 165).

ELECCIÓN DE VARIEDADES

Si quieres cultivar vides fuera en climas más fríos debes elegir variedades que sobrevivan a los meses invernales y produzcan cosechas en otoño, distintas a las que se cultivan para producir vino en climas secos y cálidos. Por suerte los viñedos a pequeña escala cada vez son más populares, lo que te permitirá saber qué variedades son las indicadas en tu zona. Todas las uvas son comestibles.

Uvas listas para cosecharse.

PODA

En el caso de las vides puede ser más complicada. Las que están a cubierto es mejor podarlas como cordones, con un tallo principal que se va atando al techo del politúnel a medida que crece y espolones fructíferos. A principios de invierno, recorta un tercio de las ramas nuevas que salen del tallo principal. Corta las ramas laterales hasta dejar solo dos yemas y los años futuros corta los tallos que salgan de estas hasta dejar solo una yema. A finales de primavera, corta las ramas que no dejen llegar la luz a los racimos de uvas que están madurando.

Con las plantadas fuera sigue el mismo proceso, pero elige entre cuatro y seis tallos principales; entutóralos como cordones verticales u horizontalmente en una valla para cordones.

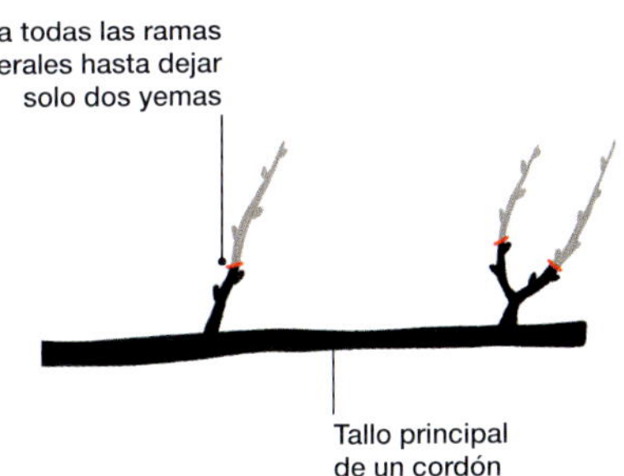

Ramitas fructíferas

Este primer plano de un tallo principal de vid muestra cómo podar cada rama lateral para formar una ramita fructífera. Las ramas laterales deben espaciarse unos 30 cm.

FLORES Y HELADAS

Los árboles frutales y las vides tienen una debilidad en común: las heladas tardías. Cuando los árboles han florecido, una helada intensa puede aniquilar las flores, lo que implica que no obtendrás frutos. Las vides son más vulnerables si se cultivan fuera; si hay amenaza de helada, envuelve las plantas con vellón agrícola. Podarlas para que los frutos queden a 1 m o más del suelo ayuda a protegerlas de la escarcha en el suelo.

OTROS ÁRBOLES FRUTALES

He hablado de los principales árboles frutales de un huerto, pero existen otras muchas opciones. Dependiendo del clima de tu zona, podrás plantarlos fuera o en un sitio cubierto.

Todos los árboles que aparecen en este capítulo son resistentes, pero algunos precisan veranos benignos para dar frutos. Si donde vives no lo son, haz como yo y cultívalos en el politúnel.

Las variedades enanas alcanzan antes la madurez que los portainjertos más vigorosos, y dedican más energía a la producción de frutos que a la producción de hojas y tallos. Para cultivarlos a cubierto escojo siempre variedades enanas; así tienen siempre un tamaño compacto.

MELOCOTONERO Y NECTARINO

Son bastante parecidos. La principal diferencia es que las nectarinas (*Prunus persica* var. *nectarina*) no tienen la pelusilla que presentan los melocotones (*Prunus persica*), y si las cocinas se mantienen más consistentes. La floración de ambos a principios de primavera es espectacular. Todas las variedades son autofértiles.

ALBARICOQUERO

El albaricoquero (*Prunus armeniaca*) es un frutal de hermosas flores. Sus frutos son más pequeños que los melocotones y tienen una textura menos carnosa, pero es mejor la mermelada de albaricoque que la de melocotón o nectarina. Todas las variedades son autofértiles.

GRANADO

Los granados (*Punica granatum*) pueden cultivarse en sitios más fríos siempre que se use la variedad adecuada y se planten a cubierto. Resisten hasta unos -5 °C, así que durante las olas de frío deberás cubrirlos con vellón agrícola. Todas las variedades son autofértiles.

MORERA

A diferencia de los frutales mencionados hasta ahora, que yo cultivo a cubierto, la morera (*Morus*) es un frutal resistente que puede cultivarse en el exterior incluso en zonas más frías. Las hojas jóvenes se comen cocidas (ver p. 165) y sus frutos son refrescantes, con un buen equilibrio entre dulce y ácido. Todas las variedades son autofértiles.

MEMBRILLO Y NÍSPERO

Los membrillos (*Cydonia oblonga*) han perdido popularidad en los últimos años, quizá porque sus frutos parecen un híbrido entre una pera y una manzana nudosa. El níspero (*Mespilus germanica*) está emparentado con el membrillo y tampoco es muy popular. Con ambos frutos se preparan excelentes vinos, mermeladas, confituras y gelatinas. Existen variedades y portainjertos aptos para huertos pequeños.

CIRUELO CLAUDIA

El ciruelo claudia (una subespecie del *Prunus domestica*) da unos frutos que están infravalorados. Son de color verde, pero tienen un sabor increíblemente dulce. Nunca olvidarás la primera vez que pruebes uno. La ciruela claudia es perfecta para postres y conservas. La mayoría son autofértiles.

CEREZO

Los cerezos (*Prunus avium*) son una de las grandes delicias del verano. Ten en cuenta que a los pájaros les gustan las cerezas incluso más que a nosotros, así que cultiva variedades enanas y protégelas con una malla. Muchas variedades modernas son autofértiles.

HIGUERA

Las higueras (*Ficus carica*) son indispensables, aunque tengas que cultivarlas en un contenedor grande para limitar el desarrollo de las raíces y potenciar la producción de frutos. Crecen mejor en un margen soleado. Protégelas con vellón agrícola cuando haga frío. También pueden cultivarse a cubierto. Además de sus frutos, pueden comerse sus hojas jóvenes, que se cocinan. Las hojas se usan también para envolver quesos.

Cosechando la primera tanda de albaricoques de mi bosque de frutales cubierto.

PIMENTEROS Y AVELLANOS

Si te apetece probar otros árboles que dan frutos, te recomiendo los avellanos (*Corylus avellana*, derecha), que se cultivan por sus frutos, y los falsos pimenteros (*Zanthoxylum*, especies), que incluyen los tipos de Sichuan y nepalí. Los avellanos son una buena opción en huertos grandes y se adaptan a los sitios parcialmente sombreados. No producirán una cosecha abundante, pero poder disfrutar de sus avellanas en otoño hará que valga la pena. También puedes cortarlo a ras del suelo para tener palos de avellano que sirvan de soporte a guisantes y judías. Los falsos pimenteros son muy fáciles de cultivar y producen hojas aromáticas y abundantes frutos parecidos a los granos de pimienta, ambos muy útiles en la cocina.

Anuales

CULTIVO DE PLANTAS ANUALES

La oferta de verduras, hierbas y flores anuales para un huerto de permacultura es enorme. Cada cultivo ofrece unas características concretas, desde un color insólito a una gran resistencia a las enfermedades. Y lo más importante, nos aportan distintos sabores.

Las plantas anuales suelen sembrarse y cosecharse la misma temporada de cultivo, pero algunos cultivos, como el brócoli morado de brotes y la col de primavera, precisan dos temporadas. A diferencia de las perennes, las anuales se propagan casi exclusivamente mediante semillas y las distintas variedades presentan más diferencias que en el caso de las perennes.

CUIDADOS TIERNOS

El paso más importante con las anuales es lograr que alcancen la semimadurez: cuando tienen al menos siete u ocho hojas. Luego precisan menos atenciones y, en la mayoría de los casos, puedes olvidarte de ellas hasta la cosecha. Tu función es que cada semilla que siembres empiece de la mejor manera posible.

En el huerto a mediados de verano; recolocando una judía en la estructura en forma de tipi.

Recogiendo semillas de una vaina seca de la espectacular judía 'Rhondda Black'.

SEMILLAS

La obtención y selección de semillas es vital para que el huerto sea productivo. Pueden conseguirse de otros horticultores o de intercambios, o en bancos de semillas comunitarios, empresas de semillas tradicionales y proveedores al por mayor. Yo pido semillas a distintos proveedores de confianza cada invierno; siempre que puedo opto por proveedores pequeños, a los que también pido las variedades más raras y peculiares. En las pp. 224-25 tienes una lista con mis variedades preferidas.

Almacenamiento y vida útil de las semillas

La fecha de caducidad de los paquetes de semillas es una garantía de germinación que tiene en cuenta el umbral legal de tasa de éxito necesario para comercializar las semillas. A partir de dicha fecha, la viabilidad de la semilla va disminuyendo, aunque a veces uno puede llevarse una sorpresa agradable con las semillas viejas. Como cuando Luke Marion de Michigan cultivó con éxito unas semillas de tomate de ochenta y cinco años y resucitó una variedad que se consideraba extinta.

Muchas veces se usa solo parte del paquete. Puedes guardar las semillas restantes para otras temporadas, desde en una caja de zapatos hasta en un organizador de fotos. Las tarrinas de helado y los envases de plástico para llevar también sirven y te permitirán guardarlas herméticamente, lo que prolonga su vida útil. Lo más importante, no obstante, es el lugar donde guardes dicho recipiente. Debes almacenar las semillas en un lugar fresco, seco y oscuro, como la estantería inferior de una alacena.

Si tienes un paquete viejo ya caducado, te sugiero que plantes unas 10 semillas y compruebes qué ocurre. Hay algunos cultivos que son especialmente pobres en cuestión de viabilidad. En el caso de las chirivías, el maíz, los puerros y las cebollas, te sugiero que consigas semillas nuevas cada año.

Recogida de semillas

Las semillas caseras, como pasa con la comida casera, siempre son las mejores. Con el tiempo, dichas variedades mostrarán una mejor adaptación al clima y al suelo de tu huerto. La información básica sobre la recogida de semillas está en las páginas 222-23; también encontrarás las razones por las que debes dejar que algunos cultivos se autosiembren.

RECOLECCIÓN

Algunos consejos relativos a la cosecha pueden aplicarse a la mayoría de los cultivos. El mejor momento para la recolección es a primera hora de la mañana, cuando las temperaturas son más frescas y los cultivos presentan mayor porcentaje de humedad, lo que mejora su vida útil. En el caso de cultivos plantados en hileras o macizos, como las zanahorias o las remolachas, cosecha primero los especímenes más grandes y deja que los más pequeños sigan creciendo. Para que sepan mejor, cosécha los en su punto óptimo de maduración.

LAS FAMILIAS DE VERDURAS

Hay siete familias de verduras principales: liliáceas, compuestas, quenopodiáceas, crucíferas, umbelíferas, solanáceas y cucurbitáceas. En este capítulo analizaré cada uno de estos grupos. Ofreceré información específica y una tabla de cada cultivo, para que puedas sacar el máximo partido a tu huerto.

Uso de las tablas

Cada verdura viene acompañada de una tabla, para que dispongas de información detallada sobre ella, más allá de lo dicho sobre la familia a la que pertenece.

Siembra en el exterior Mejor ventana de siembra para sembrar directamente fuera

Siembra a cubierto Mejor ventana de siembra para empezar con macetas y bandejas modulares en un entorno protegido

Profundidad de siembra Profundidad del hoyo o la zanja

Semillas por módulo Información sobre siembra grupal

Separación entre plantas Información para plantas individuales y macizos de siembra grupal

Cosecha La ventana de cosecha habitual en el exterior para ese cultivo basado en la ventana de siembra

SIEMBRA EN MACETAS Y BANDEJAS MODULARES

Sembrar en macetas, bandejas y bandejas modulares (bandejas con muchas celdas) es vital para que el huerto sea productivo. Puedes empezar antes a sembrar plantones a cubierto y plantarlos fuera cuando el tiempo mejore y usar así la siembra sucesiva (ver p. 218).

Las bandejas modulares (y las macetas) se llenan igual con todas las semillas; las únicas diferencias serán la profundidad de siembra y el número de semillas por celda. Yo no uso compost para semillas. Prefiero un compost multiusos sin turba de buena calidad o alguna alternativa casera (ver p. 55). Tienes los pasos siguientes a la siembra en macetas y bandejas modulares en las pp. 182-83.

ELECCIÓN DE MACETAS Y BANDEJAS

Hay tantas clases de macetas y bandejas que cuesta decidir. Con los años he conseguido reunir una selección que cubre todas mis necesidades. A final de temporada no limpio ni las macetas ni las bandejas; es una pérdida de tiempo y energía.

Opciones de macetas

Las macetas de 7-9 cm de diámetro son ideales para sembrar las semillas más grandes (como las de calabaza) o para poner muchos plantones pequeños (como de lechuga) que luego trasplantarás. Yo uso estas macetas sobre todo para los plantones de tomate más pequeños (ver p. 206). Puedes usar macetas de 13-17 cm de diámetro para que los plantones sigan desarrollándose; son especialmente útiles para que las crucíferas sigan madurando y puedas plantarlas fuera una vez recolectados los tomates.

Opciones de bandejas modulares

La bandeja más versátil es la que tiene celdas de 4 x 4 cm. En ellas puedes sembrar desde remolachas hasta coles de Bruselas. El tamaño de las celdas permite dejar los plantones hasta que tienen algunas hojas verdaderas; luego pueden trasplantarse o plantarse en macetas. Los entrenadores de raíces (bandejas con celdas largas) son excelentes para cultivos de raíces profundas como las judías y las habas. Las bandejas que no están divididas en celdas pueden usarse como las macetas con plántulas copiosas que luego separarás y trasplantarás, normalmente a módulos de 4 cm. Los módulos más pequeños (2-3 cm) sirven para criar el máximo de plantas bajo lámparas de crecimiento; luego, cuando tienen un par de hojas verdaderas, se pasan a macetas.

SIEMBRA EN UNA BANDEJA MODULAR

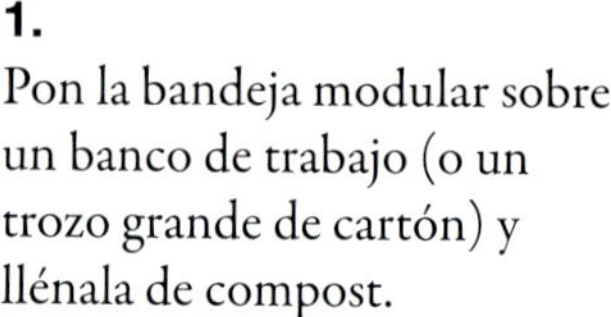

1.
Pon la bandeja modular sobre un banco de trabajo (o un trozo grande de cartón) y llénala de compost.

2.
Extiende el compost para que llene de modo uniforme todas las celdas.

3.
Cuando estén llenas, presiona firmemente con dos o tres dedos el compost de cada celda; añade un poco más de compost y presiona de nuevo. Así el compost no se desprenderá de las raíces al trasplantar y se reduce la cantidad de aire, que puede entorpecer la germinación. Riega la bandeja: unos 5 segundos si usas una regadera con roseta.

4.
Con los dedos, haz un agujero en cada celda con la profundidad adecuada, según lo que vayas a sembrar.

5.
Siembra una o más semillas en cada agujero.

6.
Cúbrelas con compost. Con la palma y los dedos presiona con firmeza el compost añadido; asegúrate de que no queden bolsas de aire. Etiqueta la bandeja y vuelve a regarla otros 5-10 segundos. Colócala en los estantes para plantones.

Siembra grupal

La siembra grupal es una técnica muy popular que sirve para sembrar muchas semillas en el mismo módulo y plantar los plantones en grupos; no requiere aclareo. Funciona con distintos cultivos y es genial para ahorrar espacio de propagación, compost y agua; ¡y por supuesto tiempo! Yo uso esta técnica sobre todo con los guisantes (tres o cuatro semillas); y pongo cuatro o cinco semillas si son de rábano, remolacha, puerros, cebolletas, hierbas anuales y hojas de ensalada.

OPTIMIZACIÓN DEL ESPACIO

Repisa colgante

Si tienes un politúnel o un invernadero, puedes aumentar la superficie para sembrar semillas con una repisa colgante. Confecciona una estructura de madera y fíjala con alambre a las barras de soporte del politúnel. Además, será un espacio de propagación libre de roedores, lo cual resulta especialmente útil con los guisantes y las judías.

Alfombrillas térmicas y lámparas de crecimiento

Si siembras cultivos que necesitan calor para germinar, como las hortalizas fructíferas (tomates y berenjenas), especialmente a principio de temporada, tendrás que invertir en alfombrillas térmicas y lámparas de crecimiento. Las alfombrillas proporcionan la temperatura que las semillas precisan para germinar y las lámparas evitan que los plantones crezcan alargados y delgados. También puedes usar la parte superior de la nevera de forma temporal, hasta que salgan los plantones; luego ponlos en la parte interior de un alféizar soleado.

RIEGO

Regar las bandejas modulares recién sembradas y los plantones jóvenes es muy sencillo. Si la superficie del compost parece seca, tócala con el dedo. Si el centímetro superior está seco y los plantones todavía no han salido, tienes que regar. Una vez que los plantones salgan, riega siempre que los 1-2 cm superiores estén secos. Puedes regar desde arriba con un pulverizador; yo siempre doy una pasada y luego otra a los 10-15 minutos. Así el agua llegará a las raíces y no se limitará a mojar la superficie. También puedes poner las bandejas modulares en una bandeja con agua (ver p. 92).

CUIDADOS GENERALES

Para una buena aireación, conviene ventilar bien el politúnel o miniinvernadero durante el día. Si los plantones se marchitan pero las bandejas están húmedas, puede tratarse de marchitamiento fúngico, causado por falta de aireación y riego excesivo. Si ves un par de plantones que muestran signos de marchitamiento, llévalos de inmediato a un lugar cálido, soleado y resguardado para que la tierra se seque. Eso puede ayudar, aunque en la mayoría de los casos es mejor volver a sembrar.

SIEMBRA DIRECTA

La siembra directa es mi método preferido con las plantas fuertes. La siembra en módulos es el método que más uso debido a las restricciones propias de una temporada de cultivo corta, pero siempre que puedo opto por la siembra directa.

Hay cultivos que deben sembrarse directamente en el suelo, porque si se trasplantaran se dañarían sus raíces: las zanahorias y las chirivías son los más típicos. En la siembra directa las raíces disponen de espacio, por lo que pueden cubrir una zona mucho más grande y contribuir a que la planta sea más resistente. Otros cultivos, como los puerros y las crucíferas con tallo, pueden sembrarse directamente en un «semillero» y así no ocupan espacio cubierto. Un semillero es una zona especialmente preparada (como una parte de un bancal elevado) en la que se siembra a principios de temporada para criar plantones que luego se trasplantan. Cuando se quitan los plantones, puede plantarse otro cultivo.

PREPARACIÓN DEL SUELO

Antes de sembrar hay que preparar el suelo. Lo ideal es formar un tempero: una zona en la que la tierra esté suelta y aireada, sin piedras ni maleza. La mejor herramienta para lograrlo es el rastrillo de asfalto. Empieza pasando el lado plano por los 5-7 cm superiores de tierra. Luego rastrilla con las púas los 2-3 cm superiores para retirar las piedras y ramitas grandes. Llévalo hacia una esquina y recógelo con la pala. Rastrilla la superficie una última vez con las púas para nivelarlo. Luego coloca el rastrillo de modo que el mango quede vertical y presiona con firmeza la superficie con el lado plano, para eliminar las bolsas de aire.

PALO Y CUERDA

Normalmente se siembra y se trasplanta en hileras rectas. La forma más fácil de confeccionarlas es con dos palos rectos de unos 25 cm de largo y una cuerda de 2 m. Ata la cuerda a 5 cm del extremo superior de ambos palos. Ya tienes un marcador de líneas rectas fácilmente ajustable.

SIEMBRA EN HILERAS

1.
Mide la hilera con un listón de madera o palos y cuerda. Con un mango o palo recto confecciona una zanja con la profundidad deseada.

2.
Siembra las semillas a lo largo de la zanja. La separación entre semillas no tiene que ser perfecta, pero intenta no excederte: se tarda más en aclarar que en sembrar.

3.
Cubre las semillas con la tierra de ambos lados de la zanja y presiona firmemente con las manos. Identifica la hilera con una etiqueta.

4.
Riega bien la hilera o siembra antes de que llueva y deja que la naturaleza lo haga por ti.

RIEGO CONSTANTE Y EL MÉTODO DEL TABLÓN

El método del tablón de «Bill Mollison» ahorra tiempo de riego, ya que evita que el suelo se seque. Tras sembrar y regar una hilera de semillas, coloca un tablón (por ejemplo de un palé) sobre dicha hilera y déjalo ahí. Tres o cuatro días después, busca debajo signos de germinación; cuando asomen los primeros plantones, retira el tablón. Si hace mucho calor, quizá tengas que regar bajo el tablón. Si no usas este método, riega siempre que los 1-2 cm superiores de tierra estén secos hasta que salgan los plantones; las dos o tres semanas siguientes riega cuando los 2-3 cm superiores estén secos.

Retirando el tablón para descubrir una hilera de plantones de puerro recién germinados.

SIEMBRA AL VOLEO

Este método de siembra directa se usa con cultivos básicos o si quieres cultivar una mezcla de hojas de ensalada, o de hierbas y flores comestibles. Crea el tempero habitual y luego disemina las semillas lo más uniformemente que puedas. Rastrilla suavemente las semillas con los 1-2 cm superiores de tierra; pon el rastrillo vertical y apisona el terreno con la parte plana. Luego riégalo.

EL TRUCO DE HUW

A veces, incluso si haces todo lo que está en tu mano para que la semilla sobreviva, la naturaleza decide que no sea así. Tú solo puedes controlar lo que haces, no si la semilla germina (o no).

PASOS SIGUIENTES

Si siembras con cuidado, los plantones crecerán sanos. El paso siguiente es proporcionarles más espacio para que puedan seguir madurando, con el aclareo o trasplantándolos a un contenedor más grande o a su ubicación definitiva.

Aclarando plántulas que usaré como microvegetales para la ensalada.

ACLAREO

El aclareo consiste en reducir el número de plantones en un espacio determinado. Si están en macetas o bandejas modulares, tienes que aclararlos si hay demasiados (por ejemplo, si has puesto sin querer dos semillas en un agujero). En la siembra directa, aclaras para garantizar que hay espacio suficiente entre las plantas para que estas maduren correctamente. Se dice que es mejor aclarar con unas tijeras o unas tijeras de podar para no dañar las raíces del resto de las plantas. Pero he descubierto que basta con tirar suavemente de los plantones. Escoge el método que más te guste y aclara primero las plantas más pequeñas y débiles.

TRASPLANTES

Trasplante de plantones

La mayoría de las veces trasplantarás plantones cultivados en módulos de 4 cm. En el bancal elegido para que maduren, haz un agujero con un plantador, un desplantador o los dedos, ligeramente más profundo que el tamaño del módulo. Extrae el plantón del módulo y colócalo en el agujero. Presiona la tierra a su alrededor; la tierra del bancal debe quedar al mismo nivel que el plantón. Riégalo. Puedes hacer que el plantón y la tierra que lo rodea queden ligeramente más hundidos; así creas un efecto cuenco que facilita el acceso del agua hasta las raíces los primeros días.

Cuando manipules los plantones, como en el repicado, agárralos siempre por una hoja para no dañarles el tallo.

1. *Extrayendo una col rizada de fuera.* 2. *Si se trasplanta a cubierto, la col rizada es más productiva en invierno.*

Trasplante de plantas más grandes

Riega bien la maceta al menos 10 minutos antes de trasplantar la planta, para minimizar la alteración de las raíces. Luego haz un hoyo en el suelo del tamaño de la maceta, toma la maceta, pon una mano encima de modo que el tallo te quede entre dos dedos, dale la vuelta y golpea la base firmemente con la otra mano para soltar las raíces. Pon las raíces en el hoyo, presiona la tierra a su alrededor y riégala bien. Puedes hacer el agujero más profundo y añadir uno o dos puñados generosos de compost en la base; eso es indispensable con los cultivos que precisan muchos nutrientes, como los tomates y las calabazas.

Trasplante de plantones a raíz desnuda

Si tienes que trasplantar puerros o crucíferas con tallo, levanta suavemente las raíces con un tenedor y ponlas en un cubo con agua. Separa los plantones con cuidado y haz los agujeros para plantarlos. Pon cada plantón a la profundidad deseada. Riégalos bien y luego rellena con tierra el hueco alrededor del tallo.

Enmacetar

Enmacetar es trasplantar un plantón de una bandeja modular o una maceta pequeña a una maceta más grande, para que las raíces dispongan de más espacio para crecer. Es vital para que plantas tiernas como los tomates y los pimientos crezcan sanos mientras fuera sigue haciendo frío. Llena la maceta con algún medio de cultivo, haz un agujero del tamaño del cepellón, planta el plantón en el agujero y, finalmente, riégalo.

Repicado

El repicado se usa para trasplantar pequeños plantones que solo tienen cotiledones o sus primeras hojas verdaderas. Con un palo o un lápiz afloja el plantón; tómalo por una hoja y extráelo con cuidado. Repite la operación con el resto de los plantones que vayas a trasplantar. Prepara las macetas o bandejas modulares del mismo modo que si fueras a sembrar, pero haz los agujeros más profundos con ayuda del lápiz o palo. Mete en cada agujero las raíces y el tallo de un plantón (justo por debajo de las primeras hojas), presiona alrededor de los tallos y riégalos.

EL TRUCO DE HUW

Cuando trasplantes plantones pequeños, agárralos por una de sus hojas; si la hoja se rompe, la planta puede sobrevivir. Si los agarras por el tallo y lo dañas, la planta no sobrevivirá. En el caso de los plantones más grandes, puedes sujetarlos también por el cepellón.

ACLIMATACIÓN

Los cultivos tiernos como la calabaza, el tomate y la judía de mata baja responden bien a la aclimatación, que se realiza antes de plantarlos en el exterior. No es estrictamente necesaria, pero reduce el shock del trasplante (cuando las plantas experimentan un cambio fuerte de temperatura y quedan expuestas a elementos como el viento o la luz directa del sol, y necesitan varios días para adaptarse, lo que ralentiza su crecimiento). Para aclimatar plantones, sácalos de su hogar a cubierto (pero en su maceta o bandeja modular) y déjalos fuera durante el día; por la noche vuelve a ponerlos a cubierto. Hazlo los cinco a seis días previos al trasplante. La razón por la que no suelo aclimatar las plantas, a menos que sea el mes siguiente a la fecha de la última helada, es que no quiero agobiarme, francamente, y sé que las plantas crecen igual de bien una vez se han adaptado. ¿Qué prefieres sacrificar, tu tiempo o lo que tarda la planta en adaptarse a su nuevo hogar?

USO DE BIOCARBÓN

Si añades un 10 por ciento de biocarbón (ver pp. 68-69) al compost durante el repicado o el enmacetado, los plantones crecerán más fuertes y sanos y, a largo plazo, mejorarán la salud del suelo donde los plantes. Al trasplantar, también puedes añadir en la base del hoyo un par de puñados de una mezcla hecha con 1 parte de biocarbón y 9 partes de compost.

LILIÁCEAS

Las cebollas, conocidas por el sabor que aportan a los platos, pertenecen a la familia pequeña pero imponente de las liliáceas.

Los puerros, las cebollas, el ajo y las chalotas crecen bien a pleno sol y en suelos ricos con un buen nivel de humedad.

VARA FLORAL DE AJO

Hay dos tipos de ajo: de cuello duro y de cuello blando. El de cuello duro es más adecuado para climas fríos (clima duro, cuello duro) y da un tallo floral (vara floral) que debe cosecharse antes de que se abra la flor. La vara es un manjar delicioso. El de cuello blando suele conservarse más tiempo y crece bien en climas más cálidos. Si vives en un clima frío, prueba a cultivar el de cuello duro en un politúnel o un bancal con aros durante el invierno.

CÓMETE LAS HOJAS

Las cebollas y las chalotas producen una cosecha adicional: las hojas. En la temporada de cultivo recoge una hoja por planta de vez en cuando y úsala como si fuera una cebolleta. En la cosecha principal, recoge todas las hojas de calidad, trocéalas y congélalas.

DEJA FLORECER LOS PUERROS

El puerro produce unas flores gigantes con un tallo que puede llegar a medir cerca de 1,8 m. Los insectos beneficiosos las adoran. ¡Una vez vi 11 abejas y 2 mariposas almirante rojo en una flor de puerro! Para disfrutar de sus flores debes cultivar una variedad resistente y dejar algunos ejemplares tras la última cosecha. Las flores pueden durar mucho tiempo.

BULBILLOS DE CEBOLLA

También puedes cultivar cebollas a partir de bulbillos, que son cebollas inmaduras que, si se plantan, se convierten en cebollas maduras. Así se acorta el tiempo entre siembra y cosecha, lo que permite una mayor sucesión de cultivos a final de temporada.

ALMACENAMIENTO DE LILIÁCEAS

Deja secar las cebollas y los ajos en un lugar bien ventilado y seco durante varias semanas, hasta que las raíces y las hojas se vuelvan marrones. Una vez secas, guárdalas en bolsas de papel o yute en un lugar fresco, seco, oscuro y aireado, para usarlas en invierno. Los puerros es mejor escaldarlos y congelarlos.

PUERRO

Siembra en el exterior De mediados a finales de primavera (en un semillero)

Siembra a cubierto De finales de invierno a mediados de primavera

Profundidad de siembra 1-2 cm

Semillas por módulo 5 o 6 (aclara a 4)

Separación entre plantas Individuales 20-25 cm; macizos 30 cm

Cosecha Finales de otoño-mediados de primavera (según variedad)

CEBOLLETA

Siembra en el exterior De mediados de primavera a principios de verano (principios de otoño para que aguanten todo el invierno)

Siembra a cubierto De finales de invierno a principios de verano

Profundidad de siembra 1 cm

Semillas por módulo 5-7

Separación entre plantas Individuales 2-3 cm; macizos 10-15 cm

Cosecha De finales de primavera a finales de otoño

CEBOLLA

Siembra en el exterior De principios a mediados de primavera

Siembra a cubierto De finales de invierno a principios de primavera

Profundidad de siembra 1 cm

Semillas por módulo 4 o 5

Separación entre plantas Individuales 15 cm; macizos 25 cm

Cosecha Mediados de verano (bulbillos); de finales de verano a principios de otoño (semillas)

AJO

Siembra en el exterior De finales de otoño a principios de invierno (dientes)

Siembra a cubierto N/A

Profundidad de siembra 5 cm

Semillas por módulo N/A

Separación entre plantas 15 cm

Cosecha Mediados de verano

AJO ELEFANTE

Siembra en el exterior De finales de otoño a principios de invierno (dientes)

Siembra a cubierto N/A

Profundidad de siembra 5 cm

Semillas por módulo N/A

Separación entre plantas 25 cm

Cosecha Mediados de verano

CHALOTA

Siembra en el exterior De principios a finales de primavera (bulbillos)

Siembra a cubierto N/A

Profundidad de siembra 5 cm

Semillas por módulo N/A

Separación entre plantas 15-20 cm

Cosecha De mediados a finales de verano

LEGUMBRES

Las legumbres (guisantes y judías) son un fantástico grupo de cultivos que pueden ocupar cualquier nivel del huerto, ya que incluyen desde judías de mata baja hasta trepadoras capaces de llegar a lo alto de un muro.

Los guisantes y las judías trepadoras van bien en una valla, un enrejado o un margen a lo largo de un bancal. Si a tu huerto le falta estructura, unas cuantas celosías con judías de enrame y guisantes aquí y allá pueden mejorarlo.

Se dice que las legumbres fijan el nitrógeno en el suelo, pero eso solo ocurre si se cortan cuando empiezan a florecer (que es lo que ocurre cuando cultivas cultivos de cobertura, como las habichuelas o los tréboles). Las legumbres prefieren estar a pleno sol, en suelos ricos y profundos, pero también crecen bien en lugares parcialmente sombreados y con suelos más pobres.

ALMACENAMIENTO DE LEGUMBRES

Los guisantes y las judías pueden escaldarse y congelarse frescos, o puedes dejarlos secar en la vaina. Si hay humedad, las 2-3 últimas semanas déjalos secar en una bandeja a cubierto. Luego saca los guisantes y las judías de la vaina y guárdalos en recipientes herméticos limpios y secos; úsalos en sopas y guisos.

EL TRUCO DE HUW

Antes de montar del todo la estructura, comprueba la altura final del cultivo que vayas a cultivar, para asegurarte de que las cañas o postes son lo suficientemente altos.

Sé creativo con la forma del cuadrilátero, para que quepa en distintas partes de tu huerto.

POSIBLES SOPORTES

Existen muchas opciones distintas. Si usas cañas, las de bambú y avellano son las más habituales.

Estructura en A

Esta estructura se hace con dos filas de cañas altas atadas entre ellas por la parte superior. El resultado es una especie de muro cubierto de verde, una opción excelente en caso de huertos grandes o si quieres crear una mampara. En el caso de guisantes de altura media puedes hacerla más baja. Clava bien en el suelo todas las cañas para que no se desmorone.

ESTRUCTURA EN A

La valla

Instala dos postes robustos y pon alambre entre ellos. Los dos tipos que más uso son el alambre de gallinero y el alambre para cercados. Este soporte es ideal para los guisantes, ya que a medida que crecen sus zarcillos se van enrollando en el alambre. También puedes hacerla con otros materiales, como una vieja cerca.

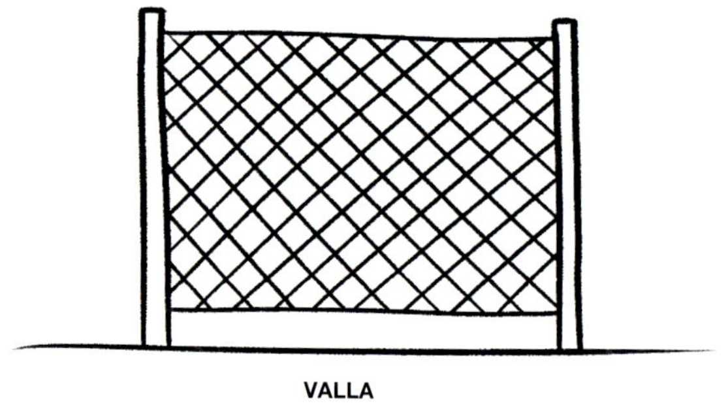

VALLA

Cuadrilátero

Para los guisantes enanos y las habas puedes confeccionar una estructura tipo cuadrilátero: coloca un poste en cada esquina, únelos con cuerda y mete las plantas dentro. Para que el soporte sea más eficaz puedes crear un diseño entrecruzado añadiendo cuerda perpendicular a los lados.

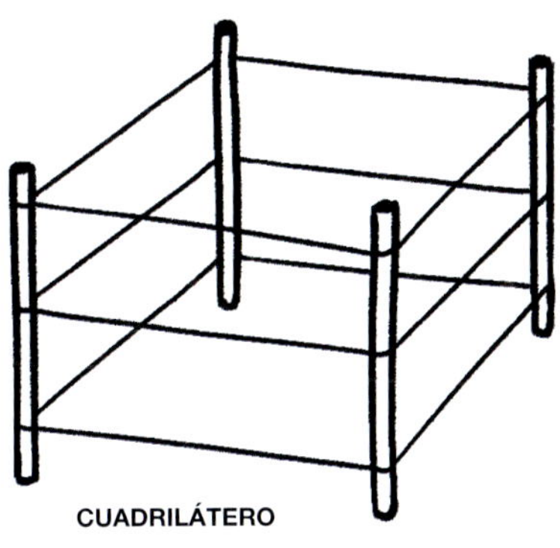

CUADRILÁTERO

Tipi

El tipi es la estructura perfecta para poner en el centro de un bancal. Funciona muy bien en espacios pequeños. Clava ocho cañas en el suelo y átalas por la parte superior. Las judías trepadoras se irán enrollando en las cañas a medida que crezcan hacia arriba.

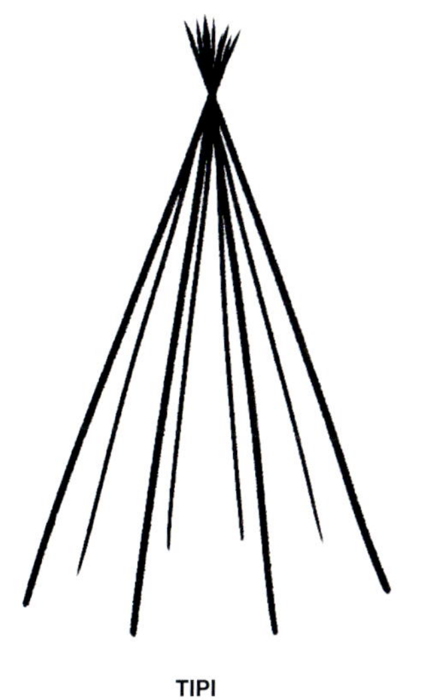

TIPI

Cilindro

Puedes fabricar un cilindro vertical con una lámina de malla metálica. Para que no se mueva, ensarta tres o cuatro cañas por la malla y clávalas bien en el suelo. Lo ideal es que puedas meter la mano por la malla para poder cosechar. Con los guisantes enanos y las habas puedes usar un cilindro más bajo; para las judías trepadoras y los guisantes usa uno más alto.

CILINDRO

El techado

Esta ingeniosa forma de cultivar judías trepadoras puede requerir un poco más de esfuerzo, pero proporciona una agradable zona en la que descansar o donde cultivar plantas de hoja verde en verano a resguardo del sol directo.

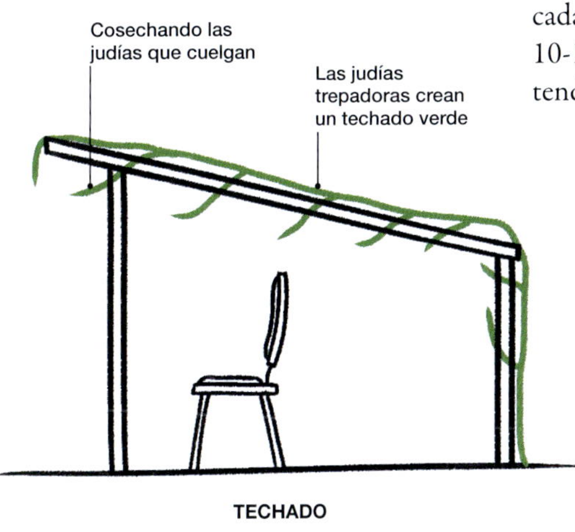

TECHADO

Pirámide

Clava cuatro estacas o cañas en el suelo formando un cuadrado y luego átalas por la parte superior como en el tipi. Pon una judía trepadora en la base de cada caña; o coloca una cuerda cada 10-15 cm alrededor de la pirámide y tendrás un soporte ideal para guisantes.

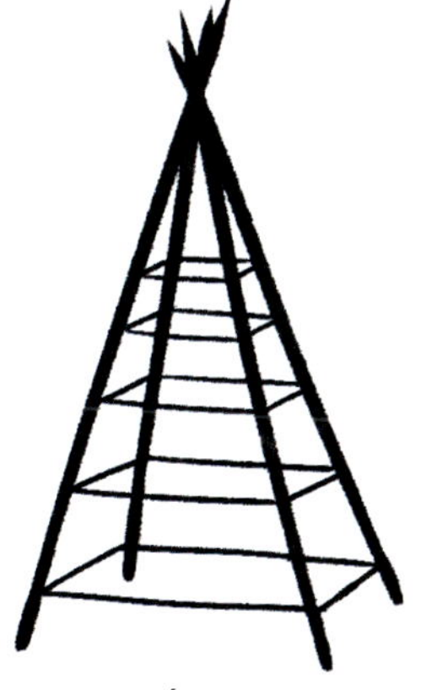

PIRÁMIDE

Arco

Un arco puede unir dos bancales y ofrecer espacio adicional para otros cultivos. Además, queda increíble y es la solución perfecta para ahorrar espacio en huertos pequeños.

ARCO

JUDÍAS ARBUSTIVAS

Las judías de mata baja y las judías enanas son algunos de mis cultivos preferidos para tapar huecos. Quedan muy bien en el borde de un bancal, ya que pueden caer por los lados y no molestan al resto de los cultivos. Encontrarás más información sobre cómo ahorrar espacio en las pp. 244-45. También hay variedades enanas de judías de enrame que pueden cultivarse del mismo modo.

JUDÍAS DE MATA BAJA

Siembra en el exterior Mediados de primavera-mediados de verano

Siembra a cubierto Principios de primavera-mediados de verano

Profundidad de siembra 2-3 cm

Semillas por módulo 1

Separación entre plantas 20-30 cm

Cosecha De mediados de verano a mediados de otoño

LUPINOS COMESTIBLES

Siembra en el exterior Mediados de primavera-principios de verano

Siembra a cubierto De principios de primavera a principios de verano

Profundidad de siembra 2 cm

Semillas por módulo 1

Separación entre plantas 20-30 cm

Cosecha De principios a mediados de otoño

HABAS (HABAS GRANDES Y HABICHUELAS)

Siembra en el exterior De principios a finales de primavera

Siembra a cubierto De finales de invierno a finales de primavera

Profundidad de siembra 5 cm

Semillas por módulo 1

Separación entre plantas 30-35 cm

Cosecha De mediados de verano a mediados de otoño

JUDÍAS TREPADORAS

Existen muchas variedades de judías trepadoras. Suelen dividirse en dos grupos: judías de enrame y judías verdes. Algunas variedades se cultivan especialmente por el gran tamaño de sus judías, que se secan y se almacenan para el invierno, mientras que otras se cultivan por sus vainas tiernas.

JUDÍAS TREPADORAS (DE ENRAME Y VERDES)

Siembra en el exterior Mediados de primavera-principios de verano

Siembra a cubierto Principios de primavera-principios de verano

Profundidad de siembra 5 cm

Semillas por módulo 1

Separación entre plantas 20 cm

Cosecha De mediados de verano a mediados de otoño

GUISANTES

Siembra en el exterior De principios de primavera a principios de verano

Siembra a cubierto De finales de invierno a principios de verano

Profundidad de siembra 2-3 cm

Semillas por módulo 3

Separación entre plantas Individuales 4-5 cm; macizos 10 cm

Cosecha De mediados de verano a principios de otoño

ANUALES CON HOJAS

Cultiva tus propias ensaladas, pero no te limites a la lechuga y las espinacas. El pak choi, por ejemplo, crece increíblemente rápido, aporta una textura crujiente a las ensaladas y es indispensable en cualquier salteado.

La mayoría de las verduras con hojas suelen comerse crudas. Si tu huerto cuenta con algún espacio cubierto y optas por variedades resistentes, como la lechuga y las espinacas, podrás disfrutar de ellas todo el año. Crecen bien a pleno sol y en sitios parcialmente sombreados; yo incluso he conseguido cultivarlas en sombra total. Precisan mucha humedad, pero no necesitan tantos nutrientes como otros grupos, así que puedes cultivarlas en las zonas menos fértiles del huerto. No pueden almacenarse mucho tiempo y es mejor comerlas frescas.

ESTRÉS ESTIVAL

El principal enemigo de estas plantas es el clima seco y caluroso, que puede estresarlas y hacer que se espiguen (que produzcan semillas antes de tiempo). Eso empeora la calidad de la hoja y, en casos como el de la lechuga, hacen que sea incomestible porque está demasiado amarga. Para prevenirlo, con excepción de la acelga, la espinaca de Malabar y el amaranto, que crecen bien aunque haga calor, es mejor plantar estas verduras en lugares parcialmente sombreados de principios de junio en adelante (diciembre en el hemisferio sur). Por ejemplo, detrás de una estructura en A orientada al sur cubierta de guisantes. También es básico regarlas con regularidad durante todo el verano.

ROTACIÓN DE CULTIVOS

Para disfrutar de estas verduras durante toda la temporada debes seguir la rotación de cultivos. Esta técnica implica tener siempre plantones en proceso de maduración. Siembra una bandeja modular con una selección de verduras con hojas cada dos o tres semanas, de principios de primavera a finales de verano. Dichos plantones podrán sustituir a cualquier planta que empiece a deteriorarse, ya sea de forma prematura o natural, y llenar cualquier hueco que haya en el huerto. Para más información sobre rotación de cultivos, ver p. 218.

COSECHA DE CORTE Y REBROTE

Consiste en recolectar las hojas más grandes de cada planta y dejar que las más pequeñas sigan creciendo. Así tendrás una cosecha pequeña pero constante de cada planta durante muchas semanas (por ejemplo, de lechugas) o muchos meses (por ejemplo, de acelgas).

LECHUGA

Siembra en el exterior Principios de primavera-finales de verano

Siembra a cubierto De finales de invierno a finales de verano

Profundidad de siembra 1 cm

Semillas por módulo 4 o 5

Separación entre plantas Individuales 10 cm; macizos 15-20 cm

Cosecha De finales de primavera a finales de otoño

ACHICORIA, CHICORIA ITALIANA Y ENDIBIA

Siembra en el exterior De mediados de primavera a finales de verano

Siembra a cubierto De mediados de primavera a finales de verano

Profundidad de siembra 1 cm

Semillas por módulo 1

Separación entre plantas 15-20 cm

Cosecha De mediados de verano a finales de otoño

ESPINACA

Siembra en el exterior De mediados de primavera a finales de verano

Siembra a cubierto De finales de invierno a finales de verano

Profundidad de siembra 1-2 cm

Semillas por módulo 2 o 3

Separación entre plantas Individuales 10 cm; macizos 15 cm

Cosecha De finales de primavera a principios de invierno (o bien a principios de primavera las variedades que se siembran en invierno)

RÚCULA

Siembra en el exterior De mediados de primavera a finales de verano

Siembra a cubierto De principios de primavera a finales de verano

Profundidad de siembra 1 cm

Semillas por módulo 3 o 4

Separación entre plantas Individuales 10 cm; macizos 15 cm

Cosecha De principios de verano a finales de otoño

ACELGA Y ESPINACA PERPETUA

Siembra en el exterior De principios de primavera a principios de verano

Siembra a cubierto De finales de invierno a principios de verano

Profundidad de siembra 1-2 cm

Semillas por módulo 1

Separación entre plantas 20-30 cm

Cosecha De finales de primavera a principios de invierno (y de principios a finales de primavera si se siembra en invierno)

MOSTAZA

Siembra en el exterior De mediados de primavera a finales de verano

Siembra a cubierto De finales de invierno a finales de verano

Profundidad de siembra 1 cm

Semillas por módulo 3 o 4

Separación entre plantas Individuales 5-7 cm; macizos 10-15 cm

Cosecha De mediados de primavera a finales de otoño

VERDURAS JAPONESAS (MIZUNA, KOMATSUNA Y OTRAS)

Siembra en el exterior De mediados de primavera a finales de verano

Siembra a cubierto De principios de primavera a finales de verano

Profundidad de siembra 5 cm

Semillas por módulo 1

Separación entre plantas 10-15 cm

Cosecha De finales de primavera a finales de otoño

CHAYA

Siembra en el exterior De mediados de primavera a mediados de verano

Siembra a cubierto De mediados de primavera a finales de verano

Profundidad de siembra 1 cm

Semillas por módulo 1

Separación entre plantas 50 cm

Cosecha De principios de verano a finales de otoño

ESPINACA DE MALABAR

Siembra en el exterior De mediados a finales de primavera

Siembra a cubierto De principios a finales de primavera

Profundidad de siembra 2 cm

Semillas por módulo 1

Separación entre plantas 20-30 cm

Cosecha De mediados de verano a mediados de otoño

HUAUZONTLE

Siembra en el exterior De mediados de primavera a mediados de verano

Siembra a cubierto De mediados de primavera a finales de verano

Profundidad de siembra 1 cm

Semillas por módulo 1

Separación entre plantas 50 cm

Cosecha De principios de verano a finales de otoño

AMARANTO (POR LAS HOJAS)

Siembra en el exterior Finales de primavera-mediados de verano

Siembra a cubierto Mediados de primavera-mediados de verano

Profundidad de siembra 1 cm

Semillas por módulo 3 o 4

Separación entre plantas Individuales 25-30 cm; macizos 35-40 cm

Cosecha De principios de verano a mediados de otoño

CRUCÍFERAS

Se trata de un grupo de cultivos enormemente productivos cuyas hojas y flores ofrecen una gran diversidad de sabores durante todo el año.

SIEMBRA DIRECTA O EN MÓDULOS

Todas las crucíferas pueden sembrarse directamente en el suelo o en bandejas modulares. En el caso de crucíferas grandes (col rizada, coliflor) puedes propagar los plantones en un semillero, luego arrancarlas a raíz desnuda y finalmente plantarlas en el lugar definitivo. Los ejemplares a raíz desnuda responden bien si se plantan a la profundidad indicada (1 cm por debajo de las primeras hojas); eso hará que tengan un tallo fuerte. Si la crucífera es grande, presiona la tierra alrededor del tallo para evitar que se desplomen.

NECESIDADES NUTRICIONALES

Les gustan los suelos ricos, sobre todo a las que forman brotes o cabezas (en vez de hojas sueltas), ya que precisan muchos nutrientes. Si añades uno o dos puñados generosos de compost casero en la base del agujero donde vayas a plantarlas, tendrán un buen rendimiento.

ALMACENAMIENTO DE CRUCÍFERAS

En el caso de crucíferas como la col y la col rizada, usa alguna técnica de fermentación, como el kimchi o el sauerkraut; o escáldalas y congélalas, que es también la mejor opción con la coliflor.

PLAGAS

Las dos plagas principales de las crucíferas son las palomas y la blanquita de la col. La solución en ambos casos consiste en colocar una red de malla fina de manera que no toque las hojas (la blanquita de la col puede poner los huevos a través de los agujeros de la red), o en cultivarlas en una estructura protegida.

EL TRUCO DE HUW

A principios de otoño planta coles rizadas, coles, pak choi, coles chinas y brócoli morado de brotes en el politúnel; así dispondrás de hojas durante todo el invierno y de cosechas tempranas (incluidos brotes florales) durante el periodo inactivo.

BRÓCOLI (MORADO DE BROTES)

Siembra en el exterior Principios de primavera-principios de verano

Siembra a cubierto Principios de primavera-mediados de verano

Profundidad de siembra 1-2 cm

Semillas por módulo 2 (aclara la más débil)

Separación entre plantas 35-40 cm

Cosecha Mediados de verano-mediados de otoño (estival); finales de invierno-finales de primavera (temprana sembrada en invierno)

BRÓCOLI (CALABRÉS Y TIERNO)

Siembra en el exterior Principios de primavera-mediados de verano
Siembra a cubierto Principios de primavera-mediados de verano
Profundidad de siembra 1-2 cm
Semillas por módulo 2 (aclara la más débil)
Separación entre plantas 35-40 cm
Cosecha De mediados de verano a mediados de otoño

COLIFLOR

Siembra en el exterior Mediados de primavera-mediados de verano
Siembra a cubierto De finales de invierno a mediados de verano
Profundidad de siembra 1-2 cm
Semillas por módulo 2 (aclara la más débil)
Separación entre plantas 50-60 cm, más para variedades invernales
Cosecha Mediados de verano-finales de invierno (según variedad)

COLES DE BRUSELAS

Siembra en el exterior De principios de primavera a principios de verano
Siembra a cubierto De finales de invierno a principios de verano
Profundidad de siembra 1-2 cm
Semillas por módulo 2 (aclara la más débil)
Separación entre plantas 30 cm
Cosecha De finales de otoño a mediados de invierno

PAK CHOI

Siembra en el exterior Principios de primavera-mediados de verano

Siembra a cubierto Principios de primavera-finales de verano

Profundidad de siembra 1 cm

Semillas por módulo 2 (aclara la más débil)

Separación entre plantas 20-25 cm

Cosecha De principios de verano a finales de otoño

COL CHINA

Siembra en el exterior Principios de primavera-mediados de verano

Siembra a cubierto Principios de primavera, o de mediados de verano a principios de otoño

Profundidad de siembra 1 cm

Semillas por módulo 2 (aclara la más débil)

Separación entre plantas Pequeñas 30 cm; grandes 40 cm

Cosecha De principios de verano a principios de invierno

COL RIZADA

Siembra en el exterior Principios de primavera-mediados de verano

Siembra a cubierto De finales de invierno a principios de otoño

Profundidad de siembra 1-2 cm

Semillas por módulo 2 (aclara la más débil)

Separación entre plantas 35-40 cm

Cosecha De mediados de verano a mediados de primavera

COL (DE PRIMAVERA, VERANO, OTOÑO E INVIERNO)

Siembra en el exterior Las de primavera, de mediados a finales de verano; las de verano, de finales de invierno a principios de primavera; las de otoño, de mediados a finales de primavera; las de invierno, a finales de primavera

Siembra a cubierto A principios de primavera, o de mediados de verano a principios de otoño

Profundidad de siembra 1-2 cm

Semillas por módulo 2 (aclara la más débil)

Separación entre plantas Pequeñas 30 cm; grandes 50 cm

Cosecha Las de primavera, de finales de invierno a mediados de verano; las de verano, de mediados de verano, a principios de otoño; las de otoño, de finales de verano a finales de invierno; las de invierno, de finales de otoño a principios de primavera

HORTALIZAS DE RAÍZ

Son los cultivos que se cultivan por su gran raíz o su tallo hinchado. Pocas cosas son tan gratificantes como extraer un buen manojo de zanahorias del suelo o comer remolacha dorada asada con hinojo.

Para cultivar hortalizas de raíz con éxito necesitas un lugar soleado, un suelo profundo y humedad. Estos cultivos son resistentes y bajos, así que constituyen una opción fantástica para las zonas del huerto que quedan más expuestas al viento.

APIO, APIONABO Y CRUCÍFERAS DE RAÍZ

Técnicamente, el apio es una verdura con hojas, pero se incluye en esta categoría por su parecido con el apionabo y porque es un cultivo que pasa mucho tiempo en el suelo. En climas más fríos hay que plantar pronto tanto los apios como los apionabos. Siembra las semillas en módulos pequeños y favorece la germinación con una alfombrilla térmica y lámparas de crecimiento. Cuando los plantones tengan un par de hojas verdaderas, pásalos a módulos más grandes y deja que crezcan. A finales de primavera o principios de verano trasplántalos.

Técnicamente el colinabo, el rábano, el nabo y el nabo sueco son crucíferas, pero yo los trato como hortalizas de raíz porque lo que se cosecha básicamente es su raíz.

DEJA QUE ALGUNAS FLOREZCAN

Deja un par de zanahorias, chirivías e hinojos (si no cultivas la hierba perenne) para que florezcan al año siguiente. Producen flores umbelíferas (agrupaciones planas por arriba), que son un verdadero imán para los insectos beneficiosos, incluidos los sírfidos, las crisopas y las mariquitas.

ALMACENAMIENTO

En el caso de las zanahorias, la remolacha y el rábano de invierno, arráncalos y corta la parte verde; deja 2-3 cm de tallo. Guárdalos en cajas llenas de serrín húmedo en un lugar fresco y oscuro, como la parte trasera de un garaje, o en un arcón congelador para usarlos durante el invierno (ver p. 116). Asegúrate de que las raíces no se tocan. Las chirivías, los salsifís y los nabos suecos pueden dejarse en el suelo todo el invierno e irse recolectando a medida que se necesitan; si sobra alguno puede escaldarse y congelarse. Los nabos, el hinojo y el colinabo se escaldan y se congelan.

ZANAHORIA

Siembra en el exterior Mediados de primavera-mediados de verano

Siembra a cubierto N/A

Profundidad de siembra 1-2 cm

Semillas por módulo N/A

Separación entre plantas 5 cm

Cosecha De principios de verano a principios de invierno

NABO SUECO

Siembra en el exterior De mediados a finales de primavera

Siembra a cubierto De principios a finales de primavera

Profundidad de siembra 1-2 cm

Semillas por módulo 1

Separación entre plantas 20-25 cm

Cosecha De finales de otoño a finales de invierno

CHIRIVÍA

Siembra en el exterior De mediados a finales de primavera

Siembra a cubierto N/A

Profundidad de siembra 1 cm

Semillas por módulo N/A

Separación entre plantas 10 cm

Cosecha De principios de invierno a principios de primavera

REMOLACHA

Siembra en el exterior De mediados de primavera a mediados de verano

Siembra a cubierto De finales de invierno a mediados de verano

Profundidad de siembra 2 cm

Semillas por módulo 3 o 4

Separación entre plantas Individuales 6-7 cm; macizos 15 cm

Cosecha De mediados de verano a principios de invierno

APIO

Siembra en el exterior N/A

Siembra a cubierto De finales de invierno a principios de primavera

Profundidad de siembra 1 cm

Semillas por módulo 1

Separación entre plantas 30-40 cm

Cosecha De mediados de verano a principios de invierno

APIONABO

Siembra en el exterior N/A

Siembra a cubierto De finales de invierno a principios de primavera

Profundidad de siembra 1 cm

Semillas por módulo 1

Separación entre plantas 40 cm

Cosecha De mediados de otoño a principios de primavera

HINOJO DULCE

Siembra en el exterior Mediados de primavera-mediados de verano

Siembra a cubierto De finales de invierno a mediados de verano

Profundidad de siembra 1-2 cm

Semillas por módulo 1

Separación entre plantas 20-25 cm

Cosecha De finales de verano a finales de otoño

RÁBANO

Siembra en el exterior De principios de primavera a finales de verano

Siembra a cubierto De finales de invierno a finales de verano

Profundidad de siembra 1-2 cm

Semillas por módulo 4 o 5

Separación entre plantas Individuales 2-3 cm; macizos 10 cm

Cosecha De mediados de primavera a finales de otoño

RÁBANO DE INVIERNO

Siembra en el exterior De mediados a finales de verano

Siembra a cubierto N/A

Profundidad de siembra 1-2 cm

Semillas por módulo N/A

Separación entre plantas 5-7 cm

Cosecha De mediados de otoño a mediados de invierno

SALSIFÍ

Siembra en el exterior De mediados a finales de primavera

Siembra a cubierto N/A

Profundidad de siembra 1-2 cm

Semillas por módulo N/A

Separación entre plantas 10 cm

Cosecha De finales de otoño a finales de primavera

NABO

Siembra en el exterior Mediados de primavera-finales de verano

Siembra a cubierto Principios de primavera-finales de verano

Profundidad de siembra 1 cm

Semillas por módulo 4 o 5

Separación entre plantas Individuales 6-7 cm; macizos 15 cm

Cosecha De finales de primavera a principios de invierno

COLINABO

Siembra en el exterior Mediados de primavera-finales de verano

Siembra a cubierto Principios de primavera-finales de verano

Profundidad de siembra 1-2 cm

Semillas por módulo 1

Separación entre plantas 25-30 cm

Cosecha De principios de verano a finales de otoño

FAMILIA DE LAS SOLANÁCEAS

La familia de las solanáceas incluye dos de los cultivos más populares del huerto: la patata y el tomate. Y también el más picante: ¡el chile!

Dado que en el grupo de las solanáceas cada cultivo es único, he añadido información específica sobre el cultivo de cada uno de ellos. Todos los que aparecen en la lista son tiernos, así que es crucial que los protejas de las heladas (ver pp. 268-69).

PATATAS

Hay dos categorías: de ciclo determinado (primeras y segundas tempranas) y de ciclo indeterminado (la mayoría de las siembras tardías). Las determinadas suelen dar plantas más pequeñas y producen tubérculos en un periodo específico, mientras que las indeterminadas pueden dar patatas durante un periodo más largo. El nombre de primeras y segundas tempranas no debe tomarse de forma literal. Suelen ser las primeras en plantarse y cosecharse, pero una gran época para plantarlas es a mediados de verano, para que den cosecha antes de las primeras heladas.

Para obtener una buena cosecha hacen falta tres cosas: una fertilidad elevada, un suelo profundo y mucho sol. También es importante que no se sequen nunca. La forma más fácil de cultivarlas es formando hileras en bancales elevados; añade mucha materia orgánica en la base de cada agujero. También puedes cultivarlas en contenedores de 30-35 litros con compost, o con una mezcla al 50 % de estiércol bien degradado y tierra vegetal. Las patatas (en bancales y contenedores) son una de las pocas plantas anuales a las que pongo una capa generosa de mantillo a base de recortes de césped, paja, hojas o algas marinas, para garantizar que el nivel de humedad del suelo sea bueno. Para recolectarlas, arranca la planta y escarba la tierra en busca de los tubérculos. Puedes usar una horca. Antes de almacenarlas, déjalas secar al sol durante un día; a mediodía, dales la vuelta. Luego mételas en una bolsa de yute y guárdalas en un lugar fresco, oscuro, seco y aireado.

Nunca me cansaré de la emoción que siento al cosechar patatas.

TIZÓN

El principal problema de las patatas y los tomates es el tizón, que es muy común y puede destruir rápidamente la cosecha. Por suerte, existen formas de evitar que cause un destrozo. Las encontrarás en el capítulo Huerto saludable (ver p. 266).

Patatas germinadas

Si quieres que las patatas empiecen a germinar o echar brotes antes de plantarlas, mételas en hueveras y déjalas en un lugar cálido y con mucha luz. Yo creo que no hace falta, pero si quieres obtener patatas tempranas a cubierto, déjalas germinar durante cuatro semanas y luego plántalas.

CHILES Y PIMIENTOS DULCES

Los pimientos deben sembrarse pronto y ponerse bajo lámparas de crecimiento, pues tardan en madurar. Con el clima de mi zona, donde no hace mucho sol en verano, solo puedo producirlos a cubierto. Cuando la planta mida unos 20 cm de alto, quita las dos hojas superiores pellizcándolas con los dedos, para que crezcan más tupidas. Solo necesitan un soporte si los pimientos son muy pesados; si es el caso, ata el tallo a una estaca. Riégalos cuando los 2-3 cm superiores de tierra estén secos. Si quieres que sean picantes, deja de regarlos cuando la mitad hayan madurado por completo y retrasa su recolección. Para almacenarlos, deshidrátalos y guárdalos en un recipiente hermético.

Cortando un chupón de la tomatera para mejorar la aireación.

TOMATES

Los hay determinados e indeterminados. Los más corrientes son los indeterminados o tomates de cordón, que siguen creciendo y dando cosechas hasta las primeras heladas. Los determinados, o arbustivos, fructifican una sola vez y luego se mueren. Todos precisan un suelo muy fértil y mucho sol. También es vital que el suelo esté siempre húmedo, sobre todo mientras produzcan frutos, ya que un riego irregular puede causar podredumbre apical y agrietamiento de los tomates. Para obtener frutos de buena calidad, tus principales aliados serán el mantillo y una manguera difusora. Los tomates arbustivos son los más fáciles de cultivar, ya que no precisan soportes ni podas. Para injertar tomates, ver p. 129. Si quieres almacenarlos, prepara salsa de tomate; o ásalos, córtalos en trozos y congélalos.

Poda y entutorado de los tomates de cordón

Existen dos formas de cultivar los tomates de cordón: el método de bajo mantenimiento o extensivo y el método de alto mantenimiento o intensivo. El método intensivo implica el uso de un soporte, como una estaca o una cuerda colocada en el techo del politúnel o invernadero. La planta se poda minuciosamente: se eliminan todos los chupones (brotes laterales que salen formando un ángulo de 45 grados por encima de una hoja del tallo) para que dedique toda su energía al crecimiento vertical y la producción de frutos en el tallo principal. Funciona increíblemente bien, pero exige mucho esfuerzo.

Puedes obtener el mismo resultado o incluso mejor con una poda mínima y dejando crecer algunos de los chupones; la idea de que los chupones no producen frutos es completamente falsa. Puedes sujetarlos con cuerda o estacas. Yo prefiero el método de «bajo mantenimiento» en una estructura cilíndrica. Cuantas más hojas, más energía creará la planta a través de la fotosíntesis. Si dispone de un suelo con mucha materia orgánica desarrollará un sistema radicular fuerte. A mediados de verano elimina las hojas inferiores (por debajo de 40 cm), las ramas que se alejen demasiado y las que la abarroten.

Añadir abono líquido (enmienda o té de gusano, ver pp. 272-73) cada dos o tres semanas mejorará su salud y su producción. A finales de verano, corto las flores nuevas para que la planta se centre en madurar los frutos antes de que lleguen las heladas.

Cultivo en el exterior

En climas más fríos los tomates pueden cultivarse en el exterior, pero los resultados siempre serán mejores a cubierto. Si no dispones de espacio para un politúnel o invernadero, cultiva tomates arbustivos en un bancal con aros o escoge variedades adecuadas al clima de tu huerto.

Tomates cherry, de ensalada, pera y beefsteak

Una de las grandezas de los tomates es la gran cantidad de variedades que existen. Hay más de 10.000 y cada año se añade alguna. Cada variedad tiene sus propias características y su sabor. Según su forma se distinguen los cherry, los de ensalada, los pera y los beefsteak, pero la verdadera diferencia está en cada variedad. Si dispones de espacio para 10 tomateras, cultiva 10 variedades distintas.

BERENJENA

No requieren una poda especial ni otro soporte que no sea una estaca. Es preferible cultivarlas a cubierto. Precisan tiempo para madurar, pero la espera merece la pena.

MAÍZ

No es una solanácea, pero es un cultivo frutal (como los pimientos, los chiles, las berenjenas y los tomates). Es muy fácil de cultivar, siempre que sigas la regla siguiente: cultiva un mínimo de 12 plantas juntas, mejor 16. Para que las mazorcas se desarrollen bien es esencial la polinización por el viento, razón por la que hay que cultivar muchas en un espacio pequeño.

OKRA

Esta planta, llamada también quimbombó, adora el calor y puede llegar a medir 1,8 m. Produce unas vainas comestibles de sabor agradable que se usan en muchos platos, como guisos y curris. Es mejor cultivarla a cubierto. Cosecha las vainas cuando estén tiernas. No suele precisar soporte, pero si es muy alta, puedes atarla a una estaca.

PATATA

Plantación De principios de primavera a mediados de verano (todas las variedades)

Siembra a cubierto N/A

Profundidad de plantación De ciclo determinado 10-15 cm; de ciclo indeterminado 20 cm

Semillas por módulo N/A

Separación entre plantas De ciclo determinado 25-30 cm; de ciclo indeterminado 35-40 cm

Cosecha De mediados de verano a finales de otoño

CHILE Y PIMIENTO DULCE

Siembra en el exterior N/A

Siembra a cubierto De mediados a finales de invierno

Profundidad de siembra 1 cm

Semillas por módulo 1

Separación entre plantas 25-30 cm

Cosecha De finales de verano a mediados de otoño

TOMATE

Siembra en el exterior N/A

Siembra a cubierto De finales de invierno a principios de primavera

Profundidad de siembra 1 cm

Semillas por módulo 1

Separación entre plantas De ciclo determinado e indeterminado 50-60 cm; método de bajo mantenimiento 1-1,2 m

Cosecha De mediados de verano a mediados de otoño

Existen multitud de variedades de tomate entre las que elegir, todas ellas deliciosas.

BERENJENA

Siembra en el exterior N/A

Siembra a cubierto A finales de invierno

Profundidad de siembra 1 cm

Semillas por módulo 1

Separación entre plantas 50 cm

Cosecha De finales de verano a mediados de otoño

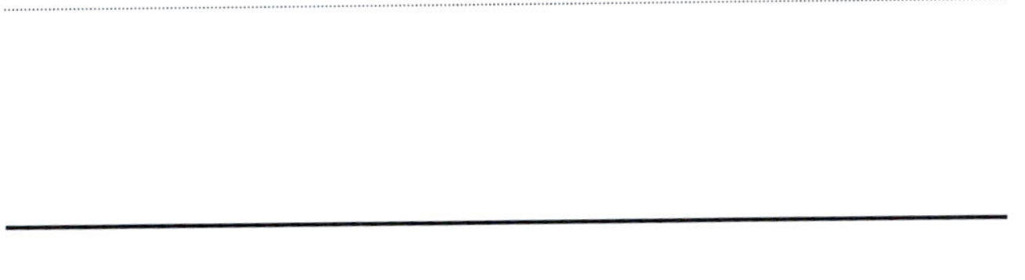

BONIATOS

Si te gustan los desafíos, te recomiendo que pruebes a cultivar boniatos. Crecen bien en un lugar exterior soleado y cálido, e incluso en climas más fríos, pero es preferible cultivarlos en un politúnel o un bancal con arcos para poder recrear el clima cálido y húmedo de su lugar de origen. Se propagan a partir de los brotes que emergen del tubérculo. Las plantas pueden extenderse por el suelo o entutorarse para que crezcan por un enrejado. Una variedad que debes probar es la T65.

MAÍZ

Siembra en el exterior N/A

Siembra a cubierto De mediados a finales de primavera

Profundidad de siembra 2 cm

Semillas por módulo 1

Separación entre plantas 35-40 cm

Cosecha De mediados de verano a principios de otoño

OKRA

Siembra en el exterior N/A

Siembra a cubierto De mediados a finales de primavera

Profundidad de siembra 2 cm

Semillas por módulo 1

Separación entre plantas 50 cm

Cosecha De mediados de verano a mediados de otoño

CUCURBITÁCEAS

Las cucurbitáceas son un grupo variado de verduras frutales que incluye la calabaza, el melón y el pepino; son unos cultivos imprescindibles en permacultura.

Las cucurbitáceas son perfectas para aprovechar un terreno infrautilizado y dan abundantes cosechas con pocos cuidados y esfuerzo. Hay muchas variedades invernales de calabaza, de piel más dura que las estivales; además, se conservan durante mucho tiempo (algunas hasta mediados del verano del año siguiente), algo muy útil en la temporada de carestía (ver pp. 220-21). Todas las cucurbitáceas son tiernas, así que ten paciencia cuando las plantes a pleno sol y coséchalas antes de la última helada. La achocha, o pepino boliviano, es fácil de cultivar a cubierto; produce unos frutos que pueden comerse crudos mientras son pequeños o rellenos y cocinados cuando son grandes.

SOPORTE

La mayoría de las calabazas de verano son arbustivas, pero algunas son trepadoras o colgantes. Las cucurbitáceas colgantes, como la sandía, pueden entutorarse con soportes verticales como las legumbres (ver pp. 186-87), para ahorrar espacio. Tendrás que atar algunas ramas, pero es un proceso sencillo que funciona muy bien. Las cucurbitáceas de crecimiento vertical pueden precisar un soporte cuando los frutos crecen, para evitar que la planta se desplome. Lo mejor es crear una especie de hamacas atando telas viejas al enrejado y poner dentro los frutos. Puedes poner paja bajo las calabazas que estén en el suelo para crear unas condiciones óptimas, aunque no pasa nada porque crezcan y maduren directamente en el suelo.

NUTRICIÓN DE LAS CALABAZAS

La calabaza es uno de los cultivos que más nutrientes necesitan. Cava un hoyo de 30 cm de ancho y 45 cm de hondo, y llénalo con compost casero o con una mezcla de estiércol bien degradado y tierra en una proporción de 3:1. Las calabazas y los melones necesitan mucha agua, así que es recomendable cubrirlos con mantillo entre cuatro y seis semanas después de la siembra o trasplante. También puedes usar abono líquido cada dos o tres semanas desde mediados de verano. Los pepinos precisan muchos nutrientes y mucha agua, pero necesitan como la mitad de fertilidad (bastará con un hoyo de 15 cm de ancho y 20 cm de hondo, lleno de cosas beneficiosas).

MELONES

Cada vez se cultivan más melones a cubierto en los huertos de climas templados gracias a los esfuerzos de búsqueda de semillas tradicionales.

ALMACENAMIENTO DE LA CALABAZA

La calabaza precisa un lugar fresco, seco y aireado. Al cosecharla, deja unos 10 cm de tallo, pues así dura más. La temperatura ideal es de 10-15 °C, pero muchas calabazas invernales durarán hasta finales de primavera en un alféizar interior fresco. Si ves alguna calabaza con partes blandas u otros signos de descomposición, compóstala de inmediato. ¡Será un buen regalo para las gallinas!

CALABAZA DE VERANO (CALABACÍN, PATTYPAN, ESPAGUETI Y OTRAS)

Siembra en el exterior Finales de primavera-principios de verano

Siembra a cubierto Mediados de primavera-principios de verano

Profundidad de siembra 1-2 cm

Semillas por módulo 1

Separación entre plantas 70-80 cm

Cosecha Mediados de verano-mediados de otoño

CALABAZA DE INVIERNO (GOURD, MOSCADA, PUMPKIN Y OTRAS)

Siembra en el exterior A finales de primavera

Siembra a cubierto Mediados-finales de primavera

Profundidad de siembra 1-2 cm

Semillas por módulo 1

Separación entre plantas 1-1,5 m

Cosecha Mediados-finales de otoño

PEPINO

Siembra en el exterior Finales de primavera-principios de verano

Siembra a cubierto Principios de primavera-principios de verano

Profundidad de siembra 1-2 cm

Semillas por módulo 1

Separación entre plantas Crecimiento vertical 30-40 cm; colgantes 50 cm

Cosecha Mediados de verano-mediados de otoño

MELÓN (INCLUIDA LA SANDÍA)

Siembra en el exterior N/A

Siembra a cubierto A mediados de primavera

Profundidad de siembra 1-2 cm

Semillas por módulo 1

Separación entre plantas Crecimiento vertical 40-50 cm; colgantes 1 m

Cosecha Finales de verano-mediados de otoño

ACHOCHA

Siembra en el exterior N/A

Siembra a cubierto Mediados-finales de primavera

Profundidad de siembra 1 cm

Semillas por módulo 1

Separación entre plantas 1 m

Cosecha Mediados de verano-mediados de otoño

PLANTAS HERBÁCEAS

Las plantas herbáceas anuales ocupan muy poco espacio pero aportan muchísima fragancia. Son fáciles de cultivar, son ideales para cubrir huecos, pueden cultivarse en el exterior y a cubierto, y los insectos beneficiosos adoran sus flores.

Las plantas herbáceas anuales son una buena opción para zonas parcialmente sombreadas, sobre todo durante el verano. El perejil es la excepción, ya que es bienal, pero es muy resistente; plántalo en invierno y la primavera siguiente disfruta primero de sus brotes frescos y luego de sus espectaculares flores. Yo suelo plantar eneldo y cilantro por sus flores, y luego disfruto usando sus semillas en la cocina. Para poder utilizar estas plantas en invierno, mete las hojas en bandejas cubiteras, llénalas de agua y mételas en el congelador. Sácalas cuando las necesites.

CILANTRO

Siembra en el exterior Mediados de primavera-finales de verano

Siembra a cubierto Principios de primavera-finales de verano

Profundidad de siembra 1-2 cm

Semillas por módulo 4 o 5

Separación entre plantas Individuales 10 cm; macizos 15-20 cm

Cosecha De finales de primavera a mediados de otoño

MENTA NEGRA PERUANA

Esta planta herbácea anual (abajo) de América del Sur, también conocida como huacatay, es un cultivo indispensable. Puede usarse en la cocina en lugar del cilantro. Tiene un sabor a medio camino entre el cilantro y la menta con un toque cítrico. Es fácil de cultivar, aunque necesita calor para germinar; yo la siembro a mediados de primavera y le pongo una alfombrilla térmica, y la trasplanto cuando el riesgo de heladas ha pasado.

ENELDO

Siembra en el exterior Mediados de primavera-finales de verano

Siembra a cubierto Principios de primavera-finales de verano

Profundidad de siembra 1-2 cm

Semillas por módulo 4 o 5

Separación entre plantas Individuales 10 cm; macizos 15-20 cm

Cosecha Finales de primavera-mediados de otoño

PERIFOLLO

Siembra en el exterior Mediados de primavera-mediados de verano

Siembra a cubierto N/A

Profundidad de siembra 1-2 cm

Semillas por módulo N/A

Separación entre plantas 10 cm

Cosecha Mediados de verano-mediados de otoño

PEREJIL

Siembra en el exterior Mediados de primavera-principios de verano

Siembra a cubierto Principios de primavera-mediados de verano

Profundidad de siembra 1 cm

Semillas por módulo 3-4

Separación entre plantas Individuales 15 cm; macizos 25-30 cm

Cosecha Principios de verano-invierno, y primavera del año siguiente

ALBAHACA

Siembra en el exterior Finales de primavera-mediados de verano

Siembra a cubierto Principios-mediados de primavera (mejor con alfombrilla térmica) y finales de primavera-mediados de verano

Profundidad de siembra 1 cm

Semillas por módulo 3-4

Separación entre plantas Individuales 20 cm; macizos 35-40 cm

Cosecha Finales de primavera-mediados de otoño

PLANTAS CON FLORES

Un huerto de permacultura debe fomentar la máxima diversidad en todas sus formas. Las plantas anuales con flores son esenciales para ello. Algunas, de hecho, lo tienen todo: son comestibles, hermosas y atraen a los polinizadores.

Las plantas anuales con flores incluidas en estas páginas son hermosas y útiles. Pueden cultivarse en cualquier sitio que esté a pleno sol o ligeramente sombreado. La menos «útil» de la lista es el guisante de olor, que solo ofrece ventajas estéticas, pero es un crimen no tenerlos en algún rincón para poder cortar sus flores y ponerlas en la mesa de la cocina. A diferencia de otras flores, los clavelones africanos prosperan en climas secos y calurosos. Lo mejor es plantarlos entre los pimientos o con tomates cultivados a cubierto a modo de margen colorido o como cultivo de cobertura.

BORRAJA

Siembra en el exterior Mediados de primavera-principios de verano

Siembra a cubierto Principios de primavera-principios de verano

Profundidad de siembra 1-2 cm

Semillas por módulo 1

Separación entre plantas 25-30 cm

Floración Principios de verano-mediados de otoño (sus flores y hojas jóvenes son comestibles)

BERRO VIOLETA CHINO

Si quieres que dé flores comestibles desde mediados de invierno a finales de primavera debe pasar un periodo de reposo en condiciones más frescas en invierno. Hay que protegerlo del frío prolongado por debajo de -5 °C, pero suele superar el invierno sin problemas tanto en la zona 8 como en zonas más cálidas (ver p. 32). También puedes cultivarla en macetas de 30 litros y meterlas en el politúnel o en un bancal con aros durante el invierno.

Siembra en el exterior Finales de primavera-mediados de verano

Siembra a cubierto Mediados de primavera-mediados de verano

Profundidad de siembra 1 cm

Semillas por módulo 1

Separación entre plantas 20-30 cm

Floración Mediados de invierno-finales de primavera (flores comestibles), mediados de verano-finales de invierno (hojas)

GUISANTE DE OLOR

Siembra en el exterior N/A
Siembra a cubierto Mediados de invierno-principios de primavera
Profundidad de siembra 2-3 cm
Semillas por módulo 3
Separación entre plantas Macizos 30 cm
Floración Principios-finales de verano (flores no comestibles)

EL TRUCO DE HUW

Puedes descabezar algunas plantas anuales con flores para prolongar su floración, por ejemplo el guisante de olor, el cosmos, la cinia, la caléndula y el clavelón africano.

GIRASOL

Siembra en el exterior Finales de primavera-principios de verano

Siembra a cubierto Mediados de primavera-principios de verano

Profundidad de siembra 1-2 cm

Semillas por módulo 1

Separación entre plantas Variedades enanas 30 cm; variedades altas 40-50 cm

Floración Finales de verano-principios de otoño (pétalos comestibles, flores para ramos y semillas)

CAPUCHINA

Siembra en el exterior Finales de primavera-mediados de verano

Siembra a cubierto Mediados de primavera-mediados de verano

Profundidad de siembra 1-2 cm

Semillas por módulo 1

Separación entre plantas 50 cm

Floración Mediados de verano-primera helada (semillas, flores, hojas y tallos comestibles)

CINIA

Siembra en el exterior Finales de primavera-principios de verano

Siembra a cubierto Mediados de primavera-principios de verano

Profundidad de siembra 1 cm

Semillas por módulo 1

Separación entre plantas Variedades enanas 30 cm; variedades altas 40 cm

Floración Mediados de verano-mediados de otoño (flores para ramos, pétalos comestibles pero amargos)

CALÉNDULA

Siembra en el exterior Mediados de primavera-principios de verano

Siembra a cubierto Mediados de primavera-principios de verano

Profundidad de siembra 1-2 cm

Semillas por módulo 1

Separación entre plantas 20-30 cm

Floración Mediados de verano-mediados de otoño (hojas y flores comestibles)

CLAVELÓN AFRICANO

Siembra en el exterior N/A

Siembra a cubierto Principios-mediados de primavera (mejor con alfombrilla térmica)

Profundidad de siembra 1 cm

Semillas por módulo 1

Separación entre plantas 20-30 cm

Floración Principios de verano-mediados de otoño (pétalos comestibles)

CULTIVO DE DEDALERAS

La dedalera (*Digitalis*) es una flor silvestre con impresionantes espigas florales (abajo) y es un imán para los abejorros. Al ser una bienal que suele aparecer en mi huerto (espontáneamente), cada invierno planto en macetas las primeras que aparecen y luego las trasplanto a las esquinas de los bancales elevados o a un margen. Dejo que un par de espigas mueran de forma natural, para que suministren semillas para la siguiente generación de dedaleras. No consumas las dedaleras: sus flores (y el resto de la planta) son extremadamente tóxicas.

COMINO NEGRO

Siembra en el exterior Finales de primavera-principios de verano

Siembra a cubierto Mediados de primavera-principios de verano

Profundidad de siembra 1 cm

Semillas por módulo 2 o 3

Separación entre plantas 30 cm

Floración Mediados de verano-principios de otoño (algunas variedades tienen semillas comestibles)

COSMOS

Siembra en el exterior Finales de primavera-principios de verano

Siembra a cubierto Mediados de primavera-principios de verano

Profundidad de siembra 1-2 cm

Semillas por módulo 1

Separación entre plantas 10-15 cm

Floración Mediados de verano-mediados de otoño (algunas variedades son comestibles)

COSECHAS ADICIONALES

Para mostrarte la cantidad de cosechas adicionales que puedes obtener de los cultivos anuales, he recopilado todos los ejemplos que he podido en estas dos páginas.

Espero que te sirva de inspiración cuando decidas incorporar estas plantas directamente del huerto a tus platos. Además, son un tema de conversación muy ameno e interesante.

Cosechas adicionales preferidas

1. Flores y hojas de calabaza
2. Hojas de crucífera
3. Flores de crucífera
4. Hojas de remolacha
5. Hojas de zanahoria
6. Hojas de cebolla y chalota
7. Flores de puerro
8. Frondas de hinojo
9. Tallos florales de col rizada
10. Flores de judías de enrame
11. Hojas de pimiento (no todas las variedades son comestibles)
12. Hojas de nabo y nabo sueco
13. Flores y vainas de rábano
14. Brotes de guisantes
15. Hojas de haba
16. Semillas y flores de cilantro y eneldo
17. Hojas de caléndula
18. Hojas de cucurbitáceas (calabaza y pepino)

7
8
9
10
11
12
13
14
15
16
17
18

SIEMBRA SUCESIVA

El objetivo de la siembra sucesiva es muy simple: cultivar dos o más cultivos en la misma parcela durante una temporada de cultivo, es decir, cuando se cosecha el primer cultivo se planta un segundo cultivo en el mismo sitio.

La siembra sucesiva es el segundo factor que más influye en el hecho de que el huerto sea altamente productivo (el primero es la salud del suelo). Algunos ejemplos de siembra sucesiva serían plantar puerros después de patatas, acelgas después de pak choi y col rizada después de habas. También funciona con los cultivos que precisan un periodo de descanso invernal, ya que puedes planear qué pondrás en su lugar cuando los coseches. Un ejemplo sería cosechar el ajo para que repose a finales de junio (diciembre en el hemisferio sur) y poner en su lugar judías trepadoras. ¿Y qué hay de la rotación de cultivos? En un huerto de permacultura, la rotación de cultivos no es necesaria; trato este tema en el capítulo siguiente (ver pp. 228-55).

El término «siembra sucesiva» se aplica asimismo a cultivar verduras de un modo limitado pero frecuente para prolongar el periodo de cosecha de dicho cultivo y reducir excedentes.

GUÍA DE LA SIEMBRA SUCESIVA

Aquí tienes una guía con lo que debes sembrar entre mediados y finales de verano para poder plantar de forma sucesiva en el exterior en huertos cuya primera helada sea a mediados de otoño.

Si eres nuevo en la horticultura, haz lo siguiente: siembra una selección de cultivos en bandejas modulares cada dos semanas; mira el listado. Trasplanta los plantones que salgan a cualquier espacio libre entre finales de verano y principios de otoño.

Siembra a mediados de verano
Remolacha
Judías arbustivas
Zanahorias, de rápido crecimiento (forzando variedades directamente en el exterior)
Coliflor, tipo invernal
Acelgas
Cilantro y eneldo
Cultivos de cobertura (ver pp. 74-76)
Hinojo
Col rizada
Colinabo
Pak choi
Hojas de ensalada
Cebolletas
Nabos

Siembra a finales de verano
Achicoria
Col china*
Cultivos de cobertura (ver pp. 74-76)
Habas por los brotes
Col rizada
Mostaza y verduras orientales para la ensalada (mizuna, etc.)
Pak choi*
Guisantes por los brotes
Rábano
Rábano, tipo invernal (directamente en el exterior)
Hojas de ensalada*
Repollo de primavera*
Nabos

* Sembrados las dos primeras semanas de finales de verano

PLAZOS DEL POLITÚNEL

Si combinas la siembra sucesiva con las cosechas tempranas y más prolongadas que permiten los politúneles, estarás mucho más cerca de poder producir todas las verduras que precisas a lo largo del año.

La tarea final consiste en asegurarte de que tienes lo suficiente como para superar el periodo de carestía (ver pp. 220-21). Los plazos para sembrar, plantar y cosechar que aparecen en este capítulo son para plantas que se cultivan en el exterior (los plazos para la siembra a cubierto se detallan aparte).

Hay algunas excepciones, como los pimientos, las berenjenas y los tomates, que en zonas más frías deben dejarse madurar a cubierto para obtener buenos resultados. En zonas templadas más cálidas los plazos para sembrar y cosechar serán casi idénticos tanto a cubierto como en el exterior.

COSECHAS TEMPRANAS

En las anuales que suelen cultivarse fuera, los politúneles (y los bancales con aros) pueden prolongar mucho el periodo de cosechas. Si eres principiante, puedes plantar y sembrar entre cuatro y seis semanas antes en el politúnel que en el exterior.

Ejemplo: primeras patatas tempranas

	Inicio-final de primavera	Inicio-final de verano	Inicio-final de otoño	Inicio-final de invierno
Planta en el politúnel				\\\\\\\\\\\\ (final)
Cosecha en politúnel	\\\\\\\\\\\\ (final)			
Planta en el exterior	\\\\\\\\\\\\ (inicio)			
Cosecha en el exterior		\\\\\\\\\\\\ (inicio)		

COSECHAS TARDÍAS

El politúnel y el bancal con aros alargan el periodo de cosechas, que se prolonga más allá de las primeras heladas. Gracias a su protección, podrás cosechar hasta bien entrado el invierno, mientras fuera llueve y hiela. Esto es especialmente útil en el caso de las verduras con hojas como el pak choi, que con las heladas en seguida pierde calidad, y con las hortalizas de raíz que no son tan resistentes como la chirivía. Aquí tienes el ejemplo de dos grupos de zanahorias sembradas a la vez; el bancal con aros ofrece un periodo de cosecha mucho más largo.

Ejemplo: zanahorias

	Inicio-final de primavera	Inicio-final de verano	Inicio-final de otoño	Inicio-final de invierno
Siembra en bancal		\\\\\\\\\\\\ (mitad)		
Cosecha en bancal	\\\\\\\\\\\\ (inicio)		\\\\\\\\\\\\ (todo)	\\\\\\\\\\\\ (todo)
Siembra en exterior		\\\\\\\\\\\\ (mitad)		
Cosecha en exterior			\\\\\\\\\\\\ (todo)	

PERIODO DE CARESTÍA

El periodo de carestía es la época más austera del año, cuando las verduras de invierno se han terminado y los cultivos estivales todavía no están maduros. Suele abarcar desde mediados de primavera a principios de verano.

He descubierto que el periodo de carestía es consecuencia de la falta de planificación. Aunque suele ser la época del año más austera, no significa que no pueda ser la más abundante. Para transformar el periodo de carestía en un periodo de abundancia, los horticultores debemos adoptar distintos métodos de cultivo que mejoren las cosechas. A continuación explico cuatro posibles métodos para tu huerto:

- **Pasar el invierno fuera** - opta por cultivos resistentes capaces de sobrevivir al invierno en el exterior y luego recoléctalos durante el periodo de carestía.
- **Almacenamiento a largo plazo** - usa cultivos que puedas congelar, deshidratar, fermentar o guardar en un lugar fresco, seco y oscuro, donde se conservarán hasta bien entrado el periodo de carestía.
- **Viveros** - proporcionan un medio de cultivo libre de heladas incluso en pleno invierno, lo que aumenta mucho la variedad de cultivos cosechables durante la primavera y principios de verano (ver pp. 60-61). Permite autoabastecerse de hojas de ensalada y cosechar coliflores, zanahorias, calabacines, guisantes enanos, remolachas y cebolletas desde finales de primavera en adelante si los siembras a mediados de invierno. Lo más difícil es decidir qué cultivos priorizar. A mí el vivero me sirve para superar el periodo de mayor carestía.
- **Politúnel** - permite alargar mucho el periodo de cosecha de los cultivos resistentes que precisan un poco de protección adicional frente al frío y la humedad del invierno. Así podrás prepararlos y consumirlos durante el periodo de carestía. El politúnel, además, te permitirá disfrutar de algunas siembras tempranas (ver p. 219).

ENCURTIDOS Y DESHIDRATACIÓN

También uso los encurtidos y la deshidratación para alargar la vida útil de mis cosechas. Los encurtidos pueden guardarse en la nevera entre cuatro y seis semanas. Los cultivos deshidratados pueden conservarse hasta seis meses a temperatura ambiente, siempre que estén bien deshidratados, en un recipiente hermético en un lugar fresco; y más tiempo si se envasan al vacío. Puedes cultivar una siembra temprana de rábano en el vivero, encurtir los rábanos y disfrutar de ellos durante varias semanas; además, dejarás espacio para el siguiente cultivo.

FERMENTACIÓN

La fermentación incluye una serie de técnicas que permiten conservar y potenciar los sabores de tus cultivos, incluso durante el periodo de carestía. Puedes confeccionar vinagres, vinos, chucruts, kimchis, salsas fermentadas, kombuchas y muchas otras cosas. Algunas técnicas solo prolongan su vida útil alrededor de un mes, mientras que otras, si se preparan correctamente, pueden lograr que duren años.

EL TRUCO DE HUW

Muchas perennes se cosechan durante el periodo de carestía, entre ellas la mayoría de plantas herbáceas (ver pp. 140-45), el ruibarbo (ver p. 138), el espárrago (ver p. 139) y las crucíferas perennes (ver pp. 132-33).

ALIMENTOS ADICIONALES: FORRAJEO

Incluye en tu huerto alimentos silvestres. En mi caso los dos principales son las ortigas, entre mediados y finales de primavera como alternativa a las espinacas, y el ajo silvestre, que cosecho y preparo para disfrutarlo los meses siguientes.

CULTIVOS PARA EL PERIODO DE CARESTÍA

Con una planificación minuciosa, estos son los 18 cultivos anuales (no incluye las plantas herbáceas y hojas de ensalada específicas) que pueden cosecharse y almacenarse durante el periodo de carestía.

CULTIVOS	CONSEJOS DE CULTIVO	COSECHA Y ALMACENAMIENTO
Col china	Siembra pronto a cubierto; luego déjalas a cubierto o fuera	Coséchalas desde finales de primavera en adelante (ver p. 196)
Col de primavera	Déjalas en el exterior en invierno	Cosecha las hojas durante la primavera y luego las cabezuelas a principios de verano (ver p. 196)
Zanahoria y remolacha	Déjalas a cubierto durante el invierno	Haz una última recolección a principios de primavera con el fin de prepararlas y congelarlas (ver pp. 198-99)
Ajo	Planta a mediados-finales de otoño	Cosecha «lo verde del ajo» (tallo y bulbo sin desarrollar, que son comestibles) desde mediados de primavera
Plantas herbáceas	Eneldo y cilantro pueden sembrarse en bandejas a finales de invierno	Coséchalas a cubierto desde mediados de primavera (ver pp. 210-11)
Tallos florales de col rizada y brotes de brócoli morado	Déjalos en el exterior durante el invierno	Disfruta de los tiernos tallos florales hasta finales de primavera (ver pp. 194 y 196)
Puerros	Déjalos en el exterior durante el invierno	Cosecha las variedades de empernado tardío hasta final de primavera; luego escalda y congela el resto para el periodo de carestía (ver p. 184)
Cebollas	Escoge variedades que puedan almacenarse	Coséchalas y almacénalas hasta 12 meses en un lugar fresco, seco y oscuro. Míralas con regularidad y elimina las que estén blandas. También puedes trocear las cebollas y congelarlas a finales de invierno (ver p. 185)
Pak choi	Siémbralo en bandejas modulares a principios de primavera	Coséchalo a cubierto desde mediados de primavera y desde finales de primavera en el exterior (ver p. 196)
Patatas, tempranas	Cultívalas pronto a cubierto	Coséchalas desde mediados de primavera (ver p. 206)
Rábano	Siémbralos a cubierto a finales de invierno	Coséchalos a cubierto desde principios de primavera y desde mediados de primavera en el exterior (ver p. 202)
Hojas de ensalada	Cultívalas pronto a cubierto; se incluyen todas, desde espinacas a brotes de guisantes (ver pp. 216-17)	Coséchalas desde mediados de primavera
Calabaza, de invierno	Escoge variedades duraderas como la 'Crown Prince'	Coséchalas y almacénalas en un lugar fresco, oscuro y seco (ver p. 209), hasta el verano del año siguiente
Nabo sueco y chirivía	Déjalos fuera durante el invierno	Coséchalos a principios de primavera, prepáralos y congélalos (ver p. 199)
Nabo	Siémbralos en bandejas modulares a finales de invierno	Coséchalos en el exterior desde finales de primavera en adelante (ver p. 203)

RECOLECCIÓN DE SEMILLAS

Recolectar tus propias semillas es muy gratificante. Además, si recoges las de los mejores especímenes, con el tiempo tus cultivos se adaptarán mejor al suelo y el clima de tu huerto, incrementando su resistencia y autosuficiencia. ¡Y ahorrarás dinero!

RECOGIDA DE SEMILLAS PARA PRINCIPIANTES

Existen tres reglas básicas:

1. Recoge las semillas de las plantas más sanas y productivas.
2. Deja secar bien las semillas para que no se pudran.
3. Etiquétalo todo, desde los cultivos a los paquetes de semillas.

Empieza con cultivos aptos para principiantes (en su mayor parte, autopolinizadores: judías, guisantes, tomates y lechugas), o bien bulbos, tubérculos o semillas de herbáceas.

Judías y guisantes

¡Son los más fáciles! Deja secar algunas vainas (se volverán marrones y quebradizas) en la planta y luego retira los guisantes y las judías. Coloca una bandeja de horno en un alféizar interior soleado, y extiende los guisantes y las judías de forma que no se toquen entre sí. Déjalos secar durante tres o cuatro semanas, dándoles la vuelta de vez en cuando, y luego guárdalas en sobres etiquetados.

Tomates

Deja madurar un tomate y extráele las semillas. Pon unas cuantas cucharaditas en un tarro de cristal lleno hasta la mitad de agua mineral o no clorada. Déjalas a temperatura ambiente 3-5 días; mézclalo a diario. Retira las semillas que floten y cuela el resto de la mezcla con un colador de malla fina. Aclara bien con agua. Extiende las semillas en papel del horno y déjalas secar en un lugar cálido y seco unos días; guárdalas en un sobre etiquetado.

Lechuga

Con una sola planta podrás recoger muchas semillas. Déjala florecer y espera a que las cabezuelas se pongan blandas. Luego corta el tallo floral, ponlo en una bandeja y déjalo secar en un lugar fresco y seco, como un alféizar interior orientado al norte, 3-4 semanas. Sacude bien la cabezuela golpeándola contra el lateral de un cubo, hasta que caigan las semillas. Estarán sucias, con restos de la planta, pero no importa.

Tubérculos y bulbos

En el caso de las patatas y los tubérculos perennes es fácil recoger «semillas», ya que basta con recolectar unos cuantos tubérculos de la cosecha, guardarlos todo el invierno en un lugar fresco, seco y oscuro, y volver a plantarlos en primavera. Lo mismo sucede con el ajo: a finales de otoño planta algunos dientes de ajo de los bulbos cosechados en verano.

Recogiendo semillas de guisante de las vainas secas. Las guardaré en un tarro hermético y las sembraré la próxima primavera.

Flor femenina de calabaza (izquierda) y flor masculina de calabaza (derecha).

Semillas de plantas herbáceas

Es fácil recoger semillas de plantas herbáceas como el cilantro, el eneldo, el comino y el perejil: deja florecer algunas plantas y cuando las semillas se hayan secado, recógelas. Si a final de temporada todavía no se han secado del todo, cuélgalas en el politúnel durante tres o cuatro semanas; luego sacúdelas para extraer las semillas secas y guárdalas en un sobre etiquetado.

NIVEL AVANZADO

Recoger las semillas de cultivos que precisan polinización cruzada es un poco más complicado. Para que se produzca la polinización cruzada y las semillas se desarrollen, la flor necesita el polen de una flor de otra planta de la misma especie. La col rizada es de la misma especie que la col (*Brassica oleracea*), así que si ambas florecen, habrá polinización cruzada; el resultado serán unas semillas híbridas con una mezcla de características de ambas. La zanahoria puede polinizarse de forma cruzada con la zanahoria silvestre, dando semillas imperfectas.

Para que las variedades de semillas se mantengan puras y no haya «contaminación», los expertos colocan mallas a prueba de insectos sobre las coles rizadas y las zanahorias justo antes de que florezcan. Luego, para que se produzca la polinización cruzada, introducen dentro de la malla larvas de mosca que se transforman en moscas y las polinizan. En cuanto las flores desaparecen, retiran la malla. Y cuando las semillas están maduras, las recogen. Los cultivos bienales que florecen el segundo año, como la col rizada, el puerro, la zanahoria y la remolacha, pueden precisar protección en invierno si el clima es frío.

Si recoges las semillas para tu uso personal, no tienes que ser tan estricto. Basta con que solo dejes florecer una especie (si dejas florecer dos, ponlas lo más lejos que puedas la una de la otra). Así casi siempre obtendrás buenos resultados.

Semillas de calabaza

Si se da polinización cruzada con la calabaza, los frutos pueden salir amargos. Para evitarlo puedes polinizar a mano a primera hora de la mañana con flores de la misma variedad. Cuando se desarrolle la flor femenina y antes de que se abra, pon una bolsa de malla sobre ella para evitar la polinización. Luego toma una flor masculina y, con un pincel, recoge todo el polen que puedas de los estambres; en cuanto la flor femenina que tiene la bolsa abra los pétalos, pasa el pincel por su estigma. Finalmente, asegura la bolsa con una cuerda o cinta adhesiva para que las abejas no puedan visitarla. Ata una cinta de color en el tallo para saber que esa es la planta de la que debes recoger las semillas.

EL TRUCO DE HUW

Solo debes recoger semillas de cultivos de polinización abierta. No deben ser híbridos, para que las semillas recogidas crezcan fieles a su tipo. No es aconsejable recoger semillas de híbridos F1 y otros híbridos. Tienen dos progenitores, seleccionados por dos características que aparecen en la primera generación (F1). La primera generación mostrará resultados uniformes, pero las semillas de los cultivos F1 que siembres pueden mostrar características significativamente distintas y son mucho menos fiables que las semillas de cultivos de polinización abierta.

VARIEDADES AUTÓCTONAS

Si tienes espacio y te gusta recoger semillas, podrías ir un paso más allá y desarrollar tu propia variedad autóctona, es decir, una variedad genéticamente distinta desarrollada para la mayor resistencia en una zona determinada. Para ello, planta una mezcla de variedades del mismo cultivo (como habas o remolacha) en un espacio pequeño; deja que se polinicen de forma cruzada y recoge las semillas. Las siguientes temporadas selecciona los especímenes con las características que deseas (elimina los que no quieras antes de que florezcan). Puedes seleccionarlos por características como una mayor resistencia a las plagas, un crecimiento más compacto o una cosecha más abundante; o por tener un color, un sabor o un periodo de cosecha distinto. A los cinco-diez años tendrás tu propia variedad autóctona única, que crecerá de forma uniforme y estará del todo adaptada a tu huerto. Ver Recursos (p. 280) si te interesa el tema.

VARIEDADES PREFERIDAS

Estas son mis variedades preferidas de los principales cultivos anuales y bienales de mi huerto. La variedad que menciono primero es la opción principal, por su productividad, resistencia y sabor; la segunda tiene alguna característica que la hace especial, ya sea el sabor, el color, la forma de crecimiento o la resistencia.

Liliáceas

Puerro 'Bandit', 'Hilari'

Cebolleta 'Parade', 'North Holland Blood Red'

Cebolla 'Sturon', 'Lilia'

Ajo 'Germidour', 'Carcassonne Wight'

Compuestas

Judías arbustivas 'Tendergreen', 'Amethyst'

Habas grandes 'Aguadulce Claudia', 'Crimson Flowered'

Judías verdes trepadoras 'Cobra', 'Borlotti'

Judías de enrame 'Scarlet Emperor', 'Gigantes griegas'

Guisantes 'Ambassador', 'Llanover'

Guisantes (vainas) 'Oregon Sugar Pod', 'Golden Sweet'

Quenopodiáceas anuales

Lechuga 'Flecha de bronce Arrowhead', Celtuza

Achicoria 'Palla Rossa', Chiavari

Espinaca 'Gigante de invierno', fresa

Acelga 'Fordhook Giant', 'Peppermint'

Mostaza 'Lengua de dragón', 'Wasabi'

Amaranto 'Velvet Curtains', 'Loves Lies Bleeding'

Los tomates de la variedad 'Tigerella' están entre los que tienen mejor sabor.

Crucíferas

Brócoli de brotes 'Bimi', 'Claret'

Coliflor 'All the Year Round', 'Di Sicilia Violetto'

Coles de Bruselas 'Groninger', 'Red Rubine'

Pak choi 'Joi Choi', 'Santoh'

Col rizada 'Verde enana', 'Negro de la Toscana'

Col china 'Yuki', 'Hilton'

Col de primavera 'Durham Early', 'Wintergreen'

Col de verano 'Golden Acre', 'Greyhound'

Col de invierno 'de Saboya', 'Saint Michael de Verona'

El famoso brócoli 'Bimi' es delicioso e indispensable.

Umbelíferas

Zanahoria 'Resistafly', 'Dragón púrpura'

Nabo sueco 'Tweed', Gilfeathers' nabo-nabo sueco

Chirivía 'Tender And True', 'White Gem'

Remolacha 'Boltardy', 'Golden Detroit'

Apio 'Victoria', 'Rojo gigante'

Hinojo dulce 'Rondo', 'Gigante'

Rábano 'Poloneza', cola de rata

Rábano de invierno daikon, 'Negro español'

Nabo 'Golden Ball', 'Milan Purple Top'

Solanáceas

Patata nueva 'Charlotte', 'Swift'

Patata de ciclo medio 'Maris Piper', 'Sarpo Mira'

Chile 'Pimiento de Padrón', 'Lemon Drop'

Pimiento 'Kaibi Round, 'Spiralus'

Tomate (las 5 variedades preferidas de Huw) – 'Tigerella', 'Green Zebra', 'Black Russian', 'Honeycomb', 'Lulú'

Berenjena 'Belleza negra', 'Blanca Dourga'

Maíz 'Golden Bantam, 'Glass Gem'

Cucurbitáceas

Calabaza de verano 'Verde de Italia', 'Tromboncino'

Calabaza de invierno 'Winter Luxury' pumpkin, 'Jumbo Pink Banana'

Pepino 'Marketmore', 'Passandra'

Melón 'Sivan', 'Minnesota Midget'

Plantas herbáceas

Cilantro 'Leisure', 'Confetti'

Perejil 'Gigante de Italia', 'de Hamburgo'

Albahaca 'British', 'Hoja de lechuga'

Plantas con flores

Guisantes dulces mezclas tradicionales, 'Suzy Z'

Girasol 'Sunspot', 'Velvet Queen'

Cinia 'Zinderella Lilac', 'Queen Lime'

Caléndula 'Gypsy Festival', 'Orange Flash'

Cosmos mezcla de jardín, 'Apricot Lemonade'

Capuchina 'Trepadora de colores mixtos', 'Ladybird Rose'

La variedad 'Resistafly' permite cultivar zanahorias sin tener que tomar medidas protectoras frente a la mosca de la zanahoria.

Miniguisantes medley para la mesa del comedor.

Policultivos

ENTENDER EL POLICULTIVO

Hasta ahora hemos visto cuestiones concretas de un huerto de permacultura, desde los principios básicos a las plantas. Este capítulo analiza cómo conectar todas las piezas para crear espacios funcionales y productivos.

El policultivo consiste en cultivar distintas plantas en el mismo sitio. Es lo contrario al monocultivo, en el que se cultiva una sola planta en un área extensa. Puedes visualizar la diferencia pensando en un prado y un campo de trigo. El policultivo puede funcionar a cualquier escala, desde en una maceta hasta en un campo entero. Espero que las páginas siguientes te sirvan de inspiración y te sugieran ideas que puedas adaptar y aplicar a tu huerto. Si piensas realizar algún proyecto de envergadura, es importante que conozcas tu suelo, sobre todo el pH y la estructura (ver pp. 46-49). El policultivo puede incluir solo anuales, solo perennes, o una mezcla de ambas.

REFLEXIONES ÚTILES

Cuando prepares un espacio para plantar, ya sea una maceta en el balcón o un margen enorme, usa estas nueve preguntas como punto de partida para seleccionar las plantas. Te ayudará a crear agrupaciones productivas, atractivas y resistentes. En resumidas cuentas, te convertirás en el diseñador de tu huerto.

1. **Altura y envergadura de la planta** ¿Qué dimensiones tendrá la planta cuando madure?
2. **Época de floración** ¿Y quieres recoger las semillas?
3. **Periodo de cosecha** ¿Cuándo se cosechará y se limpiará?
4. **Necesidades nutricionales** ¿Precisa muchos nutrientes o no?
5. **Espacio para las raíces** ¿Son sus raíces profundas o superficiales?
6. **Niveles de luz** ¿Adora el sol o puede crecer bien a la sombra?
7. **Niveles de agua** ¿Precisa mucha agua o prospera en zonas secas?
8. **Color** ¿De qué color son sus hojas y sus flores?
9. **Plagas y enfermedades** ¿Atrae o se protege de determinados problemas?

SIEMBRA ASOCIADA

Es una técnica que tiene en cuenta cómo pueden beneficiarse entre sí distintas plantas, por ejemplo sembrar albahaca debajo de las tomateras para ahuyentar plagas. El problema con la siembra asociada es que muchas de las combinaciones no disponen de evidencias científicas, así que pueden resultar imprecisas o centrarse en cultivos menores. He descubierto que si a alguien le funciona una combinación, la gente piensa que le funcionará a todo el mundo, por lo que el emparejamiento se convierte en una combinación que no deja lugar a dudas. Pero muchas veces la correlación no implica causalidad, especialmente en un huerto sano.

Estoy convencido de que hay cultivos asociados que funcionan fantásticamente y de que hay muchas combinaciones por descubrir. Mi planteamiento, no obstante, consiste en emparejar plantas de forma lógica e intuitiva. Por ejemplo, jamás cultivaría patatas debajo de tomates de cordón, porque ambos cultivos son propensos al tizón y requieren muchos nutrientes, y las patatas se cosechan antes de que los tomates estén maduros, así que las raíces de estos últimos sufrirían. Sin embargo, dado que los tomates de cordón tienen un tallo alto, debajo pueden plantarse plantas que no les causen daños cuando se recolecten, como plantas herbáceas y plantas con flores. La siembra asociada puede ser muy positiva pero, como en el caso de la rotación de cultivos (ver p. 259), siento que puede entorpecer la creatividad y la productividad del huerto si se sigue al pie de la letra.

«Con el policultivo puedes decidir si plantas según un modelo regular o irregular».

Los policultivos de mi huerto, que reúnen una plétora de plantas con flores, plantas herbáceas y verduras en un espacio pequeño.

ASOCIACIÓN CON UN ÁRBOL FRUTAL

Una de las técnicas de policultivo habituales en permacultura son las asociaciones con un árbol frutal. Una asociación es un grupo de plantas que se cultivan juntas para que se beneficien mutuamente.

Una asociación con un árbol frutal está formada por plantas que se cultivan debajo de este. Ofrece características específicas, como atraer insectos beneficiosos, múltiples especies visibles (ver pp. 248-51), fertilidad para el árbol y cosechas comestibles adicionales. En espacios pequeños, son una gran alternativa a los bosques de alimentos (ver pp. 36-37), y permiten incorporar plantas anuales y perennes. La asociación puede ser tan sencilla o compleja como quieras. Ten en cuenta el espacio disponible.

La regla básica es mantener despejado el tallo del árbol para garantizar una buena aireación (eso reduce el riesgo de enfermedades). Si alguna de las plantas que está debajo crece mucho, basta con recortar los brotes vigorosos a la altura del tallo con unas tijeras. Usa las nueve preguntas sobre policultivos (ver p. 228) y las plantas recomendadas de esta lista para crear tus propias asociaciones. He incluido unos cuantos ejemplos para que te sirvan de punto de partida.

PLANTAS ASOCIADAS RECOMENDADAS PARA EMPEZAR

Plantas herbáceas y con flores perennes
- Bergamota
- Cebollino
- Equinácea
- Menta
- Amapola
- Rosa
- Salvia
- Bulbos de primavera
- Tomillo

Plantas herbáceas y con flores anuales
- Amaranto
- Borraja
- Caléndula
- Cilantro
- Cosmos
- Eneldo
- Girasol enano
- Capuchina
- Perejil
- Tanaceto azul
- Cinia

Frutos blandos
- Fresas silvestres
- Grosellas
- Grosellas espinosas
- Ruibarbos
- Fresas

Otras plantas
- Consuelda
- Alcachofa
- Ortiga
- Acedera

ASOCIACIÓN SIMPLE CON ÁRBOL FRUTAL

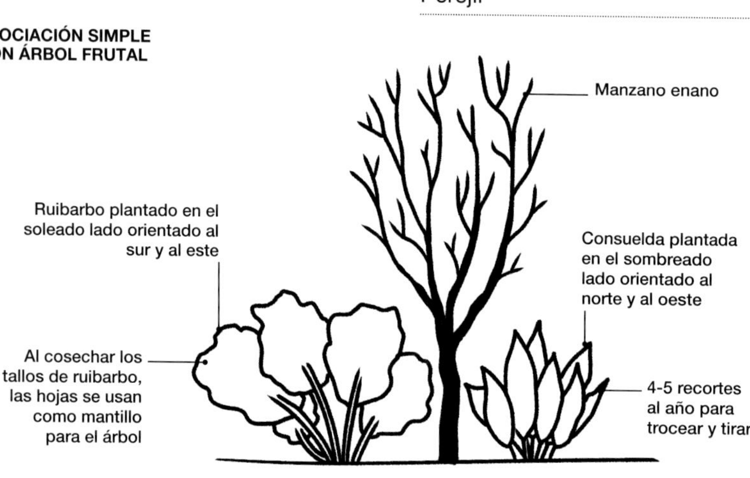

Plantas que se benefician entre sí
Asociación simple que consiste en poner ruibarbo en el lado encarado al sur y consuelda en el encarado al norte. Ambas plantas ayudan a mantener el tronco del árbol libre de malas hierbas; además, puedes usar la técnica de trocear y tirar con la consuelda y las hojas de ruibarbo, para aumentar la fertilidad del suelo.

Plantando una asociación con árbol frutal en primavera, con consuelda, fresas y ortigas bulbosas.

Asociación con un manzano, con amarantos, judías enanas, caléndulas, fresas, margaritas de ojos negros y ortigas bulbosas.

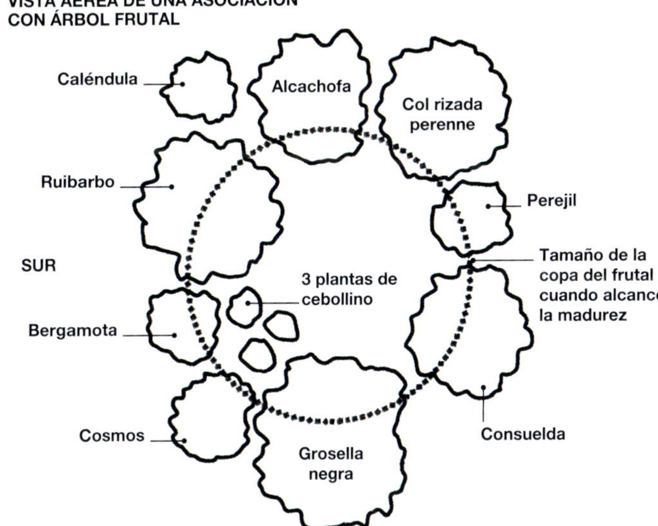

Esquema de una asociación con un manzano

Ten en cuenta el tamaño final de la copa del manzano si piensas plantar árboles más jóvenes alrededor.

EL TRUCO DE HUW

Si vas a crear una asociación solo con perennes, puedes poner una bordura, para que los hierbajos no invadan el espacio; y una capa de 5-7 cm de astillas a modo de mantilla, para fomentar un suelo dominado por hongos y reducir las malas hierbas.

RINCÓN DE PLANTAS HERBÁCEAS

Con unas cuantas plantas herbáceas puedes crear un maravilloso rincón repleto de color y aroma. Puede ser tan pequeño como un simple bancal construido con palés o estar formado por varios bancales.

Puedes combinar las plantas herbáceas de forma aleatoria para lograr un aspecto más orgánico o agruparlas por categorías, como hierbas para infusiones, para ensaladas y para guisar. Cuando diseñes este rincón, céntrate primero en la ubicación de las perennes. Las anuales puedes cultivarlas allí donde haya espacio o incorporarlas a los bancales de verduras anuales. Algunas herbáceas perennes como la hierbaluisa y la salvia rosa son más bien tiernas, así que el frío invernal puede matarlas. Si quieres cultivarlas en el suelo o en bancales, colócalas en el borde; así podrás extraerlas fácilmente a finales de otoño y ponerlas a cubierto hasta que puedas volver a trasplantarlas a su emplazamiento original la siguiente primavera.

Mi rincón de herbáceas está formado por bancales metálicos, para facilitar la recolección y evitar que algunas se desborden.

Rincón de plantas herbáceas con hoguera

Creo que todos los jardines deberían tener una hoguera o una barbacoa para disfrutar del aire libre y cocinar los fantásticos productos del huerto. Poder usar hierbas frescas al cocinar eleva la experiencia a otra dimensión. Podrás preparar salsas, condimentar los alimentos y preparar bebidas refrescantes *in situ*.

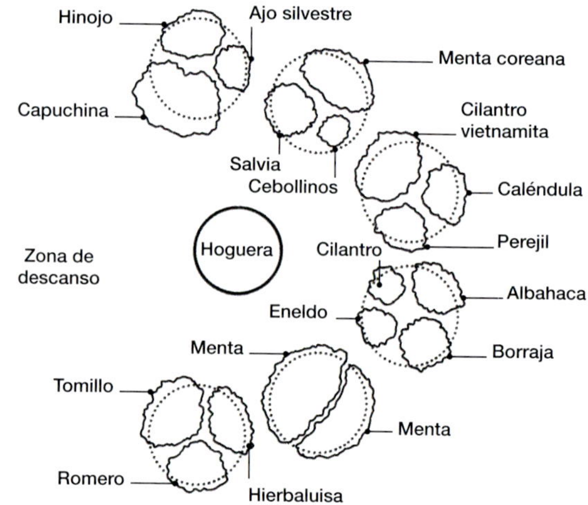

Plantas herbáceas en contenedores junto a la hoguera
Plantas herbáceas en bidones metálicos partidos por la mitad, para poder recolectar las hierbas y cocinarlas en la hoguera; también hay flores comestibles, que pueden usarse para decorar.

EL TRUCO DE HUW

Puedes mejorar el rincón de las plantas herbáceas añadiendo algunas flores comestibles anuales (ver pp. 212-15), que aportarán pinceladas de color.

EL RINCÓN FRUTAL

Crear un rincón frutal permite disponer de una zona de cultivo natural, pero muy productiva, en huertos entre medianos y grandes.

DISEÑO EN CINCO PASOS DE TU RINCÓN FRUTAL

Cultivar toda la fruta en un mismo lugar facilita el cuidado de las plantas y ayuda a protegerlas de pájaros y ardillas (ver p. 264). Tenlo en cuenta cuando las coloques e intenta que sea fácil protegerlas. Las que corren mayor riesgo, como los arándanos y las grosellas rojas, pueden plantarse formando un arco o en los extremos, para que sea más fácil colocar una malla sobre ellas.

1. Coloca los árboles frutales El elemento más permanente serán los árboles frutales. Debes escoger los portainjertos que vas a usar (ver p. 161). Es mejor dejar más espacio de lo habitual entre ellos, para que los frutos blandos que haya debajo dispongan de espacio y reciban suficiente luz.

2. Confecciona un esquema Usa las nueve preguntas (ver p. 228) para determinar las plantas frutales que vas a cultivar además de los árboles. Ve de las más altas a las más bajas (orden usual por altura: bayas colgantes, frambuesas, grosellas josta, grosellas, arándanos, grosellas espinosas, ruibarbos, fresas) y decide dónde encajan mejor. Haz un primer esbozo.

3. Incluye otras plantas Si quieres añadir más plantas, como consueldas, plantas herbáceas o plantas perennes con flores, ponlas en los huecos que queden o en los márgenes. Puedes crear una asociación alrededor de cada árbol frutal (ver pp. 230-31).

4. Escoge las variedades y los proveedores Una vez hecho el esbozo, tienes que centrarte en los detalles (Del modelo a los detalles, ver p. 20). Decide las variedades que vas a cultivar, para determinar el espacio entre ellas.

5. Observa e interactúa Cuando hayas plantado el rincón, observa cómo se desarrollan las plantas. Puede que tengas que intervenir y ajustar el diseño eliminando/recolocando ejemplares, pero básicamente deberás poner mantillo, proteger y cosechar.

EL TRUCO DE HUW

Los arándanos precisan un suelo con un pH distinto al del resto de los cultivos, así que puedes plantarlos en un suelo mejorado o en su propio bancal junto al rincón frutal.

Rincón frutal para una zona grande

Ejemplo de rincón frutal con 16 árboles y arbustos distintos; también hay consuelda y plantas herbáceas perennes que mejoran la salud del suelo y las plantas.

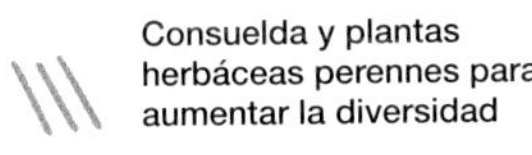

Consuelda y plantas herbáceas perennes para aumentar la diversidad

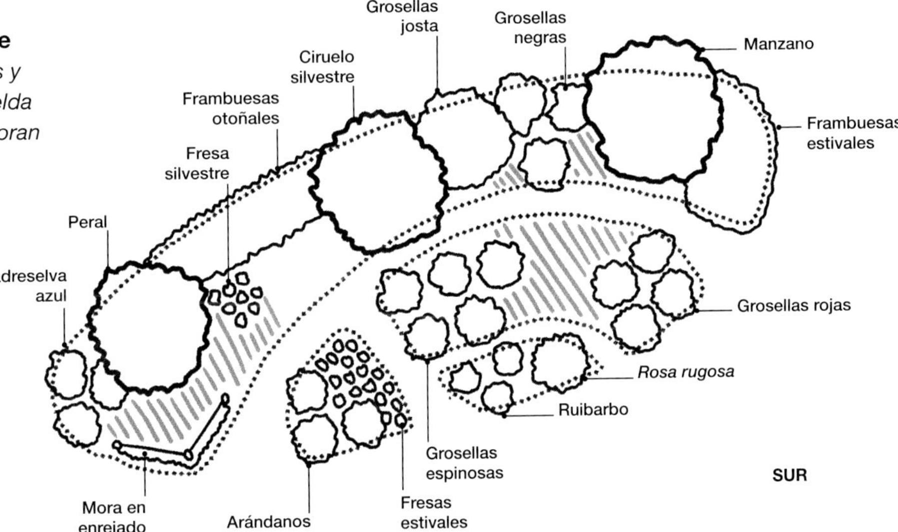

MÁRGENES CON PERENNES COMESTIBLES

Todos los huertos tienen algún tipo de linde y las lindes permiten poner márgenes y plantar en ellos. Un margen con plantas comestibles resulta visualmente agradable y, además, es productivo.

En huertos entre pequeños y medianos, los márgenes con perennes dispuestos a lo largo de las lindes aportan color, estructura y amortiguación. ¡Y más alimentos!

ORIENTACIÓN

Lindes orientadas al este y al oeste Las plantas más altas deben colocarse detrás, para facilitar el mantenimiento y la recolección si solo se puede acceder al margen por un lado (¡a tu vecino no le gustará que invadas su huerto!).

Lindes orientadas al norte Agrupa las plantas de altura similar, para no añadir más sombras. Da prioridad a las verduras perennes con hojas y las plantas herbáceas.

Lindes orientadas al sur Son zonas de cultivo muy apreciadas. Gracias a su mayor exposición al sol y sus temperaturas más cálidas, resultan perfectas para cultivos anuales productivos y amantes del sol, como los tomates y las judías, o para árboles frutales. Coloca los más altos detrás para que no proyecten su sombra sobre los que están delante. Si no dispones de una linde orientada al sur, trata la orientada al sudeste o al sudoeste como si lo fuera.

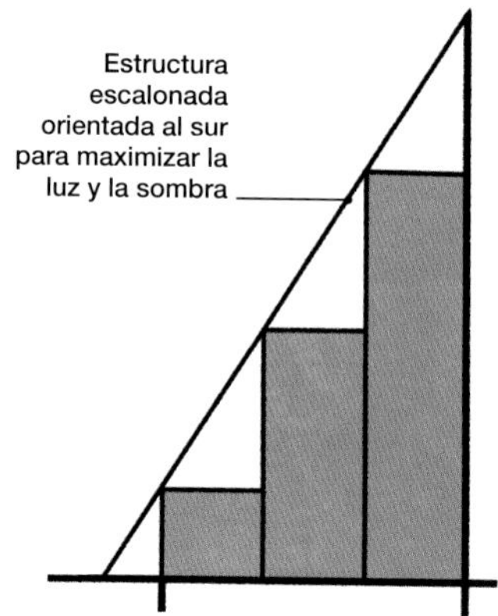

Linde orientada al sur
Existe una fórmula muy sencilla: organiza las plantas en tres grupos según su altura y coloca las más altas detrás, luego las intermedias y finalmente las más bajas.

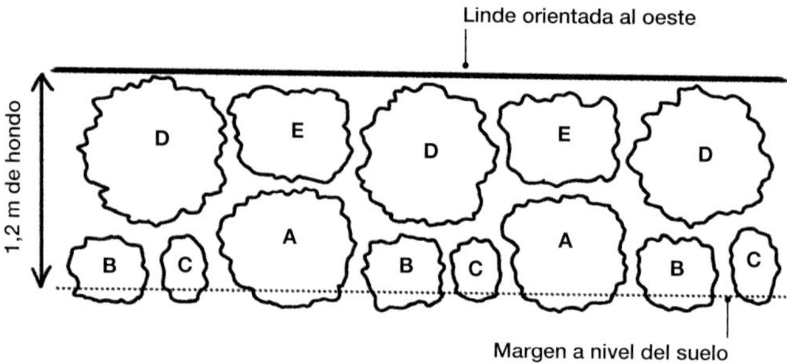

Esquema de un margen orientado al oeste
Este esquema muestra un margen orientado al oeste con perennes comestibles y no comestibles.

A Consuelda
B Tomillo
C Cebollinos
D Alcachofas
E Verbena

ARTE VISUAL Y COLOR

Dado que una linde es la última línea visible del huerto, intento que sea visualmente agradable mezclando texturas y colores; por ejemplo, planto capuchinas silvestres debajo de las alcachofas. Encontrarás más información sobre el arte visual en un huerto de permacultura en las páginas 248-51.

MÁRGENES «SILVESTRES»

Me encanta poner perennes en los márgenes porque puedes hacer que parezcan silvestres cuando en realidad están repletos de alimentos y colorido. Los márgenes silvestres permiten experimentar con los policultivos y pueden incluir flores, herbáceas, frutos y verduras. Con el tiempo puedes eliminar lo que no se adapte y sustituirlo. Solo debes vigilar la separación entre plantas y descartar las que puedan adueñarse del espacio, como la menta. La primera vez pon una capa de astillas; luego bastará con usar la técnica de trocear y tirar con los brotes vegetales del propio margen.

Plantando un margen con perennes comestibles; en concreto hierba gatuna para infusiones.

El mismo margen dos meses después. Hay incluso calabazas.

SIMPLIFICA LAS COSAS

No tienes por qué abarrotar el margen de plantas distintas. A menudo menos es más, sobre todo si quieres conseguir un despliegue espectacular fácil de mantener. Selecciona entre tres y cinco plantas comestibles y repártelas de forma regular o irregular por el espacio disponible.

Perennes comestibles de bajo mantenimiento para lindes orientadas al este y al oeste
Fresas estivales y silvestres
Grosellas negras
Alcachofas
Alcachofas de Jerusalén
Verduras perennes con hojas
Capuchinas silvestres
Oca
Crucíferas perennes
Ruibarbo
Rosa rugosa

Herbáceas de bajo mantenimiento para márgenes con perennes
Hierba gatera
Cebollinos
Hinojo
Menta coreana
Romero
Tomillo

Perennes no comestibles adecuadas
Bulbos
Consuelda (variedad Bocking 14)
Verbena bonariensis

MÁRGENES CON ANUALES COMESTIBLES

Todo lo mencionado aquí es aplicable a las anuales, que pueden tener más sentido en determinadas situaciones. Quizá vivas en un piso de alquiler y solo te permiten cultivar anuales en el suelo, o tu parcela es especialmente pequeña y quieres comer el máximo de alimentos procedentes de tu huerto. Usa la siembra sucesiva (ver p. 218) en los márgenes con anuales para lograr el máximo impacto visual y el mayor rendimiento.

BOSQUE DE ALIMENTOS PARA GALLINAS

Este espacio multifuncional proporciona a las gallinas protección, entretenimiento y nutrientes adicionales, mientras que a ti te ofrece forrajes de temporada y compost para tus bancales.

Las gallinas se pasan la vida escarbando el suelo en busca de bichos, semillas y brotes. Sus preferidos son los suelos sueltos. ¡Por eso las gallinas y el mantillo son incompatibles! Pero si pones unas cuantas gallinas en el lugar adecuado podrás aprovechar esa actividad instintiva para producir compost, tal y como explico en las páginas 78-79.

Gallinas escarbando en una gruesa capa de paja situada bajo unos groselleros en busca de bichos y brotes.

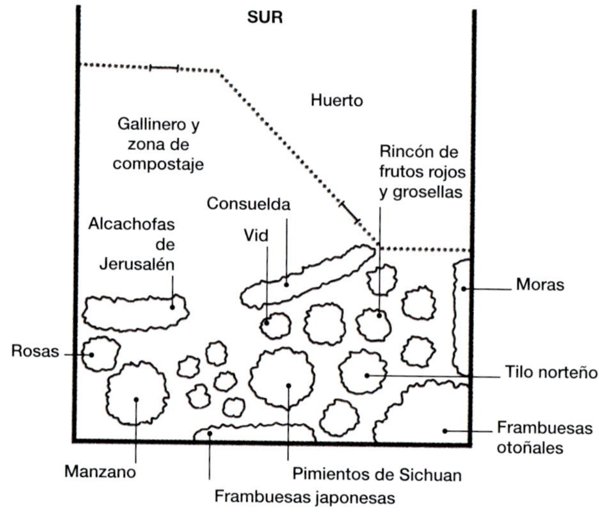

Esta zona, un ejemplo de multifuncionalidad (ver p. 27), permite cultivar distintos cultivos y a la vez producir compost.

Un bosque de alimentos para gallinas da nutrientes adicionales, mientras las gallinas disfrutan de restos como las bayas que caen al suelo. Este tipo de bosque incluye básicamente frutas y verduras perennes, que se protegen con pequeñas cercas o con rocas grandes colocadas alrededor de su sistema radicular. Las gallinas harán un trabajo excelente: impedirán que crezcan las malas hierbas, controlarán las plagas y aumentarán la fertilidad de las plantas con sus excrementos. Tiene una zona dedicada a la producción de compost, normalmente cerca del gallinero o en una linde que bordea el huerto, para que puedas lanzar los materiales para compostar directamente por encima de la valla.

Las mejores plantas para este bosque son los árboles frutales y los arbustos grandes de frutos blandos, como los groselleros y los groselleros espinosos, las bayas colgantes, las rosas y las alcachofas de Jerusalén. La consuelda es fácil de incorporar y, si quieres, puedes hacer unas cajas de alambre para cultivar cultivos anuales entre las perennes.

INCORPORAR PATOS AL HUERTO

Siempre que las circunstancias lo permitan, deberías considerar la idea de incorporar patos al huerto. Los patos son depredadores naturales de las babosas y, además, ponen huevos.

Los patos no son como las gallinas, que escarban el huerto entero en un santiamén. Si tus bancales tienen laterales, preferirán andar a su alrededor que por encima de ellos. Para ser felices solo necesitan agua (puedes confeccionar una charca con una bañera vieja) y hierba en la que buscar caracoles, babosas y otras criaturas similares. En espacios más grandes, lo ideal es crear un vergel con frutos blandos; si dispones de un espacio pequeño, siempre puedes confeccionar un diseño ingenioso para que estén a gusto y resulten beneficiosos.

PATOS Y COMPOST

Construye un pequeño corral vallado. En un rincón confecciona una capa gruesa de mantillo amontonando materia orgánica como paja, serrín, césped, residuos del huerto y hojas. Debe estar a prueba de zorros y es el lugar donde les darás de comer por la mañana y por la noche La idea es que sus excrementos se mezclen con el mantillo, para que con el tiempo se forme una generosa capa de compost. A final de temporada, retira la capa de mantillo original y usa el compost de debajo como mantillo para los bancales.

EL HUERTO FORTIFICADO

El objetivo es que los patos ataquen a las babosas por todo el perímetro para que no puedan acceder a los cultivos anuales. Tiene dos zonas diferenciadas: el corral vallado, que incluye frutales enanos y semienanos, y el huerto de verduras. Puedes dejar que los patos entren en el huerto de verduras con regularidad para que se encarguen de las babosas, pero solo cuando tú lo quieras. Disponen de una pequeña zona dentro del corral para protegerse de los zorros por la mañana y por la noche, que consiste en una capa gruesa de mantillo para producir compost (ver izquierda). Esta fórmula, con entre tres y cinco patos, debería producir suficiente compost (siempre que se añada material compostable suficiente, como astillas y recortes de césped) para que toda la parcela sea autosuficiente.

La «cuadrilla» en acción entre mis bancales.

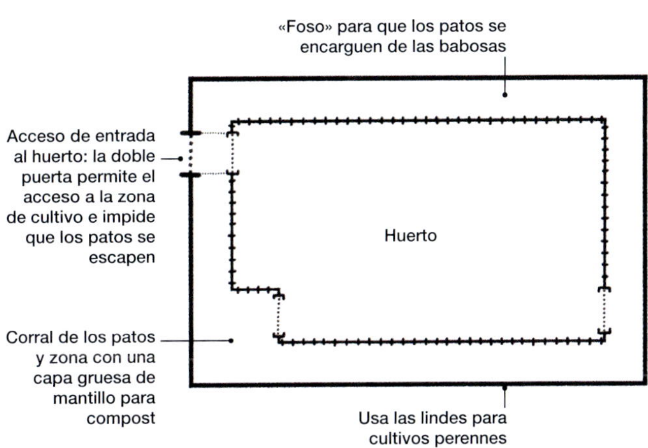

Huerto fortificado para una parcela de tamaño medio

Dentro del corral de los patos, concretamente alrededor del perímetro, se cultivan perennes para mejorar la productividad.

EL RINCÓN DEL FORRAJEO

Este espacio te proporcionará alimentos adicionales durante todo el año, pero lo mejor es que aumentará la biodiversidad de tu huerto.

El rincón del forrajeo es como un bosque de alimentos pero con cierto grado de control. Se incluiría en la zona 4 (ver pp. 42-43). A diferencia de lo que pasa con un huerto o un vergel, en este tipo de espacio es vital que no cojas demasiado apego a lo que plantes. Esta zona del huerto está dedicada a trabajar con la naturaleza y a dejar que sea ella la que decida lo que sobrevive y lo que no. Lo único que tienes que hacer es poner los cimientos y asegurarte de que la vegetación está controlada, para que puedas andar entre ella. Aparte de eso, intervén lo mínimo en este miniecosistema.

Después de plantar, trocea y tira (ver p. 62) las malas hierbas y poda de vez en cuando las plantas que empiecen a

Recolectando manzanas silvestres en la parcela de mis padres.

Moras silvestres (arriba) y flores de saúco (derecha), dos iconos del mundo del forrajeo.

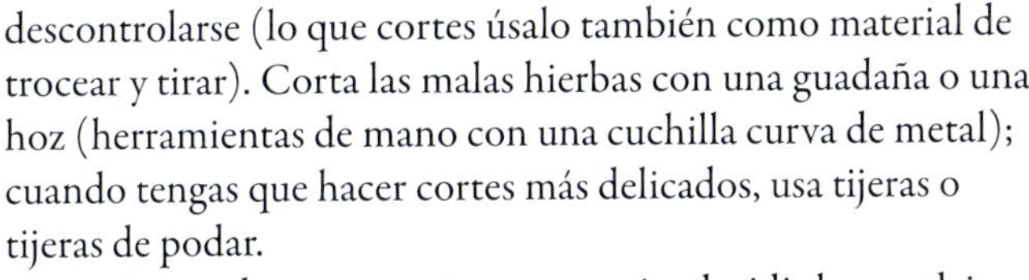

descontrolarse (lo que cortes úsalo también como material de trocear y tirar). Corta las malas hierbas con una guadaña o una hoz (herramientas de mano con una cuchilla curva de metal); cuando tengas que hacer cortes más delicados, usa tijeras o tijeras de podar.

La técnica de trocear y tirar te permite decidir lo que dejas y lo que eliminas. Si hay unas cuantas ortigas, puedes cosecharlas y dejar algunas para las mariposas y las mariquitas. Si ves alguna planta que no se desarrolla bien, córtala y deja que el material se descomponga y nutra a otra planta.

ESPECIES NATIVAS

Este rincón precisa plantas que no requieran cuidados. Lo mejor es optar por especies nativas (ver p. 26). En mi caso, pueden ser avellanos (frutos secos), espinos (hojas y bayas), saúcos (bayas y flores), endrinos (bayas), manzanos silvestres, rosales silvestres, zarzamoras, frambuesas, espárragos del rey Enrique, menta y ajos silvestres. Lo segundo mejor son las plantas perennes resistentes de bajo mantenimiento, como manzanos, groselleros, groselleros espinosos, alcachofas de Jerusalén y una serie de plantas herbáceas y de verduras con hojas, todas ellas perennes.

EL BANCAL DEL FORRAJEO

Si tu huerto es pequeño, crea un bancal del forrajeo, un proyecto perfecto para aprovechar paquetes de semillas viejos o prácticamente vacíos. Durante la primavera, mete las semillas viejas o las sobrantes de cualquier herbácea, verdura o flor comestible en un tarro de cristal. A finales de primavera/principios de verano, siémbralas a voleo en un bancal vacío y riégalas bien (ver p. 181).

A los pocos días aparecerán los primeros plantones y al mes el bancal estará cubierto de verde. Elimina aleatoriamente una tercera parte de las plantas o aclara las verduras. Una o dos veces a la semana visita el bancal y recolecta lo que esté listo. Así, plantas más grandes como las crucíferas con tallo o las tomateras dispondrán de espacio para crecer y madurar.

BOSQUE DE ALIMENTOS LINEAL

Un bosque de alimentos lineal es una franja formada por plantas perennes comestibles que mide 2-4 m de ancho y lo que tú quieras de largo. Se puede acceder al bosque por ambos lados, lo que facilita el trabajo y la recolección.

Para confeccionar un bosque de alimentos lineal primero se plantan árboles frutales (y/o de frutos secos) a una distancia determinada. Luego se añaden arbustos entre los árboles, sobre todo de frutos blandos, aunque también puedes incluir frutales enanos y rosales. A continuación se planta una capa de plantas herbáceas formada por verduras perennes, a ambos lados de los árboles. Y finalmente, en la capa del suelo, se ponen básicamente bulbos y hierbas perennes. Puede haber una cierta mezcla (el hinojo es una hierba que crece bastante y encajaría mejor entre las herbáceas, por ejemplo), pero el objetivo es organizar las plantas por su altura y tener claro cuáles mueren en invierno y cuáles no.

CUBIERTA VEGETAL NATURAL

Muchos tienen la idea romántica de que los suelos de estos bosques están cubiertos de menta, ajos silvestres y fresas. Pero lo cierto es que los hierbajos y las flores silvestres suelen imponerse a las fresas; y la menta, aunque se propaga fácilmente, muere en invierno, lo que permite que las plantas nativas crezcan y asfixien sus coronas. El mantillo generoso y la técnica de cortar y tirar puede ayudar, pero a veces lo más fácil es dejar que crezca una cubierta vegetal natural formada por hierbas y flores silvestres. Córtala cada verano para que no se descontrole.

Bosque de alimentos lineal maduro en una granja de permacultura en Escocia, donde descubrí esta técnica.

SELECCIÓN Y MANTENIMIENTO DE LOS FRUTALES

El bosque lineal debe tener un mínimo de cinco frutales. Escoge portainjertos del tamaño adecuado: si el bosque mide 10 m de largo caben cinco manzanos M27, mientras que si mide 20 m cabrán cinco manzanos M26. También puedes confeccionar uno muy corto con solo tres árboles frutales o de frutos secos. En invierno poda los árboles frutales y los arbustos de frutos blandos para darles forma y aumentar la producción de frutos, y pon una capa de mantillo a base de astillas o de estiércol bien degradado. En verano pon una capa de mantillo a base de recortes de césped procedentes de los senderos circundantes; añade lo que trocees y tires (ver p. 62) entre las plantas.

Creando un nuevo bosque de alimentos lineal; en la imagen, estoy plantando una planta de ajo silvestre.

ESQUEMA DE UN BOSQUE DE ALIMENTOS LINEAL

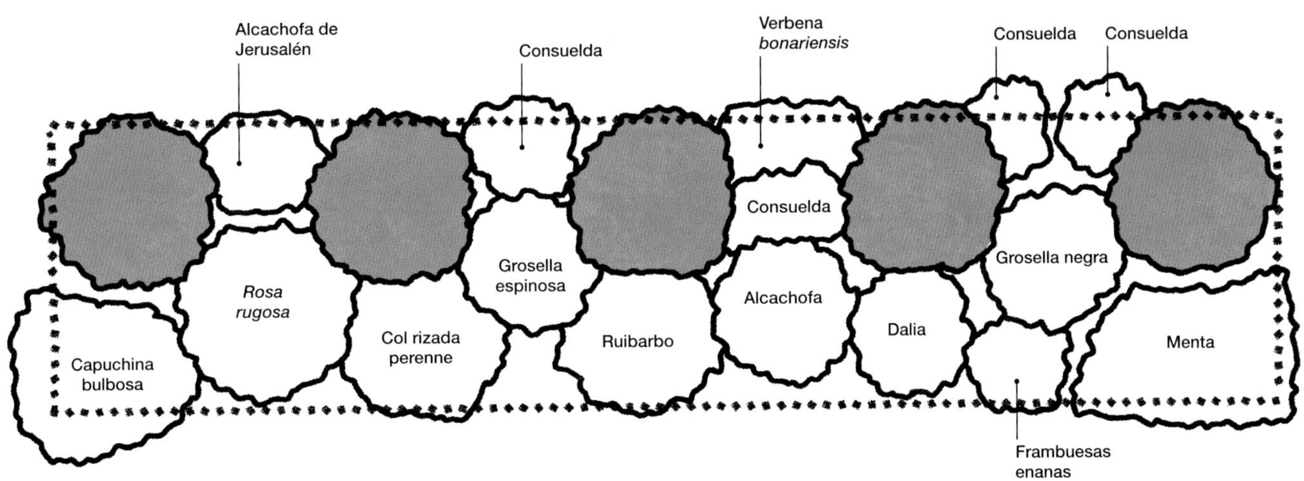

Esquema de un bosque de alimentos lineal de 10 x 2,5 m; primero se plantan los manzanos M27, que forman la estructura básica, y luego las plantas a su alrededor.

CLAVE

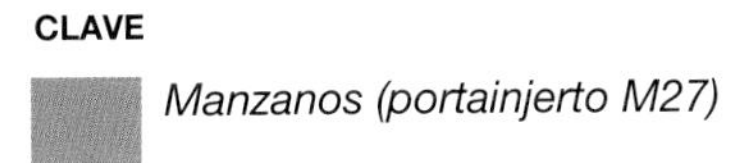

ORIENTACIÓN

La orientación del bosque de alimentos lineal puede depender de distintos factores; los tres puntos siguientes te ayudarán a decidir cuál es la más indicada en tu caso:

1. Cortavientos ¿De qué dirección viene el viento dominante? ¿Protege un bosque de alimentos lineal el resto del huerto?
2. Topografía ¿Está el huerto en una pendiente? Si es así, plantar por curvas (en lugar de arriba o abajo) ayuda a que el agua que baja por la pendiente se reparta de forma uniforme y facilita el mantenimiento y la recolección.
3. Clima Si se extiende de norte a sur tendrá una distribución más uniforme de la luz solar durante el día; si se extiende de este a oeste formará un margen largo orientado al sur, que puede usarse como microclima.

Para aprovechar al máximo un bosque que se extiende de norte a sur puedes aumentar la separación entre los frutales para dejar pasar más luz en primavera y verano, cuando el sol está más bajo, o plantar los cultivos herbáceos en el lado este (para que disfruten de mañanas más frescas) y los frutos blandos en el oeste (para que disfruten de tardes más cálidas). Si el bosque se extiende de este a oeste, coloca los cultivos que adoran el sol al sur de los frutales y los cultivos con hojas al norte, para optimizar la eficacia de la luz disponible. Si tus opciones son limitadas, por ejemplo porque tu huerto es largo pero estrecho, es importante que sepas que ambas orientaciones (tanto norte-sur como este-oeste) funcionarán, aunque no sea de forma óptima.

INCORPORACIÓN DE GALLINAS Y PATOS

Estas aves pueden ser beneficiosas para los bosques de alimentos lineales. Puedes meter a las gallinas a principios de verano durante un periodo breve, para que limpien un poco el sotobosque, y luego de nuevo a finales de otoño, para que hagan una limpieza a fondo. Y a los patos unas horas cada dos semanas para controlar las babosas. Para que no se salgan de la zona establecida, compra una valla electrificada de buena calidad; así podrás crear corrales temporales para las aves en cualquier parte del huerto.

BANCALES TEMÁTICOS

Los bancales de un huerto pueden tratarse como minihuertos; cultiva en ellos muchas verduras, hierbas y flores.

Un bancal temático contiene cultivos y flores comestibles cultivados a una escala en la que las cosechas son sustanciales (3 m^2 o más de espacio de cultivo); dichos cultivos se controlan anualmente. Descubrí la idea de los bancales temáticos a través de Vera Greutink, una horticultora especialista en permacultura que vive en los Países Bajos.

¿A CUBIERTO, EN EL EXTERIOR O AMBOS?

Estos bancales pueden estar dentro y fuera. Uno de los más originales que he visto estaba dedicado a las pizzas: contenía tomates, albahaca y cualquier otro cultivo que pueda ponerse en una pizza, como pimiento, berenjena, maíz, cebolla y espinacas. Debido al clima de mi zona, yo tendría que ponerlo en un politúnel. Puedes incorporar un marco frío o una cubierta con bisagras en una parte de tu bancal exterior para poder ampliar la variedad de cultivos.

EL BANCAL DEL PERIODO DE CARESTÍA

Está pensado para proporcionar un suministro constante de cosechas desde mediados de primavera a principios de verano. El tamaño ideal es de 3 x 1,2 m (ver pp. 276-77). Puedes plantar col de primavera, brócoli morado de brotes, puerro, col rizada, ruibarbo (perenne), cebollinos (perennes), habichuelas (durante el invierno) y ajo verde. Los huecos que vayan quedando al cosechar se llenan con siembras tempranas de hojas de ensalada, hierbas anuales y rábanos.

EL BANCAL DE HOJAS DE ENSALADA MULTICOLOR

Un solo bancal elevado de 3 x 1,2 m puede producir la mayor parte de las ensaladas que ingiere una familia de cuatro miembros desde mediados de primavera hasta finales de otoño. Si cultivas distintas variedades de los cultivos siguientes, combinando diferentes colores y texturas, dispondrás de todo lo necesario para preparar una ensalada espectacular en unos minutos. Cultiva capuchinas, borrajas, caléndulas, cebolletas, cebollinos, pak choi, lechugas, rábanos, verduras orientales, acelgas y coles rizadas (ambas de hojas baby), guisantes tipo tirabeque y guisantes dulces.

MÁS IDEAS PARA BANCALES TEMÁTICOS

Popurrí de flores Cultiva una mezcla de flores comestibles anuales, añade algunas perennes como las dalias, las rosas y los cebollinos, y varios cultivos que produzcan flores comestibles como los calabacines, las judías de enrame, las habas, la rúcula y los rábanos.

Bancal para polinizadores Cultiva una mezcla de flores perennes y anuales, como menta coreana, bergamota, cinias, caléndulas, milenrama y cosmos, para atraer insectos beneficiosos al huerto.

Curioso y asombroso Reserva un espacio para cultivar variedades curiosas y asombrosas de distintos cultivos, como muchos tubérculos perennes; serán un excelente tema de conversación en las comidas. También puedes cultivar viejas variedades que ya no están de moda pero se merecen todo tu cariño, como el salsifí.

En dirección horaria desde la derecha: cosecha del bancal temático para pizzas; popurrí de flores comestibles, y descabezando una caléndula que crece en mi bancal para polinizadores.

POLICULTIVO EN BANCALES

En un huerto las posibilidades de aumentar el policultivo son prácticamente ilimitadas. Una de mis zonas preferidas son los bancales con verduras anuales, que también pueden incluir perennes.

El uso del policultivo en los bancales, si se hace de forma correcta, debería tener un impacto mínimo en el rendimiento de los cultivos principales; sin embargo, aumentará la belleza y la resistencia del huerto de forma significativa, y te proporcionará una mayor variedad de cosechas.

TÉCNICAS DE POLICULTIVO EN BANCALES ANUALES

A continuación encontrarás algunas de mis técnicas preferidas para potenciar el policultivo en los bancales.

Sembrar de más

Los horticultores solemos sembrar y cultivar muchos más plantones de los que necesitamos. Yo lo veo como algo bueno, ya que así disponemos de plantones de repuesto por si algunos se estropean. Y los excedentes pueden usarse para aumentar el policultivo en el huerto. Un huerto nunca está completamente lleno: ¡siempre hay opciones y tu trabajo consiste en encontrarlas!

Rellenar huecos

En los huertos siempre hay algún hueco y a medida que cosechas, aumenta su número. Los huecos hay que rellenarlos, ya que no queremos tener el suelo desnudo. Para que el suelo esté sano es esencial que esté ocupado por plantas el máximo de tiempo. Yo miro los plantones sobrantes y decido cuál encaja mejor en cada hueco teniendo en cuenta, claro está, lo que van a crecer los cultivos ya presentes.

Los huecos pequeños son apropiados para cultivos altos o verticales como los puerros, el eneldo y la col rizada. Los más grandes sirven para verduras de hoja verde, hortalizas de raíz o incluso coliflores. También puedes confeccionar una miniestructura para que trepe una planta de guisante.
Es importante que seas creativo y que uses los principios del policultivo visual (ver p. 248-51). También puedes usar la siembra directa (ver pp. 180-81).

Parchear

Es una forma de rellenar los huecos cuando algo falla o para reemplazar plantas que no rinden bien. Por ejemplo, si has trasplantado grupos de remolachas y uno de esos grupos muere sin razón aparente (y no te quedan más grupos de remolachas), planta otra cosa en su lugar. O imagina que has cultivado algún cultivo, como maíz, y pasadas algunas semanas ves que una de las plantas no está creciendo; es mejor que la elimines, ya que corre el riesgo de sufrir alguna plaga o enfermedad; y puedes plantar otra cosa en su lugar que luego podrás cosechar.

Cultivos intercalados

Consiste en plantar cultivos (normalmente dos) uno al lado del otro, siguiendo un patrón repetitivo o cerrado. Las zanahorias y las cebollas sembradas en hileras son un ejemplo típico. El objetivo es que el olor de las cebollas confunda y ahuyente a la mosca de la zanahoria (ver p. 265). Otra opción sería cultivar las cebollas en burbujas y sembrar directamente grupos de zanahorias dentro de cada burbuja. Yo planto perejil o cilantro entre las judías de enrame, en la base de los enrejados. El cilantro funciona especialmente bien si se planta en el lado norte de un tipi, donde disfruta de la sombra y tarda más en empernarse. También puedes intercalar algún cultivo de rápido crecimiento que se coseche antes de que los cultivos principales maduren y ocupen todo el espacio. Creo que el pak choi es perfecto para intercalar entre mis coles de invierno y de primavera. En primavera, prueba a poner una hilera de rábanos entre las patatas.

Plantar en diagonal

También puedes intercalar cultivos en diagonal para aumentar la producción de un cultivo. Si todas las plantas van a crecer más o menos lo mismo, puedes colocar las hileras más juntas de manera que cabrán más plantas en el mismo espacio.

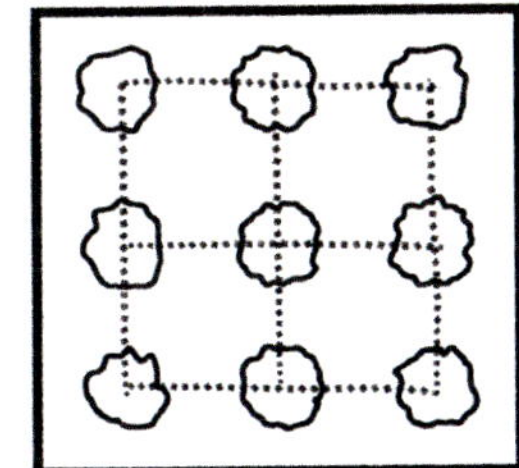

DISTRIBUCIÓN EN CUADRÍCULA TRADICIONAL

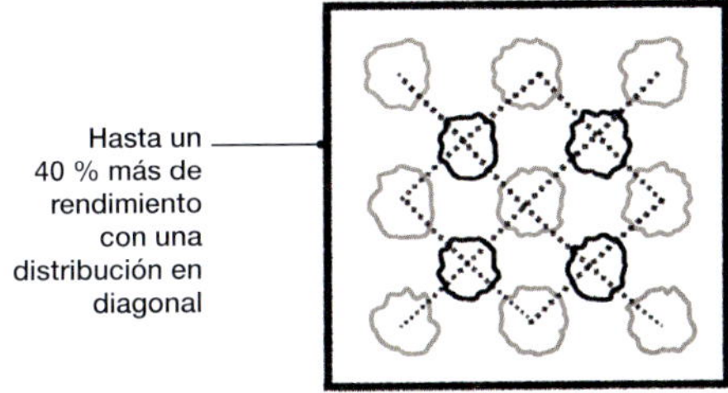

DISTRIBUCIÓN EN DIAGONAL

Plantar en diagonal ayuda a optimizar el espacio de tus bancales. Así puedes plantar varias plantas de tamaño similar juntas.

Plantar debajo

Consiste en usar el suelo que queda «vacío» cuando los cultivos altos empiezan a madurar. Los tomates y las coles rizadas son el ejemplo perfecto. Cuando los plantas en su ubicación definitiva, al principio no te interesa plantar otros cultivos que puedan competir con ellos y dificultar su progreso; pero en cuanto la tomatera mide más de 1 m de altura, queda espacio debajo para plantar cultivos de bajo crecimiento amantes de los sitios parcialmente sombreados. Puedes aprovechar el espacio de debajo de las tomateras para plantar albahaca, caléndulas, capuchinas, variedades de hojas de ensalada y cilantro que tarden en empernarse, y zanahorias.

Plantar en las esquinas

En las esquinas de tus bancales elevados puedes plantar cultivos que cuelguen por los lados. Lo ideal es optar por plantas que toleren condiciones más secas, ya que las esquinas son las primeras zonas en secarse. Me gusta usar las esquinas para añadir una pincelada de color o un poco de altura. Cada invierno dejo una chirivía o un grupo de puerros en la esquina de algún bancal para que florezcan más adelante ese mismo año. Es una de las formas más sencillas de aumentar el policultivo sin esfuerzo. Los siguientes cultivos anuales son una buena opción para las esquinas: capuchina, caléndula, cosmos enano, tomate tumbling Tom, judías verdes enanas y hierbas.

Atando una chirivía en flor a una estaca. Los insectos beneficiosos adoran estas flores umbelíferas.

INCORPORACIÓN DE PERENNES

También puedes poner perennes entre las anuales en los bancales. Si lo haces, es crucial que pienses bien dónde vas a colocarlas. Quizá debas preguntarte si no sería mejor dedicarles un bancal entero, ya que son permanentes (o al menos duran varias temporadas) y no tienen las mismas necesidades de compostaje que las anuales.

Para simplificar la gestión y la planificación, suele ser mejor cultivar las anuales y las perennes en bancales distintos, o poner las perennes en los extremos y las esquinas de los bancales. Entre las plantas herbáceas y los tubérculos más adecuados para las esquinas están el tomillo, los cebollinos, la oca y la alcachofa china. Si incorporas perennes, ten en cuenta sus hábitos de crecimiento, sus necesidades de agua y nutrientes, y su impacto visual. Creo que lo más fácil es optar por plantas herbáceas (como la hierbaluisa) y plantas con flores, pero si quieres puedes plantar un frutal enano con la asociación correspondiente en un extremo del bancal y en el resto cultivos anuales.

EL BANCAL DE ANUALES Y LAS PERENNES

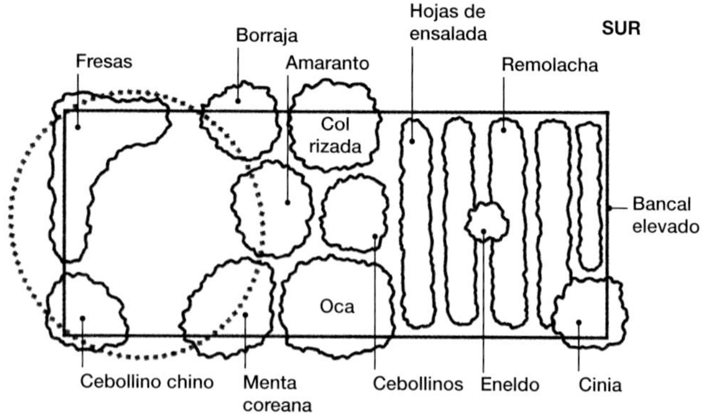

Este esquema muestra un bancal elevado híbrido, con perennes y anuales; así se consigue la máxima diversidad sin sacrificar el rendimiento.

Transformación de un bancal anual a uno perenne

Dado que estoy evolucionando hacia un huerto con un mayor predominio de perennes, tengo varios bancales en fase de transición. Se debe a que algunas perennes necesitan una o dos temporadas de cultivo para madurar, mientras que otras se ponen en marcha en seguida. En el bancal donde cultives espárragos, por ejemplo, el primer año puedes cultivar hojas de ensalada y, al año siguiente, fresas. Los espárragos crecerán entre las fresas. Estas dos plantas ocupan espacios dimensionales distintos, que es la clave para que los cultivos intercalados funcionen.

Uso de tubérculos perennes

La incorporación masiva de perennes requiere precauciones, pero hay una excepción: los tubérculos perennes, por su forma de recolectarse. Yo trato muchos de mis tubérculos perennes como anuales, porque si cosecho todos los tubérculos no queda nada en el suelo. La oca, por ejemplo, que se pudrirá en el suelo si la dejas durante el invierno, se cultiva básicamente igual que una patata: se cosecha, se almacena y se planta de nuevo en primavera.

ISLAS DE BIODIVERSIDAD

Las plantas que actúan como imanes para atraer a los insectos beneficiosos (ver p. 261) pueden usarse para crear islas de biodiversidad. En un bancal elevado, puede ser un extremo con un popurrí de flores plantadas con un estilo natural. Las islas de biodiversidad entre verduras anuales son posibles siempre que optes por perennes que no se propaguen demasiado, como la menta coreana, la bergamota y la milenrama. Tengo una regla que trato de cumplir todos los años: dedicar alrededor del 10 por ciento del espacio de cultivo de mi huerto exclusivamente a la biodiversidad. Las macetas diseñadas para atraer insectos beneficiosos entrarían dentro de dicho 10 por ciento (ver p. 256).

Una hierbaluisa (perenne) entre un mar de plantas anuales, como el cilantro a la derecha, la calabaza a la izquierda y los cosmos rosas.

POLICULTIVO VISUAL

Un huerto con distintos cultivos es bonito por naturaleza, pero existen algunas técnicas para convertirlo en todo un regalo para la vista, en un lugar en el que te apetecerá pasar el tiempo.

CONTRASTE

El uso de contrastes, es decir, de elementos notablemente distintos en estrecha relación, aportan un interés visualmente estimulante. A continuación detallo los tres tipos básicos de contraste que pueden crearse en el huerto.

Contraste de texturas

Si escoges plantas cuyas hojas tengan texturas distintas, como remolachas, oca e hinojo, y las plantas unas cerca de otras, crearás un impactante efecto visual. Otro ejemplo sería intercalar cebollas y zanahorias, dos cultivos que tienen las hojas muy distintas.

Contraste de colores

Existen dos tipos: contraste complementario (si usas colores opuestos del círculo cromático) y contraste análogo (si usas colores que están uno al lado del otro en el círculo cromático). Un ejemplo de contraste complementario sería plantar caléndulas amarillas delante de coles rizadas con matices violáceos; un ejemplo de contraste análogo sería plantar en un mismo sitio capuchinas rojas, rojas anaranjadas y naranjas.

Contraste de tamaños/hábitos de crecimiento

También puedes aportar contraste usando plantas de distintos tamaños o con distintos hábitos de crecimiento. Por ejemplo, si tienes un bancal con hojas de ensalada, puede añadir interés visual colocando un tipi en el centro para cultivar judías trepadoras. Y si plantas tomates colgantes a lo largo del bancal, para que cuelguen por el borde, le darás interés estético.

Cuantas más capas tiene un huerto, más interés visual despierta, pero debes mantener un equilibrio entre el interés visual y la productividad. Coloca cultivos más bajos delante y cultivos más altos detrás; vigila que los altos no proyecten su sombra sobre los bajos.

CÍRCULO CROMÁTICO

Un círculo cromático (abajo) muestra los colores con sus relaciones y combinaciones. Los colores que contrastan están en lugares opuestos y los análogos uno al lado del otro. Puedes usar este círculo para añadir elementos de contraste colorístico al huerto. Probablemente los dos colores que crean el contraste más espectacular son el rojo y el verde. Por suerte son pocos los cultivos que ofrecen ese contraste ellos solos. Los cuatro más comunes son las judías de enrame, los chiles rojos, los tomates y las acelgas rojas.

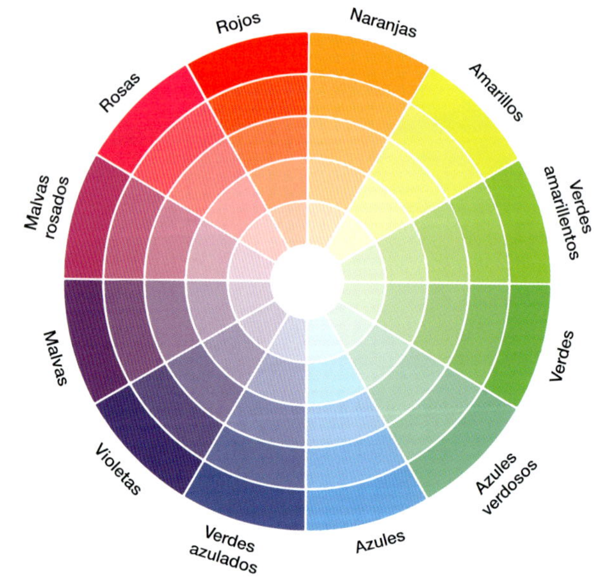

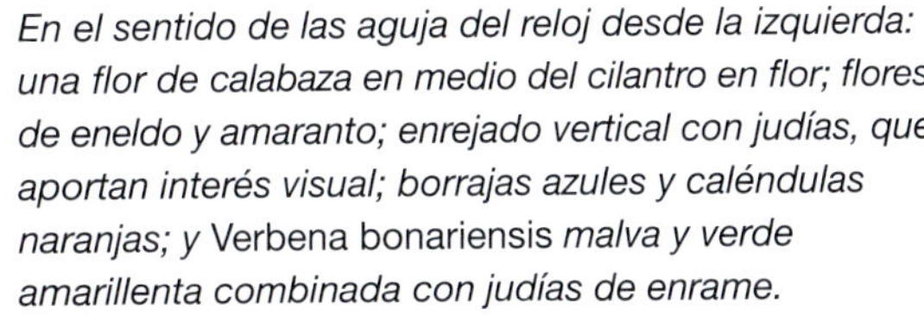

En el sentido de las aguja del reloj desde la izquierda: una flor de calabaza en medio del cilantro en flor; flores de eneldo y amaranto; enrejado vertical con judías, que aportan interés visual; borrajas azules y caléndulas naranjas; y Verbena bonariensis *malva y verde amarillenta combinada con judías de enrame.*

CULTIVOS ARMONIOSOS

Los contrastes resultan estimulantes y la armonía calmante. Las zonas armoniosas crean rincones relajantes. Pueden colocarse en los extremos de las vistas clave (ver recuadro, página opuesta) a modo de cálida invitación. La armonía se consigue con un bloque de plantas de colores parecidos o cuyas hojas tengan una textura similar. Los colores pastel (como un margen de cosmos o guisantes de olor) son excelentes para crear despliegues armoniosos. Un conjunto de plantas de hojas delicadas, como el eneldo, el cilantro 'confetti' y la manzanilla, también sirve para evocar sensación de tranquilidad.

PLANTAS IMPACTANTES

Muchos horticultores tienen un cultivo de referencia que usan para animar visualmente los rincones excesivamente verdes del huerto. Además de las macetas para atraer polinizadores, que pueden trasladarse de un sitio a otro (ver p. 255), mi cultivo de referencia es el amaranto, concretamente el *Amaranthus cruentus*. Es una de las plantas más impactantes que conozco: aporta altura y color, pero también textura gracias a sus cabezuelas. Asimismo son muy impactantes los girasoles (especialmente los enanos) y las capuchinas.

Disfrutando de un tentempié a base de semillas de hinojo.

VISTAS

¿Cuál es tu vista favorita del huerto? Una de mis preferidas es la que se ve desde el cobertizo de las herramientas, con el invernadero al fondo (abajo). Si conoces tus vistas preferidas te será más fácil implementar aspectos del policultivo visual en tus planes de cultivo. Señala con una flecha roja las vistas clave del huerto. Cuando planifiques el policultivo visual, déjate guiar por las combinaciones que más te entusiasmen. Si algo no funciona, siempre puedes cambiarlo el año siguiente.

VARIEDADES
Actualmente gracias a internet los horticultores tiene acceso a variedades de lo más raras y asombrosas, como tomates negros, guisantes morados, remolachas doradas y zanahorias amarillas.

POLICULTIVO EN MACETAS

Las macetas grandes pueden tratarse como minihuertos autosuficientes, igual que los bancales. Lo ideal es usar macetas que midan como mínimo 40 cm de diámetro, para que quepan cierta variedad de plantas.

Si vas a usar el policultivo en macetas, te recomiendo que cultives solo anuales. Si dispones únicamente de un balcón y tienes que plantar en macetas y contenedores, no mezcles anuales y perennes.

Lo básico es ordenar las plantas de más altas, en la parte de atrás, a más bajas, delante. Puedes poner las plantas un poco más juntas que en un bancal, pero no las abarrotes en exceso, ya que se molestarán unas a otras y su rendimiento se resentirá.

Las limitaciones propias de una maceta te obligarán a aprovechar el espacio de forma ingeniosa. Una maceta tiene el borde muy alto en relación con su superficie de cultivo; aprovéchalo haciendo que las plantas cuelguen por los lados. Puedes hacer un pequeño enrejado y colocarlo en el lado norte de la maceta, para que trepen por él guisantes y judías; colócalo ligeramente inclinado, de manera que haya más espacio en la parte inferior.

Algunas anuales no son apropiadas para el policultivo en macetas, porque crecen mucho y porque precisan muchos nutrientes y mucho espacio para las raíces. Es el caso de crucíferas como la coliflor, y también de las patatas, la calabaza y los tomates no colgantes. Usa las anuales de la lista que hay más abajo como punto de partida.

CULTIVOS ANUALES PARA POLICULTIVO EN MACETAS

Altas	Medianas	Bajas
Judías trepadoras	Borraja	Remolacha
Pepino (entutorado)	Hinojo bulboso	Zanahoria
Col rizada	Caléndula	Cilantro
Guisantes	Eneldo	Judías enanas
Girasol	Puerros	Verduras de hoja verde y hojas de ensalada
	Espinaca perpetua	Capuchinas
	Cinia	Perejil
		Rábano
		Cebolleta
		Tomates colgantes

Tras cosechar las patatas nuevas de las cubetas, vuelve a meter la tierra y planta otros cultivos comestibles, para producir el máximo de alimentos en una zona pequeña.

Mezcla de plantas silvestres anuales en un contenedor de metal (arriba) y maceta para atraer insectos beneficiosos con margaritas gloriosas como pieza central (derecha).

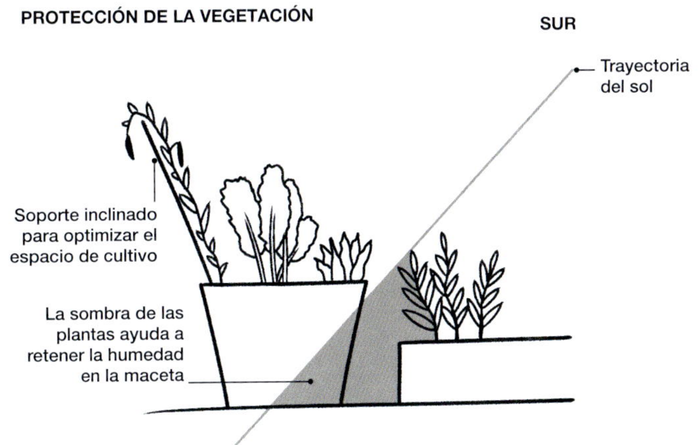

En verano, la sombra que proyecta la vegetación permite reducir la cantidad de agua que necesita la maceta.

RIEGO Y MANTENIMIENTO

Las macetas se secan muy rápido, especialmente si uno de sus lados está expuesto al sol. Para evitarlo puedes poner las macetas detrás de vegetación baja, que proyectará su sombra sobre el lado de la maceta y disminuirá la evaporación. El mantillo es tu aliado. Si le ofreces algo de sombra y le pones un mantillo de 5 cm a base de recortes de césped u hojas otoñales semidescompuestas, la maceta retendrá el máximo de humedad, lo que mantendrá las plantas sanas y libres de estrés.

Si dispones de muchas macetas, te recomiendo instalar un sistema de riego por goteo para simplificar el riego (ver pp. 92-93). En el caso de las macetas, la salud del suelo es un factor limitado. Por eso debes usar con regularidad abonos líquidos y enmiendas biológicas (ver pp. 272-73).

EL TRUCO DE HUW

Opta por variedades enanas, como las judías de enrame o los guisantes enanos.

MACETAS PARA INSECTOS BENEFICIOSOS

Las macetas son unas excelentes islas de biodiversidad y, si eliges una del tamaño adecuado, podrás moverla a diferentes lugares del jardín. Planta entre tres y cinco macetas grandes con una mezcla de plantas que atraigan insectos beneficiosos cada año y, si ves una zona bastante verde del jardín, puedes mover una de las macetas para añadir un toque de color y, por supuesto, atraer insectos beneficiosos a esa zona.

Un huerto sano

UNA ESTRATEGIA DE SALUD

Las plagas tienen sus depredadores naturales, incluido el horticultor, pero las enfermedades no y, por tanto, necesitan de la prevención centrada en la diversidad microbiana. El policultivo aumenta la resistencia y disminuye los focos de enfermedades y plagas.

Un huerto de permacultura precisa plagas. Es así, aunque te cueste creerlo. Las plagas son necesarias por dos razones: para señalar las plantas enfermas y para fomentar una población depredadora fuerte.

SEÑALAR LAS PLANTAS ENFERMAS

Las plantas son como los seres humanos: cuanto más sanas están, más difícil es que sufran una enfermedad. Pero no son invencibles. Los cultivos anuales sanos son capaces de ahuyentar a los áfidos, los escarabajos pulga o las orugas, pero los ejemplares débiles pueden sucumbir a su ataque. Si mejoras la salud del suelo de tu huerto, mejorará la salud y la resistencia de tus plantas. Las enfermedades (y las plagas) se combaten mediante el policultivo, que disminuye la facilidad con la que proliferan, y mediante la diversidad microbiana del suelo y las plantas. Eso se consigue básicamente con un suelo sano y con la adición de enmiendas ricas en microorganismos (ver pp. 272-73).

POBLACIÓN DE DEPREDADORES

No puedes usar pesticidas químicos. No es negociable, así que la alternativa es reclutar insectos beneficiosos para que actúen a modo de control biológico natural. Los insectos depredadores y/o sus larvas son uno de los servicios básicos que nos brinda la naturaleza y que el horticultor puede usar para conseguir un huerto productivo. Por ejemplo, solo las larvas de la mosca de las flores comen áfidos: la mosca adulta no. Sin embargo, tanto las mariquitas como sus larvas comen áfidos. Yo planto para atraer a los adultos de dichos insectos (ver p. 260). Los depredadores más valiosos son las larvas de los insectos polinizadores comunes, como la mosca de las flores, la avispa parasítica y la crisopa. Las mariquitas polinizan indirectamente las plantas mientras se desplazan de flor en flor en busca de áfidos; sus larvas, cuando están más desarrolladas, consumen más áfidos que sus equivalentes adultos. Otros insectos beneficiosos, tales como los escarabajos de tierra y las arañas, no polinizan, pero ayudan a controlar las plagas.

Si detecto algún bicho, como áfidos en las rosas, controlo de cerca la situación y tomo medidas si veo que se está descontrolando (para más información sobre plagas específicas, ver pp. 262-65). Acabo interviniendo en el 20 por ciento de los casos, pero muchas veces basta con tener un poco de paciencia para que las cosas se equilibren por sí solas. La naturaleza presenta un equilibrio dinámico; cuando se produce un desequilibrio, hace todo lo que está en su mano para autorregularse. El huerto puede aprovechar esa tendencia natural hacia el equilibrio, pero dado que es un sistema gestionado que busca un rendimiento, a veces el horticultor tiene que intervenir.

Atracción de depredadores beneficiosos

La estrategia para reclutar depredadores beneficiosos es sencilla: debes convertir el huerto en un refugio para la fauna. ¿Cómo se consigue? Con el policultivo. Si una plaga o enfermedad se encuentra con un monocultivo que le gusta ingerir o infectar, no le cuesta nada dañar o destruir toda la cosecha. En el caso del policultivo, divides los cultivos en grupos más pequeños, plantas otros cultivos alrededor, y añades algunas flores aquí y allá, de manera que creas un entorno que hace que a las plagas y a las enfermedades les cueste más hacerse con el control.

Como se suele decir: no te lo juegues todo a una carta. Por ejemplo, cultiva un mismo cultivo en dos zonas distintas del huerto. El policultivo disminuye el riesgo, mejora la salud de los cultivos y aumenta la cantidad de insectos beneficiosos. Con el policultivo la naturaleza dispone de más tiempo para recuperar el equilibrio cuando se presenta alguna plaga.
Para más información sobre policultivo, ver páginas 228-55.

LOS PÁJAROS EN EL HUERTO

Los pájaros encajan tanto en la categoría de plaga como en la de depredadores beneficiosos. Así pues, en su caso el contexto es importante. Un mirlo es una plaga en una zona con fresas, pero si se come los caracoles es un depredador beneficioso.

Mi huerto es un mosaico formado por distintas perennes y anuales que forman un ecosistema resistente.

VARIEDADES FUERTES Y RESISTENTES

Una posible estrategia para reducir todavía más determinadas plagas y enfermedades consiste en escoger variedades resistentes. Cada vez hay más variedades que resisten bien las enfermedades comunes, como las patatas resistentes al tizón o las coles resistentes a la potra. Entre las variedades resistentes a las plagas hay algunas de zanahoria resistentes a la mosca de la zanahoria, como la 'Flyaway' y la 'Resistafly'. La gran mayoría de estas variedades resistentes son híbridos modernos, pero su sabor sigue siendo mucho mejor que el de cualquier cultivo comprado en una tienda. Yo siempre doy prioridad a las variedades patrimoniales y de polinización abierta, pero si una variedad moderna permite a un horticultor tener zanahorias libres de gusanos o tomates sin tizón en el exterior, apuesto por ella sin dudarlo.

¿QUÉ PASA CON LA ROTACIÓN DE CULTIVOS?

La rotación de cultivos consiste en cultivar los cultivos por grupos, por ejemplo todas las hortalizas de raíz, y en trasladarlos a otro lugar al año siguiente. No volverán al mismo lugar hasta dos o tres temporadas más adelante. Esta popular técnica orgánica se desarrolló inicialmente para la agricultura a gran escala, con el fin de reducir la cantidad de plagas y las enfermedades transmitidas por el suelo, así como los desequilibrios de nutrientes.

Hace unos diez años que no utilizo la rotación de cultivos. Es un modelo que no existe en la naturaleza. Y lo que es más importante, cuando cultivas en bloques de familias, creas una forma de monocultivo dinámico (un monocultivo que cambia de ubicación todos los años). Cultivar todas las crucíferas en una zona del huerto, por ejemplo, forma un monocultivo de crucíferas, lo que se traduce en un mayor riesgo de enfermedades o plagas asociadas a estas plantas.

Mientras uses la siembra sucesiva (ver p. 218), incorpores algunos policultivos y añadas materia orgánica al suelo todos los años, la rotación de cultivos es innecesaria. En los casos más extremos, por ejemplo si tienes problemas con la mosca de la col, al año siguiente planta las coles en otro lugar.

INSECTOS BENEFICIOSOS

Si usas las flores adecuadas atraerás insectos beneficiosos. Una práctica muy común consiste en plantar estos imanes en el perímetro del huerto, pero yo te animo a que los repartas por todo el huerto. Puedes plantar «islas para polinizadores» en las esquinas o extremos de algunos bancales, para que los insectos beneficiosos se desplacen entre tus cultivos y les proporcionen una mejor cobertura y protección frente a las plagas. También puedes plantar «macetas para polinizadores», que podrás usar como imanes móviles en las zonas donde no haya flores. Deja el perímetro para las plantas silvestres/nativas que alimentan a los insectos beneficiosos; por ejemplo, deja una zona de ortigas, que sirven de alimento a una gran variedad de orugas y son el coto de caza preferido de las mariquitas.

Las flores de las plantas siguientes son los imanes más poderosos para los insectos beneficiosos. Los he dividido en anuales, bienales y perennes para ayudarte a decidir qué cultivar dónde.

Pon tantas flores umbelíferas como puedas. Las flores en forma de sombrilla de plantas como la zanahoria, el eneldo y el perejil ofrecen polen y néctar de fácil acceso a muchos insectos beneficiosos. Joshua Sparkes, un horticultor que experimenta con técnicas agrícolas naturales en North Devon, Reino Unido, pone una hierba aromática en cada bancal de verduras para atraer a insectos beneficiosos; el eneldo es una de sus opciones preferidas.

«Según un estudio realizado en la década de 1960, más de 300 especies de insectos visitaron las flores de la zanahoria. ¡Si eso no te anima a plantar umbelíferas, no sé qué lo hará!».

LISTA PARA TENER UN HUERTO PRÓSPERO

Si cada temporada haces todo o casi todo lo que aparece en la lista siguiente, tendrás más posibilidades de conseguir un huerto próspero y resistente.

- Trabaja para mejorar la salud del suelo a largo plazo.
- Cultiva herbáceas y flores anuales entre las verduras.
- Deja florecer algunas de las verduras.
- Intenta sembrar los cultivos básicos en más de un sitio.
- Deja crecer ortigas y hierbas silvestres en algún rincón.
- Deja florecer las hierbas perennes.
- Siempre que sea posible recurre a la siembra sucesiva (ver p. 218).

Anuales	Bienales	Perennes
Borraja	Hinojo bulboso	Angélica
Caléndula	Zanahoria	Bergamota
Cilantro	Dedalera	Hierba gatera
Cosmos	Puerro	Cebollino y cebollino ajo
Eneldo	Perejil	Equinácea
Clavel de moro	Chirivía	Planta de hinojo
Capuchina		Menta
Facelia		Margarita silvestre
Girasol		*Verbena bonariensis*
Cinia		Milenrama

En el sentido de las agujas del reloj desde arriba a la izquierda: los abejorros, las mariposas, las abejas melíferas y las moscas de las flores son los polinizadores más comunes en mi huerto.

SOLUCIONES PARA LAS PLAGAS

A veces las plagas se descontrolan y hay que tomar medidas. Con los años he probado muchas soluciones naturales; a continuación te explico las que realmente han marcado la diferencia.

BABOSAS Y CARACOLES

Una de las citas más famosas sobre la permacultura es la siguiente: «¡No tienes demasiados caracoles (o babosas), sino que te faltan patos!», que suele atribuirse a Bill Mollison. Uno de los principales desafíos, especialmente en climas húmedos y fríos, es que no existe ningún depredador nativo (aparte de las ranas) que se ocupe de las babosas de forma eficaz. Algunos pájaros y erizos las cazan, pero son bastante oportunistas y suelen encontrar cosas más apetecibles que las babosas. El pato Campbell y el pato corredor indio son los depredadores de babosas y caracoles más eficaces que existen. Si tu huerto está rodeado por un espacio para patos (ver p. 237), como un foso, no tendrás que preocuparte especialmente por las babosas.

Caza de babosas

El siguiente método más eficaz consiste en cazar las babosas al anochecer, una hora después del crepúsculo, que es cuando están más activas. Lleva su tiempo y es más fácil si se hace con otra persona, pero todavía no he encontrado otra forma de evitar que los plantones desaparezcan por la noche. Según mi experiencia, organizar una caza de babosas cada tres noches basta para estabilizar el problema.

Nematodos

La siguiente opción consiste en comprar nematodos para babosas. Es una enmienda biológica viva altamente eficaz que protege hasta seis semanas. Los nematodos son organismos microscópicos parecidos a gusanos que desempeñan distintas

PIENSA COMO UNA BABOSA

Para cazar a las babosas con éxito, o si una noche no puedes salir a por ellas, pon cosas que puedan usar para esconderse durante el día. En la época victoriana usaban hojas de ruibarbo (derecha, y p. 138), pero también puedes utilizar cartón (más a la derecha), tablones, contenedores grandes, adoquines y lonas. El día antes, coloca lo que vayas a usar por el huerto y la mañana siguiente levanta los objetos y recoge todas las babosas que encuentres debajo.

Si cuelgo estantes de rejilla del techo del politúnel, los plantones quedan elevados y no tengo que preocuparme por las babosas y los roedores.

funciones. Algunos atacan únicamente a las babosas y no tienen ningún impacto sobre otras formas de vida, como los que se comercializan. Lo ideal es aplicarlos cada seis u ocho semanas, empezando a principios de primavera y hasta mediados de otoño.

Hay recetas para crear tus propios nematodos, pero teniendo en cuenta lo complejo que es el proceso, opino que es mejor comprarlos; solo así estarás seguro de que van a funcionar.

Tamaño de los plantones

Los plantones pequeños son mucho más vulnerables a los daños causados por babosas y caracoles (o a la destrucción masiva) que los plantones más grandes. Si tienes problemas con las babosas, sembrar directamente puede no ser la mejor opción. He descubierto que si dejo los plantones en las bandejas modulares hasta que tienen cuatro o cinco hojas verdaderas, responden mucho mejor que si los saco fuera cuando solo tienen dos. Para que sean todavía más resistentes, ponlos en macetas de 7 cm o 1 litro y en estantes. ¡Yo usaría esta técnica con los cultivos básicos!

Pellets para babosas

La agricultura ecológica ha aprobado el uso de *pellets* a base de fosfato férrico (un compuesto de fósforo, oxígeno y hierro) como último recurso para las plagas más graves de babosas. Son aptos para las mascotas y la fauna silvestre. Pon pequeñas cantidades alrededor de las plantas.

PÁJAROS

La única forma de proteger los cultivos de los pájaros es cubrirlos con una malla. Puedes cultivar frutos blandos dentro de una estructura metálica (ver p. 126). Hay muchos kits para acoplar mallas a los bancales elevados (ver p. 276). También puedes poner repelentes visuales, como CD, que reflejan la luz.

En bancales elevados pequeños y macetas, puedes meter las fresas (y otros frutos blandos) en bolsas de organza para que los pájaros no se las coman.

ÁFIDOS, PULGÓN NEGRO Y MOSCA BLANCA

Estos insectos succionadores de savia atacan las puntas más tiernas de anuales y perennes. ¡El pulgón negro es muy común en las habas y aparece de la noche a la mañana! Para evitarlo, pellizca las puntas de las habas cuando empiecen a florecer. En cualquier otro caso, échales un buen chorro de agua para acabar con ellos. Para los casos más severos puedes preparar un jabón natural en espray (ver p. 273), que no perjudica a los insectos beneficiosos. Pulveriza bien las zonas afectadas, incluido el dorso de las hojas; vuelve a pulverizarlas si el problema persiste.

ORUGAS DE LA BLANQUITA DE LA COL

Existen dos orugas distintas de la blanquita de la col: la grande y la pequeña. La grande (amarilla y blanca) es la que causa más daños, pero la pequeña cuesta más de detectar porque es completamente verde. Busca huevos amarillos en las hojas de las crucíferas y si ves alguna oruga, quítala. ¡Si tienes gallinas, estarán encantadas de comérselas! La otra opción es cubrir las crucíferas con malla antimariposas: ¡asegúrate de que las hojas no tocan la malla, para que las mariposas no puedan poner huevos en ellas!

CONEJOS

Si tienes conejos, la única solución eficaz es poner una cerca anticonejos alrededor del huerto. Necesitarás una malla de alambre fuerte para que no puedan atravesarla. Las vallas típicas no sirven, ya que pueden excavar y pasar por debajo. Según las herramientas de que dispongas y del tipo de suelo que tengas, existen dos opciones para evitar que caven. La primera es clavar la malla de alambre a 30 cm de profundidad. La segunda, y más sencilla, consiste en doblar los 30 cm inferiores de la malla hacia fuera y cubrirlos con una capa fina de tierra. Los conejos tratarán de cavar a la altura de la cerca y se encontrarán con la malla de alambre (no se les ocurrirá empezar a cavar a 30 cm de la cerca).

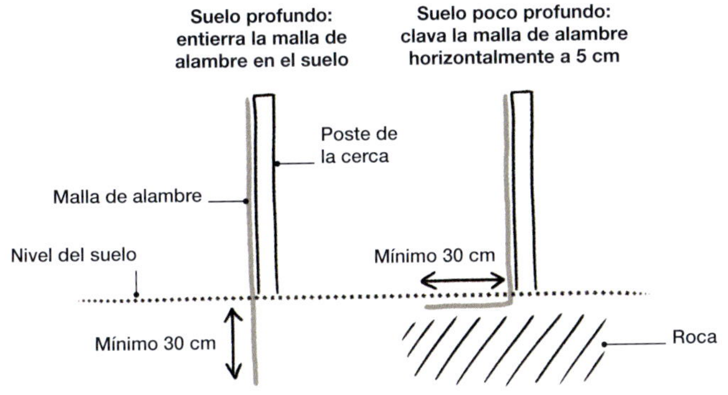

Cerca anticonejos

Hay que clavar la cerca de alambre vertical u horizontalmente para que no puedan excavar.

MOSCA DE LA ZANAHORIA

Estas moscas vuelan a menos de 60 cm del suelo. Lo más fácil es cultivar las zanahorias en bancales más altos. Si no es posible, cúbrelas con malla antiinsectos o cultiva variedades resistentes a esta mosca.

MOSCA DE LA COL

Son una de las plagas más dañinas, pero existen formas de evitarlas. Los adultos ponen huevos en el suelo, junto a la base del tallo de la crucífera; las larvas se comen las raíces. Una técnica ecológica muy popular consiste en comprar o confeccionar unos collarines (de 15 cm de diámetro) que se colocan alrededor de la base del tallo. Lo mejor es que sean de caucho. Otra opción es poner mantillo, para que a las moscas les cueste más acceder al suelo. También existen nematodos específicos para estas moscas.

ESCARABAJOS PULGA

Los escarabajos pulga atacan los plantones de crucíferas y son muy dañinos en épocas secas. Perforan las hojas, lo que limita el crecimiento de las plantas, ya que tienen menos superficie para la fotosíntesis. Las crucíferas que se siembran en el suelo son más vulnerables entre finales de primavera y principios de verano. Sembrarlas en bandejas modulares evita problemas.

POLILLA DEL PUERRO

Afecta a las cebollas, los ajos y los puerros. Las orugas excavan túneles y se comen el follaje, los tallos y los bulbos; los puerros afectados se pudren muy rápido. La única solución eficaz es cultivar estos cultivos bajo una malla antiinsectos permanente.

EN BUSCA DEL EQUILIBRIO

En los casos difíciles de erradicar, como la polilla del puerro y la mosca de la col, lo mejor para reducir daños de forma significativa es centrarse en el policultivo y en atraer insectos beneficiosos; así no tengo que cubrir la mayor parte del huerto con malla, algo que resulta bastante antiestético. Para mí es importante contar con los depredadores apropiados para que la naturaleza pueda conseguir un equilibrio entre depredadores y presas.

SOLUCIONES PARA LAS ENFERMEDADES

Algunas enfermedades son inevitables, pero no tienen por qué ser una sentencia de muerte. La roya suele aparecer en mis puerros en otoño, pero en invierno ha desaparecido. Pero al tizón no quiero ni verlo porque en cuanto aparece hay poco que pueda hacerse.

Las enfermedades suelen ser más difíciles de erradicar con el control activo que las plagas, así que la prevención es la mejor estrategia. Aplica con regularidad enmiendas biológicas para superar los patógenos (pp. 272-73) y mejorar la salud del suelo (pp. 46-81), y usa el policultivo cuando puedas (pp. 228-55).

TIZÓN

El tizón es la peor enfermedad del huerto. Se trata de un hongo que ataca a los tomates y las patatas. Existen dos tipos. El tizón temprano provoca pequeñas manchas marrones en las hojas, empezando por la más vieja. Lo mejor es arrancar las hojas afectadas y, en la mayoría de los casos, obtendrás una buena cosecha. El tizón tardío es mucho más grave: provoca lesiones marrones oscuras en tallos y hojas, y pudre los tubérculos de las patatas y los frutos de las tomateras. Los tomates en el exterior tienen más posibilidades de tener tizón tardío que a cubierto, así que elige variedades resistentes siempre que puedas. Los tomates cultivados a cubierto necesitan buena aireación para prevenir las enfermedades por el estancamiento del aire.

ROYA

Esta enfermedad provoca manchas como de óxido en liliáceas y compuestas, lo que puede interferir en la fotosíntesis y por tanto en su vigor. En algunos casos, la roya puede dañar de forma significativa la cosecha, como con el ajo. He descubierto que ayuda cultivar distintas variedades de ajo repartidas en dos o tres sitios del huerto. Si aceleras el cultivo del ajo con bancales con aros podrás cosecharlo antes de que aparezca la roya.

MILDIU POLVOROSO

Este mildiu mancha las hojas con un polvo blanquecino. Afecta a los guisantes, algunas hortalizas de raíz y algunas cucurbitáceas. Interfiere en la fotosíntesis y por tanto disminuye el vigor de las plantas. Si lo detectas, corta todas las hojas afectadas y aplica BAL (ver p. 273) cada pocos días. Cada vez hay más variedades resistentes a este mildiu.

MILDIU VELLOSO

Esta enfermedad afecta a los guisantes, las lechugas, las crucíferas y las cucurbitáceas. Provoca la decoloración de las hojas; en su dorso se ve moho grisáceo o púrpura. Elimina las hojas afectadas. Si las plantas están a cubierto, no las riegues al atardecer, pues la humedad prolongada en las hojas aumenta el riesgo de infección.

HERNIA DE LA COL

Afecta a las crucíferas. Causa retrasos de crecimiento y deforma las raíces. Es una enfermedad grave que se genera en el suelo, lo que significa que puede permanecer muchos años en tu huerto. Si plantas las crucíferas en un sitio diferente cada año evitarás que se desarrolle; no dejes nunca de ocuparte de la salud del suelo. Si alguna parte de tu suelo está afectada por este problema, cultiva variedades resistentes; o cultiva los plantones de crucífera en macetas grandes (1-2 litros) con compost hasta que estén semimaduros, para que empiecen con buen pie.

¿QUÉ HACER CON LOS RESTOS AFECTADOS?

Hay mucha polémica sobre si hay que compostar o no los restos afectados. Yo suelo compostar la gran mayoría. El proceso de compostaje, incluso en frío, puede acabar con la mayoría de los patógenos y esporas. El mildiu polvoroso, por ejemplo, sobrevive al invierno en el tejido vivo de la planta o en las hojas caídas. El compostaje acaba con él. El truco está en meter el material afectado al fondo del compostador, en lugar de ponerlo encima de la pila. En el caso de la hernia de la col y el tizón, quema las partes afectadas/infectadas de la planta, como las raíces en el caso de la hernia de la col, y composta el resto.

PROTECCIÓN CONTRA LAS HELADAS

Las heladas hacen que el agua de las células de la planta se congelen, dilatándose y dañando las paredes de las células. Estas plantas, y otras, necesitan protección contra las heladas.

La primera y la última helada marcan la temporada de cultivo. Las fechas medias de la última y la primera helada son las que más influyen en los plazos para sembrar y trasplantar. El inconveniente de ser una media es que varía de una temporada a otra: la última helada puede tener lugar varias semanas antes o después de esta fecha.

Las heladas pueden aniquilar o dañar las plantas tiernas; pero no son lo único que hay que vigilar. Las flores de los árboles frutales, como los manzanos, también son delicadas; una helada tardía puede mermar gravemente la producción del pomar. La ventaja de los árboles es que, gracias al tronco, las flores están más protegidas de los suelos helados.

Las plantas jóvenes suelen resistir peor las heladas que las maduras. Pero la congelación y descongelación repetidas pueden dañar incluso las plantas más duras. Por eso una remolacha que pasa el invierno a cubierto es de mejor calidad que una que lo pasa en el exterior.

LA REGLA DE LOS 4 GRADOS

Lo primero para proteger las plantas de las heladas es estar pendiente del pronóstico meteorológico. Si las predicciones dicen que la temperatura vespertina será de 4 °C o menos, me aseguro de que todas mis plantas tiernas estén protegidas; cierro los bancales con aros, pongo vellón agrícola biodegradable sobre los cultivos y coloco los pimientos a cubierto. Para tener una idea aproximada del tiempo que hará las dos semanas siguientes, puedes usar alguna de las muchas webs de predicciones meteorológicas.

ARRÓPALAS Y CIERRA LA PUERTA

Las dos técnicas más habituales para proteger los cultivos de las heladas son cerrar cualquier elemento de ventilación situado en las estructuras cubiertas y poner una capa de aislamiento sobre los cultivos del exterior. La mejor opción para aislar es el vellón agrícola biodegradable; algunos protegen hasta los -5 °C. También puedes colocar el vellón alrededor de los frutales pequeños para proteger sus flores, pero vigila que no se desgarre.

Las siembras tempranas agradecerán una capa permanente de vellón ligero durante las primeras tres o cuatro semanas para elevar la temperatura ambiente. Confecciona espacios temporales con aros para poder cubrirlos con vellón; sujétalo por los lados con piedras, ladrillos o troncos.

Las últimas heladas de la temporada suelen ser leves, pero si se produce una intensa, de -3 o -4 °C, duplica la protección del politúnel añadiendo una capa de vellón sobre las plantas. Duplica también la cantidad de vellón en los cultivos del

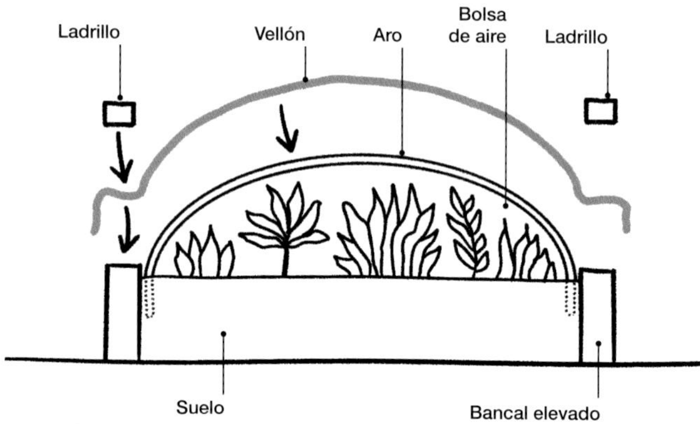

Capa ligera de vellón
Si quieres un aislamiento óptimo, deja el mínimo espacio entre las hojas y el vellón para crear una pequeña bolsa de aire cálido.

exterior. Es posible que tengas que incorporar algún soporte para que el peso del vellón no aplaste las plantas, sobre todo con el peso añadido del rocío matutino. Siempre es mejor excederse en la protección, por si las temperaturas descienden más de lo previsto.

ENDURECIMIENTO

El endurecimiento (ver p. 183) permite que los cultivos tiernos que se siembran en un politúnel o en un alféizar interior soleado se aclimaten de una manera gradual a las condiciones más exigentes del exterior. Una helada va a dañar una calabaza tanto si esta se ha endurecido como si no, pero una calabaza endurecida podrá adaptarse mucho mejor a las condiciones de las noches frías.

EL PODER DE LA PACIENCIA

Aunque a los horticultores nos cuesta mucho (al menos a mí), sobre todo al principio de una nueva temporada de cultivo, el secreto está en tener paciencia. ¡Piensa que aunque siembres un poco más tarde, al final te pondrás al día! No corras riesgos innecesarios. Tienes que sembrar los tomates antes de la última helada, pero quizá puedas retrasar un poco la siembra de las calabazas.

PRIMERA HELADA

A medida que la fecha media de la primera helada se acerque, estate pendiente del parte meteorológico. Tú decides si quieres proteger los cultivos tiernos o no. Cosecha por última vez el día antes de la helada anunciada, para que la parte comestible del cultivo no se dañe. Yo solo protejo los cultivos cuando se espera que la primera helada sea temprana. Pero de octubre en adelante (abril en el hemisferio sur) dejo que la naturaleza siga su curso.

VIVEROS

Usa viveros (ver pp. 60-61) para disfrutar de siembras tempranas en un entorno sin heladas. Y crea un espacio en el que proteger los plantones tiernos las noches frías. Si vives en un área más fría, como las zonas 4 o 5 (ver p. 32), cuando confecciones los viveros coloca una fila de balas de paja a modo de paredes para aislar el bancal y mantener una producción de calor constante, incluso si la temperatura desciende a -20 °C.

Los cultivos invernales resistentes no precisan protección contra las primeras heladas; te proporcionarán cosechas en invierno sin que tengas que dedicarles tiempo.

Información práctica

RECETAS DE ENMIENDAS

En estas páginas tienes la receta o fórmula de todas las enmiendas líquidas que menciono en el libro. Dilúyelas tal como se recomienda antes de usarlas.

Hay que diluir todas estas enmiendas en agua antes de aplicarlas. Si es posible, usa agua de lluvia. Si solo dispones de agua corriente, que contiene cloro, una sustancia que mata todo tipo de vida microbiana, llena un recipiente y déjala reposar durante 24 horas; el cloro se disipará. Estas enmiendas pueden aplicarse con una regadera.

Puedes usar un pulverizador manual o a presión para aplicar BAL a las hojas o para enmiendas nutricionales como el concentrado diluido o el té de lombriz, ya que las hojas absorben los nutrientes más rápido que las raíces.

FERTILIZANTE HECHO CON MALAS HIERBAS

Es la enmienda más simple. Trocea y mete en un cubo un puñado de malas hierbas que incluya césped, acederas, cardos, ortigas y dientes de león. Añade agua hasta cubrirlas y tapa el cubo. Si quieres, puedes añadir un puñado de mantillo de hojas encima, para aumentar la diversidad microbiana y potenciar la descomposición. Déjalo reposar dos semanas y luego usa el líquido en tus plantas. La variedad de ingredientes garantiza un espectro más amplio de nutrientes. Si quieres dar a tus cultivos nutrientes específicos, usa las plantas que los aportan; por ejemplo, césped para obtener un fertilizante rico en nitrógeno o consuelda para preparar un abono para los cultivos frutales. Después de usar el líquido, añade un poco más de materia vegetal y de agua; así no te quedarás sin.

Tipo de enmienda Nutricional

Relación de dilución 1:20

Cuándo usarlo Cada 2-3 semanas, especialmente durante la floración y la fructificación

Conservación +1 año

CONCENTRADO

Llena un bidón, cubo de basura o cubo grande con hojas de ortiga, consuelda o acedera. Pon sobre las hojas unas piedras pesadas y coloca la tapa sin ajustarla del todo. Unos seis meses después, la materia vegetal se habrá descompuesto formando un concentrado denso y oscuro parecido al sirope (arriba), que puedes usar como abono líquido. La ventaja del concentrado frente a un fertilizante hecho con malas hierbas es que no habrá malos olores.

Tipo de enmienda Nutricional

Relación de dilución 1:50

Cuándo usarlo Cada 2-3 semanas, especialmente durante la floración y la fructificación

Conservación 1 año (en un tarro de cristal con tapa)

TÉ DE LOMBRIZ

El té de lombriz, que se recoge de un compostador de lombrices (arriba), es una enmienda líquida excelente. Un compostador de lombrices puede dar un suministro constante durante todo el año.

Tipo de enmienda Nutricional (con algunos beneficios biológicos)

Relación de dilución 1:10

Cuándo usarlo Cada 2-3 semanas, especialmente durante la floración y la fructificación

Conservación Usar inmediatamente después de recogerlo

JABÓN EN ESPRAY

El jabón en espray no es una enmienda, sino un tratamiento para acabar con los áfidos. Aquí te explico cómo prepararlo. Usa detergente líquido cien por cien natural; mézclalo con agua en una proporción de 5-10 ml de detergente por cada litro de agua. Ponlo en una botella pulverizadora y pulveriza de forma abundante las zonas afectadas.

SOLUCIÓN MICROBIANA JADAM (JMS)

Es una enmienda excelente para mejorar la biología y la estructura de los suelos pobres, y para enriquecer el suelo para una nueva temporada de cultivo. Prepárala cuando vayas a usarla. Si es para los bancales del politúnel, guarda el cubo en él. Así proliferarán los microorganismos adecuados a la temperatura del lugar de cultivo. Mete dos patatas hervidas en un saco de yute, un calcetín de algodón o una media. El almidón de las patatas alimentará a los microorganismos. Añade un puñado de mantillo de hojas de debajo de un árbol de hoja caduca (para inocular la solución con microorganismos locales). Mete el saco o calcetín en un cubo de 70-150 litros lleno de agua de lluvia. Restriega y aplasta el contenido del calcetín hasta que el agua se enturbie. Coloca una tapa, pero sin ajustarla, y déjalo entre dos y cuatro días. Cuando se forme una masa de burbujas/espuma blanca en la superficie, normalmente en forma de círculo, la enmienda estará lista. Añade una cucharadita de sal marina para que tenga más minerales. Para confeccionar JMS hace falta una temperatura ambiente cálida, así que, si la preparas a principios de primavera, es posible que la espuma tarde más días en aparecer.

Tipo de enmienda Biológica

Relación de dilución 1:20 para zonas plantadas, 1:10 para suelos desnudos

Cuándo usarla De principios de primavera a mediados de otoño

Conservación 12-24 horas desde que aparece la espuma

BACTERIAS DEL ÁCIDO LÁCTICO (BAL)

Las BAL se usan para acelerar el compostaje y mejorar la salud del suelo. También pueden usarse en las hojas de las plantas para prevenir enfermedades y defenderlas de los brotes. Pon arroz basmati blanco orgánico sin lavar en un colador. Colócalo sobre el cuenco A y vierte 500 ml de agua sobre él. Coloca el colador sobre el cuenco B y vierte el agua del cuenco A sobre el arroz, de manera que el agua vaya a parar al cuenco B. Sigue pasando el colador de un cuenco a otro y vertiendo el agua sobre el arroz. Repítelo unas quince veces, hasta que el agua esté muy turbia. Usa el arroz para cocinar. Mete el agua turbia en un tarro de cristal, pon papel de cocina a modo de tapa y fíjalo con una goma elástica; déjalo reposar entre tres y cinco días a cubierto donde no le dé el sol directo. Cuando se forme espuma y el agua huela como el agua de un jarrón que lleva varios días con flores, viértelo en un tarro más grande con leche entera orgánica. La proporción debe ser de 1:5. Vuelve a poner un papel de cocina a modo de tapa y déjalo a temperatura ambiente donde no le dé el sol directo unos cinco días; pasado ese tiempo la «cuajada» y el «suero» se habrán separado. Retira la cuajada de la superficie y compóstala; el líquido que queda presenta una gran concentración de bacterias del ácido láctico.

Tipo de enmienda Biológica

Relación de dilución 1:1000

Cuándo usarlo Durante toda la temporada de cultivo para mantener las plantas y el suelo sanos; semanalmente en aquellas plantas que muestren signos de enfermedad

Conservación 2 meses en la nevera

CONSTRUYE UN VIVERO CON MARCO FRÍO

Si quieres hacer un vivero tienes que construir un armazón y llenarlo de compost caliente y algún medio de cultivo. Luego ya puedes poner el marco frío encima, para retener el calor. Para más información, ver p. 61.

Necesitarás

Las letras identifican la distintas piezas, tal y como se muestra en el gráfico de la página opuesta. Usa madera de 2,5 cm de grosor; retendrá mejor el calor y durará más tiempo.

Para el marco frío

1 tabla de 115 x 10 cm para F+G

2 tablas de 110 x 10 cm para H+I

2 tablas de 115 x 20 cm para C+D

2 tablas de 120 x 20 cm para A+B

1 tabla de 120 x 10 cm para E

4 estacas: 2 de 30 cm (J); 2 de 2 x 20 cm (K), hechas con madera de 5 x 5 cm

Tornillos de acero inoxidable de 4-5 cm

2 clavos en forma de U de acero galvanizado (grapas)

Para cada cubierta

2 piezas de madera natural de 130 cm de largo y 5 x 5 cm

2 piezas de madera natural de 50 cm de largo y 5 x 5 cm

1 tabla de 40 x 5 cm

2 tablas finas de 60 x 5 cm

2 tablas finas de 110 x 5 cm

1 plástico para politúnel de 80 x 200 cm

Tornillos de acero inoxidable de 8 cm

Tornillos de acero inoxidable de 5 cm

Para el armazón exterior

Palés, paneles para cercas y postes, o más listones de madera para confeccionar un bastidor de 150 x 150 cm

Tornillos de acero inoxidable de 8 cm

Cartón

Herramientas

Cable elástico

Sierra

Taladro

Destornillador

Martillo

Tijeras o navaja multiusos

MARCO FRÍO Y CUBIERTA

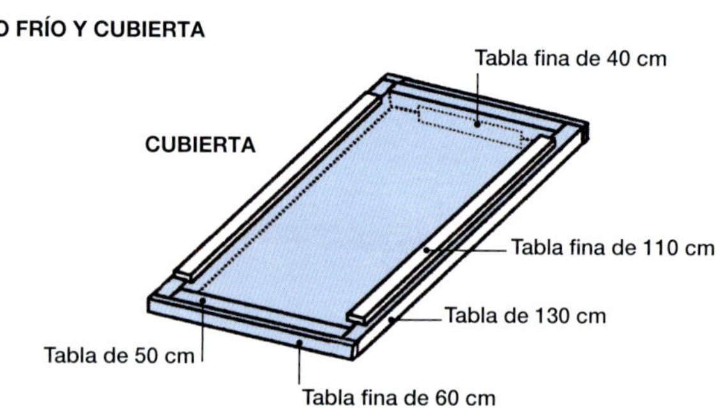

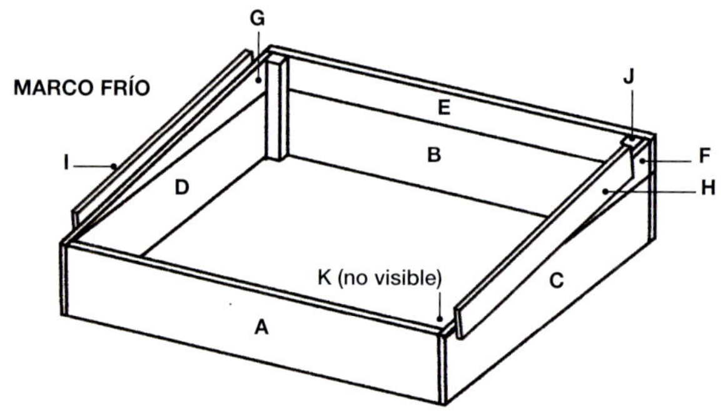

CONSTRUCCIÓN DEL MARCO FRÍO

1. Corta la tabla para F y G en diagonal, para hacer dos triángulos.
2. Confecciona la base de la estructura atornillando las dos estacas de 20 cm (K) a ambos extremos de la tabla A y las dos estacas de 30 cm a ambos extremos de la tabla B.
3. Fija los extremos de las tablas C y D a las estacas que has atornillado a las tablas A y B para formar un rectángulo.
4. Atornilla cada extremo de la tabla E a una de las estacas de 30 cm, por la parte posterior.
5. Atornilla el lado corto de cada triángulo, F y G, a las estacas de 30 cm. Mide 10 cm desde el extremo más estrecho y atorníllalo a la tabla de debajo para sujetarlo.
6. Atornilla las tablas H e I a los lados inclinados de manera que queden iguales y con un borde de 5 cm encima, a 2,5 cm de cada extremo.
7. Clava con el martillo una grapa en forma de U justo un poco por debajo del extremo superior, en el centro de la tabla C, para formar una argolla para pasar el cable elástico. Clava la otra grapa en U en el lugar correspondiente del exterior de la tabla D.

CONSTRUCCIÓN DE LAS CUBIERTAS

1. Fija las dos piezas de 50 cm a las dos piezas de 130 cm con tornillos de 8 cm de manera que formen un rectángulo.
2. Atornilla la tabla de 40 cm al interior de una de las piezas de 50 cm, de manera que la mitad del ancho sobresalga; usa tornillos de 5 cm. Hará de tope para que la cubierta no se deslice hacia abajo.
3. Con el tope o borde en la parte inferior, extiende el plástico por encima de manera que cuelgue igual por ambos extremos.
4. Coloca la tabla de 60 cm en la parte superior del plástico (el borde), pasa el plástico a su alrededor y enróllalo cuatro o cinco veces en tu dirección. Luego atornilla la tabla de manera que quede nivelada con el borde exterior de la pieza de 50 cm; usa tornillos de 5 cm y colócalos a la misma distancia unos de otros.
5. Coloca la otra tabla de 60 cm en el extremo opuesto del plástico y repite la operación anterior. El plástico se tensará; enróllalo una o dos veces más, para que quede bien tirante. Atornilla la tabla al borde exterior de la pieza de 50 cm con tornillos de 5 cm colocados a la misma distancia unos de otros.
6. Para que el plástico no se mueva por los lados largos, atornilla dos tablas de 110 cm a lo largo de la parte superior de las dos piezas de 130 cm (el borde sigue estando en la parte inferior); usa tornillos de 5 cm colocados a la misma distancia unos de otros. Corta el plástico que sobre.
7. Repite el proceso para la segunda cubierta.
8. Coloca ambas cubiertas directamente sobre el marco frío. Deberían encajar a la perfección.

CONSTRUCCIÓN DEL ARMAZÓN EXTERIOR Y PROCESO DE LLENADO

1. Usa palés, paneles para cercas u otras piezas de madera para confeccionar un armazón de 150 x 150 cm; déjalo abierto por un lado. Para que la estructura quede fuerte, coloca varios postes y sujétalos por ambos lados.
2. Pon una capa gruesa de cartón en la base, como aislamiento.
3. Empieza a llenarlo: pon un cubo o una horcada de material verde y otro de material marrón.
4. Cuando hayas llenado unos 15 cm alternando dichos materiales, riégalos con un par de regaderas (unos 20-30 litros) y anda por encima o presiónalos con firmeza. Reducir las bolsas de aire ayuda a generar calor a baja temperatura y lentamente.
5. Cuando el material alcance la altura deseada, añade una capa de 15 cm del medio de cultivo elegido. Puede ser una mezcla de sustrato fértil y compost, y es donde sembrarás. Riégalo bien una vez más.
6. Espera dos días, para que la temperatura se estabilice. Luego coloca el marco frío encima y siembra.

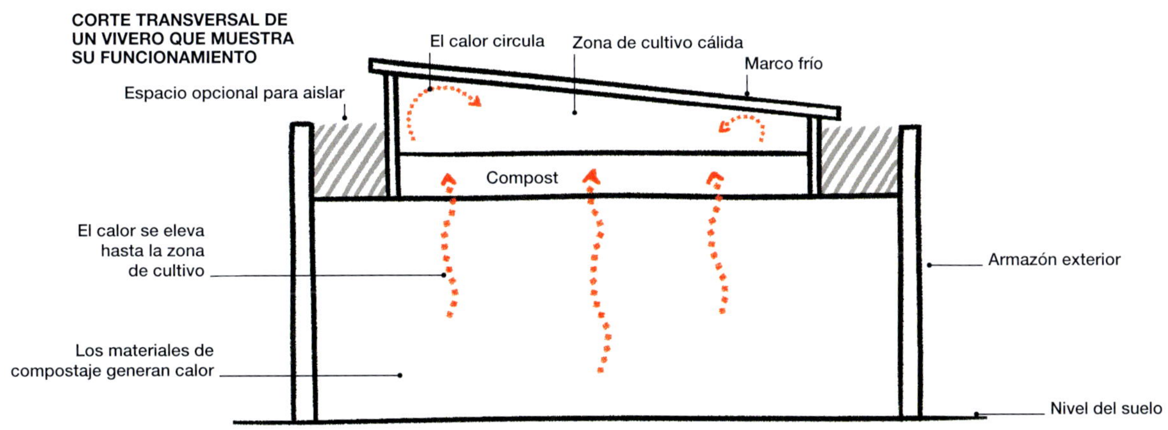

CONSTRUYE UN BANCAL ELEVADO CON AROS

Los bancales con aros son básicamente bancales elevados con una cubierta hecha con aros, o un minipolitúnel, encima. Se llenan igual que los bancales elevados.

Las instrucciones que aparecen más abajo son para construir un bancal con aros de 3 m x 1,2 m, pero puedes adaptar el ancho y el largo según te convenga. Primero tienes que construir un bancal elevado de madera sencillo pero duradero y luego montar los aros.

CONSTRUCCIÓN DE UN BANCAL ELEVADO

Así es como construyo los bancales elevados de madera para mis verduras, mis plantas con flores y mis hierbas. Pretende ser una guía útil que te ayude.

Necesitarás

- 2 tableros de madera de 300 cm de largo y 3-5 cm de grosor
- 2 tableros de 120 cm de largo y 3-5 cm de grosor
- 12 tornillos para madera de 8-10 cm

Herramientas

- Taladro eléctrico
- Broca de 7 cm adecuada para el diámetro de los tornillos
- Puntas de destornillador

1. Busca una superficie plana y estable para montar el bancal. Prepara todo el material y las herramientas que vas a necesitar.
2. Coloca los tableros de 120 cm entre los dos tableros de 300 cm de manera que formen un rectángulo. Los tableros más cortos deben quedar dentro de los más largos; los bordes deben quedar alineados.
3. Con la broca de 7 cm, haz tres agujeros guía en cada extremo de los tableros de 300 cm uniformemente espaciados, para sujetarlos a los tableros de 120 cm.
4. Inserta los tornillos de 8-10 cm, uno en cada agujero de los tableros de 300 cm, y sujétalos a los tableros de 120 cm. Asegúrate de que las esquinas quedan niveladas y cuadradas.
5. Repite el proceso en el otro extremo del bancal con el otro tablero de 120 cm. Ya tienes el bancal listo y puedes colocarlo en su ubicación definitiva. Para más información sobre el proceso de llenado del bancal, ver páginas 108-09.

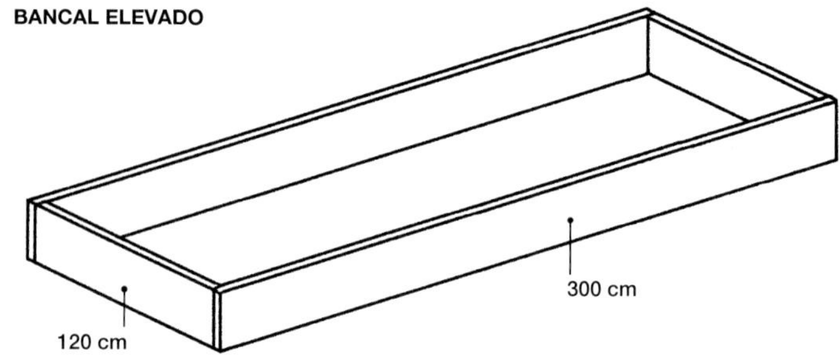

MONTAJE DE LOS AROS

Necesitarás

- 3 piezas de madera tratada de 300 cm de largo y 5 x 8 cm
- 2 piezas de madera tratada de 120 cm de largo y 5 x 8 cm
- 2 piezas de madera tratada de 60 cm de largo y 5 x 8 cm
- 2 listones para techo de 300 cm de largo y 2,5 x 5 cm
- 8 tuberías de alcateno de 300 cm de largo y 22 mm de grosor
- 3 bisagras de puerta de acero inoxidable
- Un plástico de invernadero con protección UV de 5 m x 3,5 m
- Tornillos de acero inoxidable de 8 cm
- Tornillos de acero inoxidable de 4 cm
- Listones finos de madera de distintas longitudes que en total midan 240 cm
- Clavos (más largos que el grosor de los listones)

Herramientas

- Martillo
- Sierra para madera
- Cinta métrica
- Lápiz
- Taladro
- Broca de 25 mm

1. Prepara todo el material y las herramientas; corta la madera si es necesario. Comprueba que el armazón encaje correctamente en el bancal y, si es necesario, ajusta las piezas.
2. Coloca dos piezas de 300 cm y las dos de 120 cm sobre una superficie plana de manera que formen un rectángulo. Pon el lado más ancho mirando hacia arriba. Une las esquinas con tornillos de 8 cm.
3. Coloca las dos piezas de 60 cm verticalmente en el centro de cada lado estrecho del rectángulo. Pon el lado más ancho mirando hacia fuera. Sujétalos al armazón con tornillos de 8 cm, directamente encima y en el centro. Para completar el armazón, atornilla la tercera pieza de 300 cm a las dos piezas verticales. Asegúrate de que queda bien nivelada.
4. Fija las dos bisagras con tornillos de 4 cm en el lado más largo de la estructura, una a 100 cm y la otra a 2 m. Luego fija las bisagras en el lado largo del bancal elevado.

BANCAL CON AROS ANTES DE INSTALAR LA CUBIERTA DE PLÁSTICO

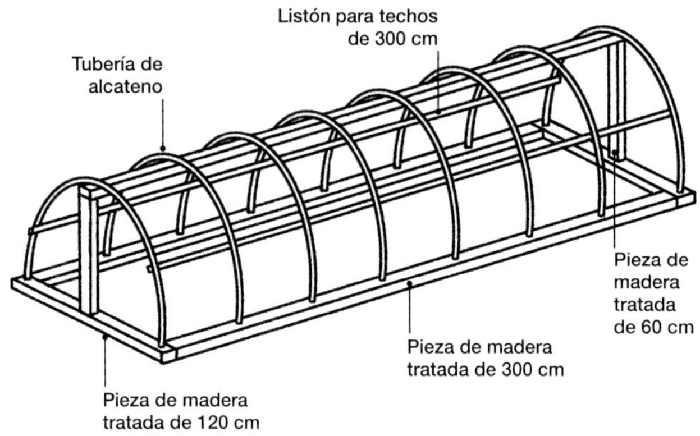

5. Antes de fijar las tuberías a modo de aros, haz ocho agujeros a lo largo de cada lado de 300 cm con una broca de 25 mm. Taladra un agujero a unos 5 cm de cada extremo y luego haz los otros seis dejando unos 42 cm entre ellos.
6. Introduce una tubería de alcateno en cada agujero de un lateral; luego arquéalas por encima del armazón formando los aros y encájalas en el agujero correspondiente del lado opuesto. Es posible que tengas que ajustar los aros para que encajen bien sobre el armazón de madera. Atorníllalos al armazón para que no se muevan.
7. Fija los dos listones para techo de 300 cm en la parte interior de los aros, a media altura y longitudinalmente, uno a cada lado, para reforzar la estructura. Atornilla los listones a los aros.
8. Extiende el plástico sobre los aros; asegúrate de que cuelga igual por ambos lados. Clava los listones finos sobre el plástico a lo largo de ambos lados y en los dos extremos, de modo que quede bien fijado a la base del armazón. Puedes enrollar el plástico alrededor de los listones antes de clavarlos, para que el plástico quede bien tensado. Así será menos probable que se raje cuando lo claves. Esta tarea es más fácil si se hace entre dos.

BIBLIOGRAFÍA

LIBROS

The Plant Lover's Backyard Forest Garden: Trees, Fruit and Veg in Small Spaces, Pippa Chapman (2022)

The Fermentation Kitchen, Sam Cooper (2024)

How to Grow Perennial Vegetables, Martin Crawford (2012)

Jardín forestal con Martin Crawford (formación en línea), Martin Crawford (2010)

Hotbeds: How to Grow Early Crops using an Age-old Technique, Jack First (2013)

The Living Soil Handbook, Jesse Frost (2021)

From What Is to What If: Unleashing the Power of Imagination to Create the Future We Want, Rob Hopkins (2019)

Landrace Gardening: Food Security through Biodiversity and Promiscuous Pollination, Joseph Lofthouse (2021)

The Regenerative Grower's Guide to Garden Amendments, Nigel Palmer (2020)

The Woodchip Handbook, Ben Raskin (2021)

Guía del horticultor autosuficiente: Técnicas, proyectos y recetas para todo el año, Huw Richards y Sam Cooper (2024)

The Vegetable Grower's Handbook: Unearth Your Garden's Full Potential, Huw Richards (2022)

El huerto autosuficiente, Huw Richards (2025)

Lo pequeño es hermoso, E. F. Schumacher (1973)

JADAM Agricultura ecológica, Youngsang Cho (2016)

Permacultura esencial, Patrick Whitefield (2016)

RECURSOS

TRAZADO Y PLANIFICACIÓN

Imágenes por satélite earth.google.com
Posición del sol suncalc.org
Fechas de heladas y resistencia plantmaps.com

PÁGINAS WEB ÚTILES E INTERESANTES

Marcher Apple Network (Organización británica dedicada a la conservación de variedades antiguas de manzanas y peras) marcherapple.net
Asociación de permacultura permaculture.org.uk
Plantas para un futuro pfaf.org

CANALES DE YOUTUBE

Andrew Millison
David the Good
Edible Acres
Freedom Forest Life
Descubre la Permacultura con Geoff Lawton
Happen Films
Liz Zorab - Byther Farm
Niall Gardens
Self Sufficient Me
Tap o' Noth Permaculture - un bosque de alimentos

ÍNDICE

La entrada principal de cada cultivo se indican en **negrita**.

D

E

F

G

R

S

T

U

V

Y

Z

AGRADECIMIENTOS

AGRADECIMIENTOS DEL AUTOR

En primer lugar, quiero dar las gracias a mi editorial, DK, por apoyarme en la creación de un libro sobre permacultura y por confiar en mí y en mi pasión por esta forma de producir alimentos. Ha sido mi proyecto más gratificante hasta la fecha, y estoy muy agradecido por ello. Quiero dar las gracias muy especialmente a la editora ejecutiva, Ruth, por atender mis perspectivas y opiniones, y por ser una auténtica defensora del concepto de este libro; al equipo de diseño, Glenda y Christine, por hacer tan bonito el libro, y a la editora, Lucy, por ser tan paciente, minuciosa y profesional.

Una parte importante de este libro es, por supuesto, la fotografía. Tuve el gran placer de pasar un día al mes durante más de dos años trabajando de nuevo con el increíblemente talentoso Jason Ingram. También me gustaría dar las gracias a mi buen amigo y colega (y también autor) Sam Cooper, que ha sido para mí una gran caja de resonancia, compañero de reflexiones y provocador de ideas durante gran parte de este proceso. Por último, nada de esto existiría sin las personas increíbles que deciden dedicar su valioso tiempo a ver mis vídeos. Me siento profundamente honrada por vuestro apoyo.

AGRADECIMIENTOS DE LA EDITORIAL

DK agradece a Jo Whittingham por la revisión de las muestras, a Newman and Eastwood Ltd por el estilismo, a Kathy Steer por la revisión de los textos, a Ruth Ellis por el índice, a Steve Crozier por la reprografía, a Dan Crisp por la asistencia con las ilustraciones, y a Izzy Poulson y Noor Ali por su asistencia con el diseño.

CRÉDITOS FOTOGRÁFICOS

Los editores agradecen a los siguientes su amable permiso para reproducir sus fotografías:
(Clave: a: arriba; b: bajo, debajo; c: centro; d: derecha; e: extremo; i: izquierda; s: superior)

Regenerative media 7cb, 12b, 17cdb, 20cia, 39c, 47s, 54bi, 61si, 64bi, 73bd, 96-97b, 108si, 111si, 111b, 115, 196bi, 202i, 203si, 203bi, 206bl, 214si, 241s, 243b, 249sd, 249bd, 279si, 35bd, 119bd, 177si, 196si, 206sd.

Alamy Stock Photo Joan Gravell 133si, Elena Hramova 139cd, Marcus Harrison - plantas 134ci, Peter Turner 133bi; **Dreamstime.com** Altinosmanaj 207cdb, Bebenjy 211sd, Yuliia Bilousova 154si, Dexns 165ci, Toni Jardon 267bd, Justek16 165cdb, Orest Lyzhechka 76sd, Oleh Marchak 165ca, Monu Masud 209cdb, Rafomundo 215sd, Boulanger Sandrine 131ebi, Iva Vagnerova 148bd, Wirestock 153b, Zigf 147sd; **GAP Photos** Thomas Alamy 142si, 165bc, 209sd, 265cda, Dave Bevan 265bi, Elke Borkowski 157bd, Jonathan Buckley 144bd, 191ci, Chris Burrows 185cdb, Tim Gainey 152d, Ernie Janes 76cia, Martin Hughes-Jones 212cd, Caroline Mardon 141d, Nova Photo Graphik 131ebd, Howard Rice 131bd, 266bi, J S Sira 145si, John Swithinbank 267cd, Amy Vonheim 135si, Juliette Wade 191cdb, Richard Wareham 131bi, Jo Whitworth 192sd, 195cd; **Getty Images / iStock** dancingfishes 201ci, dimid_86 159cib, gyro 131si, Alexander Loew 154sd, lucentius 217cda, lzf 159cda; **James Reid** 240bi.

Edición ejecutiva Ruth O'Rourke
Edición del proyecto Lucy Philpott
Diseño sénior Glenda Fisher
Edición de producción David Almond
Control de producción sénior Stephanie McConnell
Diseño de cubierta Glenda Fisher
Coordinación de cubierta y material de ventas Emily Cannings
Coordinación de diseño y maquetación Heather Blagden
Dirección de arte Maxine Pedliham

Edición Jane Simmonds
Dirección de diseño y arte fotográfico Christine Keilty
Fotografía Jason Ingram
Ilustración Huw Richards
Ilustración de la cubierta Sterre Verbokkem

De la edición en español:
Servicios editoriales Tinta Simpàtica
Traducción Ana Riera Aragay
Coordinación de proyecto Helena Peña
Dirección editorial Elsa Vicente

Publicado originalmente en Gran Bretaña en 2025
por Dorling Kindersley Limited
DK, 20 Vauxhall Bridge Road, Londres, SW1V 2SA
Parte de Penguin Random House

Título original: *The Permaculture Garden*
Primera edición: 2025

ISBN: 979-8-2171-3541-7

Impreso y encuadernado en China

www.dkespañol.com

Este libro se ha impreso con papel certificado por el Forest Stewardship Council™ como parte del compromiso de DK por un futuro sostenible.
Más información: **www.dk.com/uk/information/sustainability**

SOBRE EL AUTOR

Huw Richards es un permacultor y creador digital afincado en Gales. A los doce años, descubrió la permacultura y creó su propio canal de YouTube (@HuwRichards) sobre cómo cultivar tus propios alimentos. Actualmente cuenta con más de 840 000 suscriptores en YouTube y sus vídeos han sido vistos más de 100 millones de veces en YouTube e Instagram (@huwsgarden). Huw se ha propuesto hacer que el cultivo de alimentos propios sea lo más accesible posible para el mayor número de personas y ha creado una cuenta en Substack (huwrichards.substack.com), donde cada semana comparte consejos, inspiración y noticias sobre sus últimos proyectos, incluidos cursos presenciales de permacultura. Huw ya ha escrito cuatro libros con DK: *Veg in One Bed* (2019), *The Vegetable Grower's Handbook* (2022), *Guía del horticultor autosuficiente* (2024, junto con Sam Cooper) y *El huerto autosuficiente* (2025).